Fire-Blossom

Alexander Amfiteatrov

Жар-Цвет

Александр Амфитеатров

Fire-Blossom

ISNB: 978-1-61895-255-4

Жар-Цвет

ISNB: 978-1-61895-255-4

Жар-Цвет

Часть первая

Киммерийская болезнь

I

Несмотря на жаркое утро, на эспланаде островного города Корфу было людно: с почтовыми пароходами при шли новые газеты с обоих берегов – из Италии и из Греции, и корфиоты поспешили в кафе: узнавать на полударовщинку, что случилось за прошедшие три дня по ту сторону лазурного моря, отрезавшего от остального мира их красивый островок.

В Cafe d'Esplanade, под портиками, затененными парусиновым навесом, сидели за разными столиками, но оба с газетами в руках и оба пили пресловутую местную "зензибирру"[1] два господина, не знакомые между собою. Оба были иностранцы. Обоих проходящие корфиоты осматривали с немалым любопытством. В особенности привлекал внимание младший из двух – огромный, широкоплечий блондин, с пышными волнами волос, зачесанных назад, без пробора, над красивым открытым лицом, с которого несколько застенчиво смотрели добрые, иссеро-голубые глаза. Несмотря на длинную золотистую бороду английской стрижки, молодца этого даже по первому взгляду нельзя, принять ни за англичанина, ни за немца; сразу бросался в глаза мягкий и расплывчатый славянский тип. И действительно, гигант был русский, из Москвы, по имени, отчеству и фамилии – Алексей Леонидович Дебрянский. Другой иностранец, темно-русый, почти брюнет, в одних усах, без бороды, был пониже ростом и жиже сложением, зато брал верх смелою свободою и изяществом осанки, чего москвичу недоставало. Загорелое, значительно помятое жизнью и уже не очень молодое лицо – скорее эффектное, чем красивое – оживлялось быстрыми карими глазами, умными и проницательными на редкость; видно было, что обладатель их – тертый калач, бывалый и на возу, и под возом, и мало чем на белом свете можно его смутить и удивить, а испугать – лучше и не берись.

Дебрянский вычитывал "Figaro". Другой иностранец, изредка вскидывая на него глазами, пробегал "Le Temps"...

– Простите... кажется, мы соотечественники? – обратился он к

---

[1] имбирное вино.

Дебрянскому по-русски, когда тот оставил газету и сам тоже отложил в сторону свой журнал.

– Да, я русский... – сказал Алексей Леонидович, застигнутый врасплох русскою речью, которой он не слыхал уже около месяца. – Но почему же вы догадались?

– А вы с таким вниманием вчитывались в корреспонденцию из России...

Дебрянский прикинул на глазомер расстояние до незнакомца:

– Однако, у вас замечательное зрение.

– Да, недурное... А потом, вы сняли шляпу, чего европеец в кафе не сделает. А в шляпе я прочел: "Лемерсье" – следовательно, вы из Москвы. Да и во всей вашей фигуре есть что-то московское, и путешествуете вы, надо полагать, недавно... Вероятно, вы здесь в научной командировке?

Дебрянский засмеялся:

– Вы очень наблюдательны, однако ошиблись: я не ученый...

– Гм, кто же вы в таком случае? На газетного корреспондента не похожи, да и зачем русскому корреспонденту сидеть в Корфу... по крайней мере, уже недели две, судя по фамильярности, с которой здесь, в кафе, вам служат? Больным вы не смотрите. В легких у вас, надо полагать, все благополучно: быка сломаете; следовательно, климатическая станция Корфу вам не нужна. Если вы коммивояжер, зачем же вы не носите зеленого галстука, красно-желтых перчаток, булавки с брильянтом в ноготь величиной и трости с набалдашником из слоновой кости, выточенной в Амура и Психею, Венеру и Марса или просто в голую женщину? Остается предположить, что вы – так себе – скитающийся богатый форестьер, principe russo[2], как говорится в Неаполе... Но таким и место в Неаполе, в Риме, в Венеции, на Ривьере: эта публика путешествует по Бедекеру. А на Корфу... что тут делать principe russo? Ни достопримечательностей, ни гидов, ни нищих... одна природа...

– Зато она-то тут уж как хороша! – заметил Дебрянский; небрежная и веселая речь незнакомца начинала его интересовать.

– Хороша-с... Но ведь вы не художник?

– Нет.

– Я и не сомневался: у художников взгляд иной... вы не умеете сразу осмотреть человека... Это только трем профессиям дано: художникам, портным и гробовщикам... пожалуй, прибавлю сюда еще английских спортсменов-боксеров, гребцов... впрочем, я их тоже включаю в разряд художников. А из художников... знаете ли: о нас, русских пущена по свету молва, будто мы как-то особенно любим и необыкновенно тонко понимаем природу, – только это неправда. Я никогда не видал, чтобы русский турист самостоятельно искал природу: он довольствуется тою, которою, по казенному расписанию, угощают его путеводители. А кто не ищет, тот и не любит. Помилуйте! Хороша наша любовь к природе, когда у нас никак не могут

---

[2] Русский князь (итал.).

2

привиться общества путешественников, альпинистов, парусного, гребного, лыжного спорта... Только картами и живут. Нет карт – и клуб умирает. И описывают у нас природу скверно... вычурно, облизанно... сразу видно, что дорожат не тем, что описывают, а сами собою в природе: вот, мол, какой я наблюдательный, как глубоко и тонко я проникаю, и какой у меня блестящий слог... И врут много: у Алексея Толстого зелень рощ сквозила, а труба пастушья поутру еще не пела, трава едва всходила, а папоротник уже в завитках... Выдуманные, кабинетные описания... Купер когда-то природу хорошо описывал, ну, и у нас с тех пор народились и не переводятся Куперы... Русская природа оригинальна, но когда и кто ее оригинально выразил? Остатки сантиментализма, обломки от Руссо. Подражатели все... Пушкин умел – так это когда было! Да и короток он, скуп словами был, Пушкин. Я из русских описателей природы одного Сергея Аксакова люблю. Так ведь опять-таки – дьявольски давняя штука его природа. Теперь уже лет пятьдесят нет такой и в помине. А после – все больше хороший слог. Я и Тургенева не исключаю. Вы вот изволили сделать протестующий жест – ведь вы просто Тургенева хотели мне напомнить, не правда ли?

– Да.

– Человек никогда не любит и не изображает хорошо того, чего у него много. Самый русский писатель, Достоевский, мимо русской природы, будто мимо пустого места прошел. Природой мы сыты по горло – ergo[3], до нее не жадны.

А насчет культуры у нас слабо – мы к ней и присасываемся за границей. Париж, Лондон, Вена – это так, там русские муравейником кишат. Но встретить русского в горах, на пустынном берегу, в трущобе – чудо. Англичанин сперва излазит собственными ногами всю Швейцарию, все Апеннины, а потом уже попадет в Монте-Карло. А россиянин – чуть перевалил за рубеж – у него уже и застучало в виски: Монте-Карло, Монте-Карло, Монте-Карло...

– Ну какая же культура в Монте-Карло?

– Да та самая, единственно к которой россиянин питает доверие и благоговение: квинтэссенция буржуазной религии – золото, кровь, девки... Читали, может быть, был такой старинный роман Арсена Гуссе? "Полны руки золота, роз и крови"... Вот вам Монте-Карло. Пускай – земной рай, да ангелы там с рожками и хвостиками... Одни англичане умеют там хоть сколько-нибудь прилично себя держать и характер сохранять, не слишком легко рядятся в дураки. На остальных жаль смотреть.

– Вы, кажется, очень любите англичан?

– Люблю: солидная нация, единственная разумная: есть умнее, но разумнее – ни одной; англичанин – настоящий – homo sapiens, понявший свое зоологическое значение на земле... Однако – кстати об англичанах: мы с вами ведем себя как настоящие русские. И о природе поговорили, и Тургенева успели обругать, и некоторые

─────────────

3 следовательно (лат.).

избранные черты национального характера в два слова обсудили, а – кто мы такие, оба друг про друга не знаем. Позвольте кончить тем, чем англичанин начал бы, то есть – представиться... Граф Валерий Гичовский...

Дебрянский назвал себя и с большим любопытством уставил на графа большие глаза свои. Оказывалось, что эффектная наружность интересного господина не обманывала ожиданий, которые невольно подавала, но вполне соответствовала громкой и странной репутации, широко окружавшей его имя. Так вот каков был он, граф Валерий Гичовский, знаменитый путешественник и светский человек, искатель приключений, полуученый, полумистик, для одних – мудрец, для других – опасный фантазер, сомнительный авантюрист-бродяга?!

Дебрянский – хоть и не крупный, но все-таки московский финансист и делец банковский – помнил имя Гичовского не только по молве и газетам. Лет пятнадцать тому назад братья Гичовские выиграли у казны процесс о миллионном наследстве, по боковой линии, чуть еще не от Понятовских, – процесс, тянувшийся через несколько поколений. Одного из Гичовских – Викентия – Дебрянский даже лично знал немножко, по Москве: он стоял во главе нескольких промышленных предприятий, затеянных на широкую ногу, при участии преимущественно иностранных капиталов; слыл большим дельцом и крупным биржевым игроком – холодным, выдержанным, с твердым расчетом на небольшую, но верную прибыль, с капиталом, который прибывал, как вешняя вода, и обещал вырасти в большие миллионы. О графе Валерии – том, который сейчас сидел с Дебрянским, – держалась твердая молва, что он свою долю наследства давно уже спустил во всевозможных фантастических предприятиях и авантюрах и теперь гол как сокол, живет на средства неопределенные и в способах добывания их не весьма разборчив.

– А вы, граф, ведь это вы, если не ошибаюсь, несколько лет тому назад предпринимали путешествие в Судан?..

– Да. Я не знаю, чего ради так шумно огласили это путешествие. Оно было ничуть не замечательно. Я сделал таких десятки. Нет страны, доступной европейцу, где бы не побывала моя нога. Земля ужасно мала. Пора выдумать какие-нибудь дополнения к ней – иначе очень скоро людям станет тесно и мрачно, как в тюрьме. Гамлет прав! Весь мир тюрьма, и родина – самое скучное в ней отделение.

Дебрянский засмеялся:

– Дополнение к земле?.. Однако!

Гичовский устремил прямо в лицо ему пристальный взгляд проницательных коричневых глаз.

– Почему нет? Делают же пристройки к тесным домам, и у растущих городов развиваются предместья и пригороды.

– А вы – что же? Предпланетье, что ли, желаете учредить?

– Назвать успеем, лишь бы было, что назвать... Места в небе много... вон какой простор...

– Ага, вы говорите о воздухоплавании!

4

– Да, человеку пора иметь крылья.

– Может быть, и сами занимаетесь этим вопросом?

– Занимаюсь, да. Но не делайте беспокойных глаз. Воздухоплавательной машины я не изобретаю. Следовательно, не полезу тотчас в свой карман за планами и чертежами, а потом в ваш за пособием.

– Помилуйте, граф, я и не думал... – сконфузился Дебрянский, потому что у него действительно мелькнула было мысль в этом роде. Гичовский засмеялся:

– Не думали – тем лучше... Я, батюшка, сам стреляный воробей, – сказал он серьезно. – Сколько денег я передавал на аэропланы, дирижабли и баллоны с рулем разным господам, заявлявшим свою кандидатуру в птицы небесные, это и сосчитать страшно. Теперь – баста. Впрочем, нечего больше и давать... Вы – москвич. Значит, от вас излишне скрывать, что денежно я – человек конченый...

– Я не совсем понимаю ваш скептицизм к современным изобретениям воздухоплавания, – сказал Дебрянский, заминая веселое признание графа. – Кажется, оно делает такие быстрые успехи...

– О, да! Только условны они ужасно, успехи эти. Законов нет. Голая эмпирика. Все случаи и забегание вперед. И аэропланы, и баллоны, покорные рулю, и лодки-птицы – все это будет со временем играть роль в воздухоплавании... вот как теперь в морском деле играют роль разные системы пароходов. Но – чтобы проплыть по воде в снаряде, надо было человеку убедиться, что он сам может держаться на воде телом. Я уверен, что от появления человека на земле до построения первой байдары прошло гораздо больше, веков, чем от спуска этой байдары – до наших мониторов. Даже церковная хронология и та считает от начала человечества до постройки первого корабля две с половиною тысячи лет. Во всех мифологиях первое построение, то есть открытие корабля, связано с потопами, великими наводнениями. Следовательно, чтобы человек выучился плавать, не он в воду пошел, а вода за ним пришла. Но мы избаловались успехами культуры – и с воздухоплаванием слишком нервничаем – и спешим. Мы очень самоуверенны. Наша наука так огромна и сильна, что это понятно и извинительно. Однако она не всемогуща – уже потому, что она, так сказать, ретроспективна. Для того, чтобы лететь, мы плохо знаем и самих себя и среду, которая манит нас в нее подняться. Воздух не идет за нами, как когда-то пришла вода. Физические законы до сих пор устанавливались с преобладающим расчетом на применение их к земле и, естественно, к земле нас и тянут, а не в высь воздушную. Все еще ньютоново яблоко жуем. А оно не вверх, а вниз упало. А теперь падать-то надо уже не вниз, а вверх.

– Видите ли, – продолжал он, помолчав, – закон можно установить только анализом проявляющих его фактов. Это – азбучное правило, которое, однако, часто забывается. В науке еще много бюрократизма: все норовят факты подгонять под априорные законы, благо их много, а фактов мало... Знаете, как Крукс, когда совсем

5

ошалел от спиритических фокусов, в которых погубил он свой научный талант и огромную европейскую репутацию? Ему говорят: доказанных фактов нет. А он твердит: тем хуже для фактов. Да, законов много, а фактов мало.

– Мало? – изумился Дебрянский.

– Разумеется, мало. Возьмите тот же воздухоплавательный вопрос. Его решают совершенно априорною логикою: человеку хочется полететь; так как птицы, летучие мыши и насекомые летают при помощи крыльев, а у человека крыльев нет, то надо выдумать для него снаряд, заменяющий крылья... Или: человеку хочется полететь; так как держаться на воздухе могут только те тела, которые легче воздуха, то надо привязывать человека к подобному легковесному телу столь большого объема, чтобы в его громаде потерялась тяжесть малообъемного человеческого тела. Все это и верно, и неверно. Верно потому, что и снаряд такой возможен, и воздушные шары летают, то есть держатся в небесах с грехом пополам, уже сто с лишком лет. А неверно потому, что полет снаряда или воздушного шара есть только полет снаряда или воздушного шара, но совсем не полет человека. Если человеку суждено полететь, он полетит сам, без всякого снаряда. Сам полетит, как сам плавает.

– Вот тебе раз! Как же это? – расхохотался Дебрянский.

Граф задумчиво смотрел вдаль.

– Я представлю вам доисторическую картину. Дикарь видит в первый раз большую реку. Раньше он видел только лесные ручьи, которые легко переходил, не замочив ног выше колена. Он видит: пред ним вода, но не может дать себе отчета ни в ее силе, ни в ее глубине. Предполагая, что это ручей, только более широкий, он входит в воду. Она покрывает постепенно его колена, бедра, грудь, шею, подбородок... Если погружение идет последовательно, то есть – уж позвольте злоупотребить термином – научно, то очень может быть, дикарь струсит, решит, что дальнейшая глубина "не подведомственна законам здравого смысла", и вернется на берег. Тогда он будет только знать, что вода глубока, что входить в нее человек может, но лишь до тех пор, пока она не заливает ему рот, нос, уши. Словом, будет знать закон о зловредности воды: она – враг, с нею надо обходиться очень осторожно, иначе – гибель. Ну, и конечно, primus deos fecit timor[4]: обожествить ее при этом удобном случае как грозного и не преодолимого бога. Реки не одних первобытных дикарей смущали. Римляне культурным народом были, когда, двинувшись к северу Италии, наткнулись на По – и страшно им озадачились: что за речища такая? А велика ли штука? По?.. Но вот дикарь погружался-погружался последовательно, научно – и вдруг совсем непоследовательно и ненаучно сорвался в глубокую колдобину. Дна под ногами нет, над головою этот ужасный враг – вода. Нахлебался ее и ртом и носом. Однако вместо того, чтобы потонуть, дикарь взял да и выплыл. Как? Он, разумеется, сам не

---

[4] первых богов создал страх (лат.).

понял: чудо. Но он начинает припоминать: позвольте, что я тогда делал? Я болтал руками и ногами – и вода стала меня держать. Стало быть, если болтать руками и ногами, вода человека держит. Вот – дикарь опытом достигает возможности плавания, а в будущем – и его законов.

Алексей Леонидович от души расхохотался.

– По вашей теории, – сказал он, – выходит так: для открытия законов воздухоплаванья надо, чтобы кто-нибудь свалился с колокольни и вместо того, чтобы разбиться вдребезги, – полететь...

– Да... в этом роде... чтобы это случилось ненамеренно, а исследовано было внимательно и беспристрастно, – уже совсем серьезно сказал граф.

– Ну, знаете, это, извините меня, из анекдота о скептическом семинаристе, который чуда не признавал.

– Я не знаю, не помню.

– Спрашивает его архиерей на экзамене: вообрази мне из жизни пример чуда. Задумался, молчит. – Ну; если бы, скажем, ты свалился с соборной колокольни и остался цел, это что будет? – Случай, ваше преосвященство. – Гм... Случай... Ну, а если бы и во второй раз? – Счастье, ваше преосвященство. – Гм... счастье... экой ты, братец... Ну, вообрази совершенно невообразимое: вдруг бы повезло тебе этак же благополучно свалиться и в третий раз? Как бы ты сие понял? – Привычка, ваше преосвященство!..

– Что же? Ответ в своем роде философский, – улыбнулся граф. – Чудо, обращаемое в прикладную привычку, – в этом вся суть и цель естественных наук.

Де брянский продолжал хохотать.

– Вряд ли вы найдете много охотников на подобные опыты...

Граф пожал плечами.

– Я видел летающих людей, – возразил он.

– Вот как... Где же вам так повезло? Впрочем, что же я спрашиваю? Разумеется, в Индии?

– Почему?

– Да как-то всегда и все подобные чудеса совершаются в Индии... это принято... это хороший тон сверхъестественного...

– Нет, – сказал граф, – это было не в Индии, а на одном из маленьких островов вот этого самого Ионического моря, которое нас окружает. Я видел, как один матрос, грек, поругавшись с товарищем-рыбаком, в слепом озлоблении прыгнул с ножом в руках к нему в лодку с борта парохода – и не разбился и не упал в море, а спустился плавно, точно на парашюте. Этого матроса убили бы, если бы я не заступился, потому что его приняли за колдуна. Потом видел я немца-гимнаста: он прыгал необычайно высоко и на большие пространства и при этом как бы немножко парил в воздухе. Я расспрашивал его: как он это делает? Он не умел объяснить. Я расспрашивал его: что он при этом чувствует? Сильное нервное возбуждение, чрезвычайно приятное, доходящее до самозабвенного экстаза... Я очень жалею, что недостаточно знаю, чтобы в объяснение этим фактам построить научную гипотезу. Но я видел и твердо уверился в одном: бессознательно, экстатически некоторые люди если не летают, то подлетывают, парят – следовательно, вопрос о воздухоплавании без снаряда сводится лишь к тому, чтобы бессознательное превратить в сознательное, экстаз превратить в управляемый феномен воли, открыть его законы и, овладев ими, подчинить себе, обратить производство феноменов в теоретическое постоянство и прикладную силу, работающую по востребованию.

– Если вы обратите ваше внимание на легенды о воздухоплавании, – продолжал он с задумчивостью, – то вы увидите, что все их историческое и доисторическое накопление сводится к четырем категориям. Первая – полет при помощи снаряда: золотая стрела скифа Абариса, крылья Дедала, Фаэтон в колеснице Солнца, Симон-Маг, русские и восточные сказки о коврах-самолетах, заводных конях и т. п. Вторая – волшебный полет при помощи злых духов или добрых: быстрые перемещения гомеровских героев дружественными им богами, Фауст и Мефистофель на бочке ауэрбахова погреба, новгородский угодник Иоанн, которого черт, запертый в рукомойнике, вынужден был возить к обедне в Иерусалим, кузнец Вакула, полеты на шабаш и так далее. Сюда же относятся рассказы XVII века о бесноватых и порченых, которые летали против своей воли, по приказам колдунов или самого сатаны; того же характера современные медиумические легенды и чудотворные россказни теософов, хотя бы, скажем, Блаватской о разных там магатмах индийских. Эта категория нашему обсуждению не подлежит, так как она наголо спиритуалистическая и нам не может сказать ничего. Говоря языком материалистическим, мы здесь всецело в области раздвоения личности экстазами воображения. Тут речь идет не о физическом передвижении, но о множественности сознаний, таящихся в человеке, не о механике перемещения, но о двойном видении и обостренном чувствовании, об извращении психической энергии, об анормальной способности мысли торжествовать над пространством, доходя даже до физических самообманов "второго зрения". Третью категорию мы тоже оставим в сторону, так как она, наоборот, чисто натуралистическая: заключает в себе памятки о вымерших чудовищных птицах и ящерах: драконы, птица-Рок, грифы, орлы и прочие благодетели сказочных героев, по существу лишенные непосредственного демонического оттенка и зараженные им только по соседству с предыдущею категорией. И, наконец, последняя, четвертая категория – самая для меня интересная: полет силою экстаза. Вы отчасти правы, что давеча помянули Индию. Чудо поднятия и парения в воздухе усилием восторженного экстаза – udwega priti – считается там вполне возможным, а древняя литература Индии даже предполагает степень аскетического совершенства – indhi – когда такое чудо становится для человека хроническим. Аскет, находящийся в состоянии indhi, поднимается на воздух с такой же простотою и с таким же малым усилием воли, как обыкновенный человек прыгает. Буддийские летописи присваивают эту способность не только самому Гаутаме, но и некоторым предкам его, например, Магу Саммате. Это – третье искушение Христа дьяволом в пустыне: "И поставил его на крыле храма и сказал Ему: если ты сын Божий, бросься отсюда вниз: Ангелам Своим заповедает сохранить Тебя; и на руках понесут Тебя, да не преткнешься о камень ногою Твоею". Аполлоний Тианский в романе Филострата видел, как индийские брахманы поднимались в воздух на два и на три локтя, чтобы вознести молитву к Солнцу. То же самое чудо рассказывает Лукиан о каком-то фокуснике-гиперборейце, который для того, чтобы летать по воздуху, даже и сапог не снимал. Приписывают способность парения и неоплатонику Ямвлиху, хотя он ее в себе отрицал. В христианстве – католический мир полон подобными сказаниями на всем своем пятнадцативековом протяжении. Св. Эдмунд Кентерберийский, Св. Дунстан, Св. Филипп Нери, Св. Игнатий Лойола, Св. Доминик, Св. Тереза и множество других святых отмечены в житиях своих редкостным даром отрываться от земли силою молитвенного экстаза. Дон Кальмет – уже в XVII веке – знал монаха и монахиню, подверженных парению в воздухе даже против своей воли, как скоро они вдохновлялись молитвою или видом священного изображения. У нас в России то же самое рас сказывают о Серафиме Саровском...

– Да, – возразил Дебрянский, но заметьте, граф: все это – в монастырях, между монахами и монахинями... Все – религиозная легенда... Где же научное наблюдение?

Гичовский пожал плечами:

– Кто же дерзнет говорить о наблюдении? Конечно, никакого... "Я видел" – не наблюдение. Любопытна древность и общность этих анекдотов. А то условие, что в монастырях, между монахами и монахинями, я принимаю не во вражду, но скорее как благоприятное. Канаты делаются на канатных фабриках. Экстазы – на фабриках экстаза. Тот результат, что хронический экстаз одинаково настроенного коллектива должен время от времени вырабатывать острую единицу личности, необычайно сильной и чуткой в экстатических проявлениях, кажется мне не только возможным и вероятным, но – логически – даже необходимым: это – местный и быстрый лизис общего и длящегося кризиса... только и всего!..

Он задумался.

– Вы, конечно, имеете понятие о графе де Местре, авторе "Петербургских вечеров"? Он сообщает об одном молодом человеке, что тому так часто казалось, будто он летает или готов, способен лететь, что он даже начал сомневаться в законе тяготения – действительно ли так строго подчинен ему человеческий организм?.. Самый экстатический художник Возрождения Бенвенуто Челлини, когда губернатор цитадели Сан-Анджело спросил его, может ли он летать, ответил с совершенно твердым убеждением: "Дай мне пару крыльев из вощеной холстины, и я, подобно летучей мыши, пролечу до Праги." Религиозный экстаз заметнее всех других потому, что он еще разрабатывается и покровительственно культивируется, тогда как другие виды экстаза проявляются лишь короткими вспышками, а если затягиваются, то мы уже пугаемся их, считаем их аномалиями, недугами. Некоторые экстазы в Европе до того вылиняли, что могут считаться вымершими. На пример, боевой экстаз, которым дышат герои. "Илиады", а еще больше саги о скандинавских берсеркерах. Или творческий художнический экстаз, как описывают его Вазари и Бенвенуто Челлини. Экстаз вина сейчас ведет человека в полицейский участок или в лечебницу для алкоголиков, а половой экстаз называется сатириазисом и нимфоманией и разрешается либо на скамье подсудимых, либо в сумасшедшем доме. Великая сила цивилизации возвышает разум. Но за большое удовольствие надо платить маленькою неприятностью: она принижает инстинкт. Мы развиваем сознательность за счет своей "животной души": ум растет, экстатический материал гаснет. Чтобы современный человек чувствовал в себе работу инстинкта, даже точнее будет сказать, чтобы можно было изучать его вне разума, как существо только инстинктивное, приходится наблюдать его в состояниях искусственно ослабленной и затемненной воли: в острой болезни, в гипнозе. Гомеопат Боянус делал прелюбопытные опыты над тифозными. В периоды бреда его больная чувствовала вкус йода в тридцатом делении и бессознательно жаловалась, что ее поят такою дрянью. Придя в себя, она не узнавала йода даже в третьем делении... Цивилизация повсеместно знаменуется убылью экстаза и ограничением его общности. Для явлений экстаза любому чукче или негру-обисту легко найти медиума в собственной своей семье, тогда как человеку европейской цивилизации приходится гоняться за "сензитивами", как их Рейхенбах определяет, будто за птицею-фениксом, по всем пяти материкам – да и то из обретенных сензитивов верная половина – мошенники просто, четверть – полумошенники, полубольные, а остальная четверть – больные просто, сами не знающие, где в них кончается симуляция, где начинается истерия...

Гичовский воодушевился.

– Вы употребили слово "сверхъестественное"... Позвольте вам сказать, что это совершенно ложный термин... Естество наполняет весь мир, и сверх него нет ничего в мире... Я не мистик, я материалист и твердо убежден, что нет явлений, которые не были бы объяснимы логическим и естественно-законным путем. Но мы знаем мало, чрезвычайно мало... может быть, тысячную, миллионную долю того, что надо знать и будут знать наши потомки – люди двадцать первого, двадцать второго века. За нашим веком останется одна великая заслуга: мы не только накопили в пользу потомков огромнейший материал для познания, исследования и разработки – это сделали все века для своих преемников – но и великолепнейше подготовили его к разработке и исследованию, чего еще ни один век не делал. Все, что для нас еще сверхъестественное, через два века будет, вероятно, совершенно точно уяснено, введено в строгие рамки механической науки. Сверхъестественного не будет.

Алексей Леонидович остановил Гичовского:

— Простите, граф, но вы слишком увлечены верою в цивилизацию. Тяготение к сверхъестественному в человеке происходит не от борьбы с природою за роль свою в ней, но от стремления к высшему идеалу, закрытому от нас смертью, стремления, неразрывного с самым бытием человеческим, покуда существует смерть. Ее-то ведь вы не рассчитываете уничтожить?

— Нет. Но ей пора быть управляемой. Приходить, когда сам человек ее захочет. Мир должен найти и уготовить себе эвфаназию древних, остатки которой история еще успела застать. Чтобы смерть была не мукою и ужасом, но лишь удовлетворяющим фазисом великого естественного физиологического процесса. Чтобы запрос на нее предъявлял сам организм наш, и умирать было бы так же необходимо просто, как есть, пить, рожать детей. Вспомните Литтре: смерть не больше как отправление организма, последнее и наиболее покойное из всех отправлений. Все это весьма возможно, заметьте, и к такой победе над смертью наука уже движется довольно уверенными шагами.

— Я знаю. Но организм-то изнашиваться все-таки будет? Смерть по естественному-то хотению вы все-таки оставляете?

— Конечно.

— А если будет такое хотение, то будет и такой порог, за которым начинается для человека сверхъестественное, и останется любовь и пытливость к нему... Как бы громадны ни оказались успехи науки, как бы много бы ни осветила, человек всегда сохранит для себя в природе множество темных уголков, к которым будет относиться с суеверным страхом и с фантастическим уважением...

Граф снисходительно кивнул головою.

— Ну, да, да... connu!⁵.. Еще Альберт Великий от лично установил это положение, что, собственно говоря, нет, не было и вряд ли будет кто в человечестве, имеющий право чистосердечно сказать, что он недоступен чувству сверхъестественного... Словом, "есть много, друг Горацио", и так далее, и так далее...

Дебрянский говорил:

— Это не роскошь духа, а потребность его, спрос первой необходимости. Потребности же не умирают и не замолкают. Вот вы изволите говорить, что в мире нет ничего сверхъестественного. А я твердо уверен, что вы преувеличиваете свой материалистический энтузиазм... Возьмем для примера хоть так называемые медиумические явления. Вы присутствовали при них?

— Разумеется, десятки раз, – сказал Гичовский.

— И что же?

— Очень много шарлатанства и пошлости: все эти летающие гитары, стуки в указанных местах, светящиеся мизинцы. Я это все сам умею делать не хуже мисс Фай и Евсебии Палладино. Но, в общем, я принимаю возможность материальных проявлений мертвого, то есть,

---

⁵ известно (франц.).

точнее будет сказать, в мертвых живущего, мира. Мне жаль, что я не имел случая наблюдать удачной материализации. Все нарывался на мошенников, работавших кантоновым фосфором и парафином.

Алексей Леонидович неприятно поморщился: ему по казалось, что блестящий день как будто посерел, и в жар солнечных лучей, опалявший Корфу, прокралась тонкая струйка холодной северной сырости...

– А что бы вы сказали, – спросил он после долгого молчания и понизив голос, – если бы вам случилось видеть призрак?.. Настоящий призрак... совершенно такого же человека, как мы с вами, но он мертвый и, однако, ходит и говорит, как живой?

Граф зорко посмотрел на Дебрянского.

– С вами было что-нибудь подобное? – быстро спросил он.

Дебрянский промолчал.

– Не люблю я говорить об этом, – сказал он после долгого колебания, видя, что настойчивый взгляд Гичовского не хочет от него оторваться. – Это, извините меня, довольно свежая моя рана, и, вспоминая о ней, я дурно себя чувствую. Когда-нибудь при случае, если встретимся и буду я, настроен лучше и спокойнее, попробую рассказать...

– Как я вам завидую! – сказал граф. – Мне никогда не удавалось проникнуть в мертвый мир, хотя я гонялся за необыкновенным и фантастическим по всем странам земного шара. Подобно Фламмариону, я самый тупой антимедиум, совершенно неспособный воспринимать телепатические явления. Мозг мой, очевидно, отталкивает этот род эфирных волн. Что бы я сказал, спрашиваете вы. Прежде всего, уверился бы, что я не обманут и не галлюцинирую, и если бы научно доказал себе, что так, то поспешил бы признать реальность явления и начал бы исследовать и изучать суть его всеми данными и средствами естественных наук.

– Значит, а priori вы согласны с его законностью? – глухо спросил Алексей Леонидович.

– Видите ли. Весьма умный человек, великолепнейший астроном Франсуа Араго, тот самый, который на вопрос о боге отвечал, что в этой гипотезе он никогда не встречал надобности, сказал однажды: нерассудительно поступает тот, кто употребляет слово "невозможно" вне области чисто математической. Как я уже сказал вам, я материалист. Но именно как материалист рассуждая, а стукаюсь я вот о какое возражение. Не может же человек – такой огромный и отборный кусок материи, выработанный в то нервное совершенство механизма, которое спиритуалисты называют духом, – уничтожиться смертью так-таки вот весь, в совершенный нуль. Мы вот теперь обстоятельно, научно знаем, что в одном миллиграмме воды таится, в потенциальном состоянии, столько электрической энергии, что, освободившись вдруг, она превзошла бы силою движения самые сильные действия динамитных зарядов. В одном миллиграмме воды! А ведь человеческое тело по весу содержит воды от 70 до 80 % веса. Од Рейхенбаха – осмеянное, темное место, возможный самообман. Но опыты Рейхенбаха, засвидетельствованные Фехнером и Эрдманном, показали несомненное действие человеческого организма на такую стихийную силу, как магнитная стрелка. Знаете ли вы, что по вычислению Рише, в организме внука переходит примерно лишь одна тристашестидесятитысячная триллионной части того вещества, которое находилось в организме деда? И, однако, этой доли, умом едва вообразимой, оказывается достаточной для того, чтобы ее энергией устанавливалось разительное фамильное сходство. Куда же разряжается энергия такой могучей и сложной машины? Где-нибудь и как-нибудь она прилагается и живет. А вот где и как – это-то и есть секрет будущего, это ждет исследования.

– И вы полагаете его возможным и вероятным?

– Если его полагали достойным своего внимания такие люди, как Уоллес, Рише, Остроградский, Морган, Эдуард Гартман, почему буду относиться к нему с высокомерием я? Почему же оно менее вероятно, чем возможность упорядочить воздухоплавание, о чем мы сейчас только говорили?

– Да я, и в это не верю.

– Напрасно. Галилею не верила инквизиция, что земля вертится, Соломона Ко посадили в сумасшедший дом за идею о двигательной силе пара, над Фультоном смеялся его родной брат... А если бы Галилею, Соломону Ко, Фультону показать в будущем Эдисона – телефон, фонограф, электрическое освещение они приняли бы за бред и насмешку. Да зачем в поисках неверия уходить так далеко? В 1878 году член Института Бульо, присутствуя при демонстрации Демонселем фонографа Эдисона пред заседанием парижской Академии наук, торжественно заявил, что все это шутки и плутни чревовещателей, и полгода спустя сделал весьма обстоятельный доклад, предостерегавший ученое собрание не поддаваться мороке американского шарлатана. Доклады ученых, твердо ушедших в футляр системы, – штука броненосная. Еще Галилей плакался Кеплеру, что падуанские профессора не хотят видеть ни планет, ни луны, ни самой зрительной трубы, ищут истину не в мире или природе, а в сравнении текстов, и стараются лишить небо планет логическими доводами, точно магическими заклинаниями. Двести лет спустя Гегель, основываясь на философских началах, старался доказать a priori невозможность существования планет между Юпитером и Марсом. Увы! В тот же самый год, 1 января 1801 года, Пьяцци открывает первую из малых планет! А Хладни, который едва сам себе верил, когда напал на теорию метеорных масс, потому что имел против себя такие авторитеты, как Гассенди и Лавуазье в прошлом, Лаплас и Лихтенберг в современности, – и, однако, заставил "просвещение, отрицавшее падение метеоритов, уступить место большему просвещению, допускающему это падение"? Огюст Конт отрицал возможность изучить химический состав звезд за пять лет до того, как спектральный анализ установил классификацию светил именно по химическому их составу. Араго, Тьер, Прудон не понимали будущности железных дорог. Майера, творца

13

термодинамики, на смешки ученых критиков довели до покушения на самоубийство. Томас Ионг и Френель за световые волны подверглись публичному поруганию со стороны лорда Брума. Близко ли, далеко ли смотреть назад – все равно: ученый с новой идеей для собратьев своих – всегда "циркулятор", как Гарвей, или "лягушечий танцмейстер", как издевались над Гальвани за первые опыты его тоже весьма, по своему времени, ученые и неглупые люди... А мы уже и Эдисонами не довольны. Мы накануне открытия телефоноскопа. Телеграф не сегодня завтра отвяжется от своей проволоки. Мы найдем тайну древних магиков, умевших смотреть и видеть сквозь непроницаемые темные предметы[6]. Электричество – сто лет тому назад орудие игрушечных опытов – в настоящее время закономерная и всеобъясняющая сила. С каждым днем выступают в ученых исследованиях все новые и новые стороны деятельности этой силы, наполняющей собою природу – деятельности творческой, сохраняющей, деятельности разрушающей. Несомненно, электричество откроет нам когда-нибудь и ту еще загадочную, не имеющую ни имени, ни места, ни даже намеченного бытия область, изучение законов которой одарит нас воздухоплаванием.

– Какая же это область? – спросил Дебрянский. Гичовский помолчал.

– Я считаю, – медленно начал он, – совершенно доказанным – и каждая птица мне это подтверждает, – что по законам, действующим в рамке наших трех измерений, человек никогда не полетит. Стало быть, чтобы полететь, он сперва должен открыть, изучить и принять в свое сознание то неведомое четвертое измерение, которое он сейчас только смутно предчувствует. Открыть, изучить и принять в сознание – не как мистическую формулу шарлатанской науки спиритов, теософов и tutti guanti[7]. Мы обязаны превратить его в физический закон, пока еще тайный, но должный обнаружиться пытливою силою человеческого ума – подобно тому, как обнаружился ею закон земного притяжения, загадочного для людей до Ньютона и его современников не менее, чем для нас загадочно четвертое измерение.

– Ну, знаете ли, есть разница.

– Вы думаете?

– Одно дело – стройная теория, ясная как день, в броне неопровержимых доказательств, другое – фантастическая гипотеза, которую кто-то назвал романтикою математики...

– Не знаю, не помню. В математике очень можно быть романтиком, и бывали удивительные романтики даже и помимо гипотезы четвертого измерения. Лобачевский, Остроградский, Гаусс, Риман – конечно, в высшей степени романтические головы... Может быть, именно потому они и были великими математиками. А что касается теории, ясной как день, хорошо нам с вами разговаривать так-то, двести с лишком лет спустя после того, как она завоевала себе

---

[6] Написано в 1896 году (прим. автора).

[7] Все прочие (итал.)

14

мир и подчинила науку. А прочитайте-ка, что в свое время писал Лейбницу об идеях Ньютона Гюйгенс. "Мысль Ньютона о взаимном притяжении, – громил он, – я считаю нелепою и удивляюсь, как человек, подобный Ньютону, мог сделать столько трудных исследований и вычислений, не имеющих в основании ничего лучшего, как подобную мысль". Сейчас эти слова звучали бы бессмысленно и дико для слуха даже в устах невежды, едва тронутого элементарною школою. А в XVII веке они гремели авторитетом из уст самостоятельного ученого, который соорудил удивительнейшие объективы, открыл при помощи их туманность Ориона, одного из спутников, и кольцо Сатурна, изобрел часы с маятником и спиральною пружиною, оставил блестящий след в геометрии, физике, механике, астрономии... У нас в России о "воображаемой геометрии" Лобачевского десятки лет говорилось с улыбкою снисходительного сожаления: дескать пунктик гениального человека, у которого ум за разум зашел от полетов в наиотвлеченнейшие сферы в наиотвлеченнейшей из наук. Между тем, другие труды Лобачевского отошли ныне на второй план, а "воображаемая геометрия" заняла прочное и почетное место в истории науки. Нашел ли он новую идею? Нет. Потому что его "воображаемая геометрия" имела предшественницу в астральной геометрии Швейггарда, Гаусс проповедовал те же убеждения еще в конце XVII века, понятие "абсолютного пространства" принимал Иммануил Кант и соприкасался в нем с Берклеем... Вся заслуга гениального Лобачевского – Колумбова: открытие самостоятельного входа в новую область – нового плана причинной схемы, снова отодвинувшей от познавательной энергии человеческой ту роковую, зловещую границу, которая возвещает капитуляцию пред априорностью, на которую рано или поздно натыкаются в поиске причинностей даже самые могучие и неистощимые умы человеческие, фатум, который обязателен даже для Кантов, Шопенгауэров, Гельмгольцев... Четвертое измерение опошлено обывательскою болтовнёю, чудес ищущей... Что оно? Какая-то встреча времени с пространством, какое-то превращение материи в энергию... Математики этих загадок не боятся. Риман рассматривал каждый материальный атом как вступление четвертого измерения в пространство трех измерений. Мир для него был океаном вещества, которое постоянно течет в весомые атомы, и то место, где мир умственный вступает в мир телесный, определяет собою вещественные тела... Сейчас это место постигается умозрительно. Надо сделать его постижимым, чувственным. Вот и все.

– Не мало!

– Да, много, но не безнадежно. Наука трудно находит тропы свои, а раз нашла, шагает по ним быстро. Ей понадобилось две тысячи лет, чтобы выбиться из повелительных оков спиритуализма, но едва она выбилась, и – уже четверть века спустя – показывала "душу" под микроскопом!

II

Новый знакомый очень понравился Дебрянскому. Он чувствовал, что сдружится с Гичовским, и был очень доволен, что судьба послала ему навстречу такого опытного и бывалого путешественника. Но странный разговор несколько расстроил его и, когда граф откланялся и ушел в свой отель, Дебрянский долго еще сидел в кафе, погруженный в довольно мрачные мысли. Вопреки своей богатырской внешности, Алексей Леонидович странствовал не совсем по доброй воле: врачи предписали ему провести, по крайней мере, год под южным солнцем, не смея даже думать о возвращении в северные туманы. И вот теперь он приискивал себе уголок, где бы зазимовать удобно, весело и недорого. Человек он был не бедный, но сорить деньгами, в качестве знатного иностранца, и не хотел, и не мог.

Неожиданно свалившись с серой московской Плющихи на сверкающий Корфу, где вечно синее небо, как опрокинутая чаша, переливается в вечно синее море, Алексей Леонидович, сказать правду, изрядно-таки скучал. Человек он был – Гичовский верно его угадал – самый московский: сытый, облененный легкою службою и холостым комфортом, сидячий, постоянный и не мечтающий. И смолоду пылок не был, а к тридцати пяти годам вовсе разучился понимать беспокойных шатунов по белому свету, охотников до сильных ощущений, новостей природы и экзотических необыкновенностей. Взамен бушующих морей, горных вершин, классических развалин и мраморных богов такому, как он, русскому интеллигенту отпущены: мягкая кушетка, пылающий камин, интересная книга и восприимчивое воображение.

– Совсем нет надобности переживать сильные ощущения лично, – говорил он, – если можно их воображать, не выходя ни из душевного равновесия, ни из комнаты и притом в чуже... ну, хоть по Пьеру Лоти или Гюи де Мопассану. Подставлять же под всякие страхи и неудобства свою собственную шкуру – страсть для меня совершенно непонятная. Отсутствие душевного равновесия и комфорта не в состоянии вознаградить никакая красота.

Он не переменил своих взглядов теперь пред дивным величием Ионического моря.

– Красиво, – думал он, – но воображение создает красоту... не то чтобы лучше, а – как бы сказать – уютнее, что ли...

И глубоко сожалел о своем московском кабинете, камине, кушетке, о службе, о своих книгах и друзьях, обо всем, во что сливался для него север.

– В гостях хорошо, – втайне признавался он, – а дома лучше, и если бы я мог, то сейчас бы вернулся. Совсем не к лицу мне Корфу это... Все праздник да праздник в природе – будней хочется... Но я не могу и должно быть, мне никогда уже не быть дома... Никогда, никогда!

Он уехал из Москвы, ни с кем не простясь, безрасчетно порвав с выгодною службой, бросив оплаченную за год вперед квартиру, не устроив своих дел... Словом, это было не путешествие, но бегство. Не от врагов и не от самого себя: первых у него не было, совесть же его была – как у всякого среднего человека – обывательская: нечем ни особенно похвалиться, ни особенно мучиться.

Что он болен, Дебрянский по выезде из Москвы ни кому не признавался и сам желал о том позабыть, выдавая себя просто за туриста и ведя соответственно праздный образ жизни. Нервная болезнь, выгнавшая его с родины, была очень странного характера и развилась на весьма необыкновенной почве.

Незадолго перед тем, как Дебрянскому заболеть, сошел с ума короткий приятель его, присяжный поверенный Петров, веселый малый, один из самых беспардонных прожигателей жизни, какими столь бесконечно богата наша Первопрестольная. Психоз Петрова, возникнув на любовно-этической почве, вырастал медленно и незаметно. Решительным толчком к сумасшествию явился трагический случай, страшно потрясший расшатанные нервы больного.

Незадолго пред тем у него завязался роман с одною опереточною певицею, настолько серьезный, что в Москве стали говорить о близкой женитьбе Петрова. Развеселый адвокат не опровергал слухов...

Однажды, возвратившись домой из суда, он не мог дозвониться у своего подъезда, чтобы ему отворили. Черный ход оказался тоже заперт, а покуда встревоженный Петров напрасно стучал и ломился – подоспели с улицы кухарка и лакей его. Они тоже очень изумились, что квартира закупорена наглухо, и рассказали, что уже с час тому назад молоденькая домоправительница Петрова, Анна Перфильевна, услала их из дому за разными покупками по хозяйству, а сама осталась одна в квартире. Тогда сломали дверь и в рабочем кабинете Петрова, на ковре нашли Анну мертвою, с раздробленным черепом; она застрелилась из револьвера, который выкрала из письменного стола своего хозяина, сломав для того замок. Найдена была обычная записка: "Прошу в моей смерти никого не винить, умираю по своим неприятностям". Петров был поражен страшно. Еще года не прошло, как во время одной блестящей своей защиты в провинции он сманил эту несчастную – простую перемышльскую мещанку. Что самоубийство Анны было вызвано слухами о его женитьбе, Петров не мог сомневаться. В корзине для бумаг под письменным столом, у которого подняли мертвую Анну, он нашел скомканную записку ее к нему, начатую было – как видно – перед смертью, но не конченную. "Что ж? женитесь, женитесь... а я вас не оставлю, не оставлю"... – писала покойная и – больше ничего, только перо, споткнувшись, разбросало кляксы.

Петрову не хотелось расставаться с квартирою, хотя и омраченною, страшным происшествием: его связывал долгосрочный контракт с крупною неустойкою. Однако он выдержал характер лишь

17

две недели, а затем все-таки бросил деньги и переехал: жутко стало в комнатах, и прислуга не хотела жить. В день, как похоронили Анну, Петров, измученный впечатлениями и сильно выпив на помин грешной души покойной, задремал у себя в кабинете. И вот видит он во сне: вошла Анна, живая и здоровая, только бледная очень и холодная как лед, села к нему на колени, как бывало, при жизни и говорит своим тихим, спокойным голосом:

— Вы, Василий Яковлевич, женитесь, женитесь... только я вас не оставлю, не оставлю...

И стала его целовать так, что у него дух занялся. Петров с удовольствием отвечал на ее бешеные ласки, как вдруг его ударила страшная мысль:

— Что ж я делаю? Как же это может быть? Ведь она мертвая.

И тут он, охваченный неописуемым ужасом, заорал благим матом и проснулся — весь в поту, с головою тяжелою, как свинец, от трудного похмелья и в отвратительнейшем настроении духа.

На новой квартире он закутил так, что по всей Москве молва пошла. Потом вдруг заперся, стал пить в одиночку, никого не принимая, даже свою предполагаемую невесту, опереточную певицу. Потом так же неожиданно явился к ней позднею ночью — дикий, безобразный, но не пьяный — и стал умолять, чтобы поторопиться свадьбою, которою сам же до сих пор оттягивал. Певица, конечно, согласилась, но поутру — суеверная, как большинство актрис, — поехала в Грузины к знаменитой цыганке-гадалке спросить насчет своей судьбы в будущем браке...

Вернулась в слезах...

— В чем дело? Что она вам сказала? — спрашивал невесту встревоженный жених. Та долго отнекивалась, говорила, что "глупости". Наконец призналась, что гадалка напрямик ей отрезала:

— Свадьбы не бывать. А если и станется — на горе твое. Он не твой. Между вас мертвым духом тянет.

Петров выслушал и не возразил ни слова. Он стоял страшно бледный, низко опустив голову. Потом поднял на невесту глаза, полные холодной, язвительной ненависти, дико улыбнулся и тихим шипящим голосом произнес:

— Пронюхали...

Он прибавил непечатную фразу. Певица так от него и шарахнулась. Он взял шляпу, засмеялся и вышел. Больше невеста его никогда не видела.

В Дворянском собрании был студенческий вечер. Битком полный зал благоговейно безмолвствовал: на эстраде стояла Мария Николаевна Ермолова — эта величайшая трагическая актриса русской сцены — и со свойственною ей могучей экспрессией читала "Коринфскую невесту" Гете в переводе Алексея Толстого... Когда, величественно повысив свой мрачный голос, артистка медленно и значительно отчеканила роковое завещание мертвой невесты-вампира:

18

И покончив с ним,
Я пойду к другим,
Я должна идти за жизнью вновь!

За колоннами раздался захлебывающийся вопль ужаса, и здоровенный мужчина, шатаясь, как пьяный, сбивая с ног встречных, бросился бежать из зала среди общих криков и смятения. У выхода полицейский остановил его. Он ударил полицейского и впал в бешеное буйство. Его связали и отправили в участок, а поутру безумие его выразилось настолько ясно, что оставалось лишь сдать его в лечебницу для душевнобольных. Врачи определили прогрессивный паралич в опасном периоде бреда преследования. Ему чудилось, что покойная Анна, его любовница-самоубийца, навещает его из-за гроба, и между ними продолжаются те же ласки, те же отношения, что при жизни, и он не в силах сбросить с себя иго страшной, посмертной любви, а чувствует, что она его убивает. Вскоре буйство с Петрова сошло – и он стал умирать медленно и животно, как большинство прогрессивных паралитиков. Галлюцинации его не прекращались, но он стал принимать их совершенно спокойно, как нечто должное, такое, что в порядке вещей.

Дебрянский, старый университетский товарищ Петрова, был свидетелем всего процесса его помешательства. В полную противоположность Петрову он был человеком редкого равновесия физического и нравственного, отличного здоровья, безупречной наследственности. Звезд с неба не хватал, но и в недалеких умом не числился, в образцы добродетели не стремился, но и в пороки не вдавался – словом, являлся примерным типом образованного московского буржуа на холостом положении, завидного жениха и впоследствии, конечно, прекрасного отца семейства. Когда Петров начал чудачить чересчур уж дико, большинство приятелей и собутыльников стали избегать его: что за охота сохранять близость с человеком, который вот-вот разразится скандалом? Наоборот, Дебрянский – вовсе не бывший с ним близок до того времени – теперь, чувствуя, что с этим одиноким нелепым существом творится что-то неладное, стал чаще навещать его. Продолжал свои посещения и впоследствии, в лечебнице. Петров его любил, легко узнавал и охотно с ним разговаривал. Дебрянский был человек любопытный и любознательный. "Настоящего сумасшедшего" он видел вблизи в первый раз и наблюдал с глубоким интересом.

– А не боитесь вы расстроить этими посещениями свои собственные нервы? – спросил его ординатор лечебницы Степан Кузьмич Прядильников, на попечении которого находился Петров. Дебрянский только рассмеялся в ответ:

– Ну, вот еще! Я – как себя помню – даже не чувствовал ни разу, что у меня есть нервы, хоть бы узнать, что за нервы такие бывают.

В дополнение к своим визитам в лечебницу Дебрянского угораздило еще попасть в кружок оккультистов, который, следуя парижской моде, учредила в Москве хорошенькая барынькадекадентка, жена Радолина, компаньона Дебрянского по торговому товариществу "Дебрянского сыновья, Радолин и К". Над оккультизмом Алексей Леонидович смеялся, да и весь кружок был затеян для смеха, и приключалось в нем больше флирта, чем таинственностей. Но Дебрянского как неофита для первого же появления в кружке нагрузили сочинениями Элифаса Леви и прочих мистагогов XIX века, которые он, по добросовестной привычке к внимательному чтению, аккуратнейшим образом изучил от доски до доски, изрядно одурманив ими свою память и расстроив воображение. Однажды он рассказал своим коллегам-оккультистам про сумасшествие Петрова.

– О! – возразил ему старик, важный сановник, считавший себя адептом тайных наук, убежденный в их действительности несколько более, чем другие. – О! Почему же сумасшедший? Сумасшествие? Хе-хе! Разве это новый случай? Он стар, как мир! Ваш друг не безумнее нас с вами, но он, действительно, болен ужасно, смертельно, безнадежно. Эта Анна – просто ламия, эмпуза, говоря языком древней демонологии... Вот и все! Прочтите Филострата: он описал, как Аполлоний Тианский, присутствуя на одной свадьбе, вдруг признал в невесте ламию, заклял ее, заставил исчезнуть и тем спас жениха от верной гибели... Вот! Ваш Петров во власти ламии, поверьте мне, а не безумный, нисколько не безумный...

Дебрянский слушал шамканье старика, смотрел на его дряблое, бабье лицо с бесцветными глазами и думал:

– Посадить твое превосходительство с другом моим Васильем Яковлевичем в одну камеру – то-то вышли бы два сапога – пара!

– Смотрите, Алексей Леонидович! – со смехом вмешалась хозяйка дома, – берегитесь, чтобы эта ламия, или как там ее зовут, не набросилась на вас. Они ведь ненасытные!

– Если бы я была ламией, – перебила другая бойкая барынька, – я бы ни за что не стала ходить к Петрову: он такой скверный, грубый, пьяный, уродливый!.. Нет, я полюбила бы какого-нибудь красивого-красивого!

– Да уж, разумеется, вести загробный роман с Петровым, когда тут же налицо le beau Debriansky[8], – это непростительно! У этой глупой ламии нет никакого вкуса!

Алексей Леонидович улыбался, но шутки эти почему-то не доставляли ему ни малейшего удовольствия, а напротив, шевелили где-то в глубоком уголке души – новое для него – жуткое суеверное чувство.

Когда Петров принимался бесконечно повествовать о своей неразлучной мучительнице Анне, было и жаль, и тяжко, и смешно его слушать. Жаль и тяжко, потому что говорил он о галлюцинации ужасного, сверхъестественного характера, которую никто не в силах был представить себе без содрогания. А смешно – до опереточного смешно – потому что тон его при этом был самый будничный,

---

[8] красивый Дебрянский (франц.).

повседневный тон стареющего фата, которому до смерти надоела капризная содержанка, и он рад бы с нею разделаться, да не смеет или не может.

– Я поссорился вчера с Анною, начисто поссорился, – хвастовски рассказывал он, расхаживая по своей камере и стараясь заложить руки в халат без карманов тем же фатовским движением, каким когда-то клал их в карманы брюк, при открытой визитке.

– За что же, Василий Яковлевич? – спросил ординатор, подмигивая Дебрянскому.

– За то, что неряха! Знаете, эти русские наши Церлины – сколько ни дрессируй, все от них деревенщиной отдает... Хоть в семи водах мой! Приходит вчера, сняла шляпу, проводим время честь-честью, целуемся. Глядь, а у нее тут вот, за ухом, все красное-красное... – Матушка! Что это у тебя? – Кровь... – Какая кровь? – Разве ты позабыл? Ведь я же застрелилась... Ну, тут я вышел из себя, и – ну ее отчитывать!.. – Всему, говорю, есть границы: какое мне дело, что ты застрелилась? Ты на свидание идешь, так можешь, кажется, и прибраться немножко! Я крови видеть не могу, а ты мне ее в глаза тычешь! Хорошо, что я нервами крепок, а другой бы ведь... Словом, жучил, жучил ее – часа полтора! ну, она молчит, знает, что виновата... Она ведь и живая-то была мо-ол-ча-ли-вая, – протянул он с внезапною тоской. – Крикнешь на нее бывало, – молчит... все молчит... всегда молчит...

– Вот тоже, – оживляясь, продолжал он, – сыростью от нее пахнет ужасно, холодом несет, плесенью какою-то... Каждый день говорю ей: – Что за безобразие? Извиняется: – Это от земли, от могилы. Опять я скажу: какое мне дело до твоей могилы? В могиле можешь чем угодно пахнуть, но раз ты живешь с порядочным человеком, разве так можно? Вытирайся одеколоном, духов возьми... опопонакс, корилопсис, есть хорошие запахи... поди в магазин, к Брокару там или Сиука кому-нибудь и купи. А она мне на это, дура этакая, представьте себе: – Да ведь меня, Василий Яковлевич, в магазин-то не пустят, мертвенькая ведь я... Вот и толкуй с нею!

В другой раз Петров, когда Алексей Леонидович долго у него засиделся, бесцеремонно выгнал его от себя вместе с ординатором.

– Ну все, господа, к черту! Посидели и будет, – суетливо говорил он, кокетливо охорашиваясь пред воображаемым зеркалом, – она сейчас придет... не до вас нам теперь. Я уже чувствую: вот она... на крыльцо теперь вошла... ступайте, ступайте, милые гости! Хозяева вас не задерживают!

– Ну, bonne chance en tout![9] – засмеялся ординатор. – Вы хоть когда-нибудь показали бы нам ее, Василий Яковлевич? А?

– Да, дурака нашли, – серьезно отозвался Петров. – Нет, батюшка, я рогов носить не желаю. А впрочем, – переменил он тон, – вы, наверное, встретите ее в коридоре... Ха-ха-ха! Только не отбивать! Только не отбивать!

---

[9] Удачи во всем (франц.).

21

И он залился хохотом, грозя пальцем то тому, то другому.

На Дебрянского эта сцена произвела удручающее впечатление. В коридоре он шел за Прядильниковым, потупив голову, в глубоком раздумье... А ординатор ворчал, озабоченно нюхая воздух.

– Опять эти идолы, сторожа, открыли форточку во двор. Черт знает что за двор! Малярийная отрава какая-то – и холод ее не берет... Чувствуете, какая миазматическая сырость?

В самом деле, Дебрянского пронизало до костей холодною, влажною струею затхлого воздуха, летевшего им навстречу. Степан Кузьмич с ловкостью кошки вскочил на высокий подоконник и собственноручно захлопнул форточку, с сердцем проклиная домохозяев вообще, а своего в особенности.

– Нечего сказать, в славном месте держим лечебницу. – Он крепко соскочил на пол и зашагал далее. В темном конце коридора, близко к выходу, он столкнулся лицом к лицу с дамою в черном платье. Она показалась Дебрянскому небольшого роста, худенькою, бледною, глаз ее было не видать под вуалем. Ординатор поменялся с нею поклоном, сказал: "Здравствуйте, голубушка!" – и прошел. Вдруг он перестал слышать позади себя шаги Дебрянского... Обернулся и увидел, что тот стоит – белый, как мел, бессильно прислонясь к стене, и держится рукою за сердце, глядя в спину только что прошедшей дамы.

– Вам дурно? Припадок? – бросился к нему врач.

– Э... Э... это что же? – пролепетал Дебрянский, отделяясь от стены и тыча пальцем вслед незнакомке.

– Как что? Наша кастелянша Софья Ивановна Круг. – Дебрянский сразу покраснел, как вареный рак, и даже плюнул от злости.

– Нет, доктор, вы правы: надо мне перестать бывать у вас в лечебнице. Тут, нехотя, с ума сойдешь... Этот Петров, так меня настроил... Да нет! Я даже и говорить не хочу, что мне вообразилось.

Оберегая свои нервы, Дебрянский перестал бывать у Петрова и вернул Радолиной Элифаса Леви, Сера Пеладана и весь мистический бред, которым было отравился.

– Ну их! От них голова кругом идет.

– Ах, изменник! – засмеялась Радолина. – Ну а что ваш интересный друг и его прекрасная ламия? Влюблена она уже в вас или нет?

– Типун бы вам на язык! – с неожиданно искренней досадою возразил Алексей Леонидович.

Недели две спустя докладывают ему в конторе, что его спрашивает солдат из лечебницы с запискою от главного врача. Последний настойчиво приглашал его к Петрову, так как у больного выпал светлый промежуток, которым он сам желал воспользоваться, чтобы дать Дебрянскому кое-какие распоряжения по делам. "Торопитесь, – писал врач, – это последняя вспышка, затем наступит полное отупение, он накануне смерти".

Дебрянский отправился в лечебницу пешком – она отстояла недалеко, захватив с собой посланного солдата. Это был человек пожилой, угрюмого вида, но разговорчивый. По дороге он посвятил

22

Дебрянского во все хозяйственные тайны странного, замкнутого мира лечебницы, настоящею королевою которой – по интимным отношениям к попечителю учреждения – оказывалась кастелянша, та самая Софья Ивановна Круг, что встретилась недавно Дебрянскому с ординатором в коридоре, у камеры Петрова. По словам солдата, весь медицинский персонал был в открытой войне с этою особой. "Только супротив нее и сам господин главный врач ничего не могут поделать, потому что десять лет у его сиятельства в экономках прожила и до сих пор от них подарки получает". Солдат защищал врачей, ругал Софью Ивановну ругательски и сожалел князя-попечителя.

– И что он в ней, в немке, лестного для себя нашел? Никакой барственной деликатности! Рыжая, толстая – одно слово: слон персидский!

Алексея Леонидовича словно ударили:

– Что-о-о? – протянул он, приостанавливаясь на ходу. – Ты говоришь: она рыжая, толстая?

– Так точно-с. Гнедой масти – сущая кобыла нагайская.

У Дебрянского сердце замерло, и холод по спине побежал: значит, они встретили тогда не Софью Ивановну Круг, а кого-то другого, совсем на нее не похожую, и ординатор солгал... Но зачем он солгал? Что за смысл был ему лгать?

Страшно смущенный и растерянный, он собрался с духом и спросил у солдата:

– Скажи, брат, пожалуйста, как у вас в лечебнице думают о болезни моего приятеля Петрова?

Солдат сконфузился:

– Что же нам думать? Мы не доктора.

– Да что доктора-то говорят, я знаю. А вот вы, служители, не приметили ли чего-нибудь особенного?

Солдат помолчал немного и потом залпом решительно выпалил:

– Я, ваше высокоблагородие, так полагаю, что им бы не доктора надо, а старца хорошего, чтобы по требнику отчитал.

И, почтительно приклоня рот свой к уху Дебрянского, зашептал:

– Доктора им, по учености своей, не верят, говорят "воображение", а только они, при всей болезни своей, правы: ходит-с она к ним.

– Кто ходит? – болезненно спросил Дебрянский, чувствуя, как сердце сго теснее и теснее жмут чьи-то ледяные пальцы.

– Анна эта... ихняя, застреленная-с...

– Бог знает что! – Дебрянский зашагал быстрее.

– Ты видел? – отрывисто спросил он на ходу после короткого молчания.

– Никак нет-с. Так – чтобы фигурою, не случалось, а только имеем замечание, что ходит.

– Какое же замечание?

– Да вот хоть бы намедни, Карпов, товарищ мой, был дежурный по коридору. Дело к вечеру. Видит: лампы тускло горят. Стал заправлять – одну, другую... только вот откуда-то его так и пробирает холодом, сыростью так и обдает – ровно из погреба.

23

— Ну-ну... — лихорадочно торопил его Дебрянский.

— Пошел Карпов по коридору смотреть, где форточка открыта. Нет, все заперты. Только обернулся он — и видит: у Петрова господина дверь в номер приотворилась и затворилась... и опять мимо Карпова холодом понесло... Карпову и взбрело на мысль: а ведь не иначе это, что больной стекло высадил и бежать хочет... Пошел к господину Петрову, а тот — без чувств, еле жив лежит... Окно и все прочее цело... Ну, тут Карпов догадался, что это у них Анна ихняя в гостях была, и обуял его такой страх, такой страх... От службы пошел было отказываться, да господин главный врач на него как крикнет! Что, говорит, ты, мерзавец, бредни врешь? Вот я самого тебя упрячу, чтобы тебе в глазах не мерещилось...

— Ему не мерещилось, — с внезапным убеждением сказал Дебрянский.

— Так точно, ваше высокоблагородие, человек трезвый, своими глазами видел. Да разве с господином главным врачом станешь спорить?

Петрова Алексей Леонидович застал крайне слабым, но вполне разумным. Камера Петрова, высокая, узкая и длинная, с стенами, крашенными в голубой цвет над коричневою панелью, была как рама к огромному, почти во всю вышину комнаты от пола до потолка, окну; на подоконник были вдвинуты старинные кресла-розвальни, а в креслах лежал неподвижный узел коричневого тряпья. Этот узел был Петров. Дебрянский приблизился к нему, превозмогая робкое замирание сердца. Петров медленно повернул желтое лицо — точно слепленное из целой системы отечных мешков: под глазами, на скулах, на висках и выпуклостях лба — всюду обрюзглости, тем более неприятные на вид, что там, где мешков не было, лицо казалось очень худым, кожа липла к костям. Говорил Петров тихим, упавшим голосом.

— Вот что, брат Алексей Леонидович, — шептал он, — чувствую, что капут, разделка, ну, и того... хотел проститься, сказать нечто...

— Э! Поживем еще! — бодро стал было утешать его Дебрянский, но больной покачал головою.

— Нет, кончено, умираю. Съела она меня, съела. Вы не гримасничайте, Степан Кузьмич, — улыбнулся он в сторону ординатора, — это я про болезнь говорю, съела, а не про другое что...

Тот замахал руками.

— Да бог с вами! Я и не думал!

— Так вот, любезный друг, Алексей Леонидович, — продолжал Петров, — во-первых, позволь тебя поблагодарить за участие, которое ты мне оказал в недуге моем... Один ведь не бросил меня околевать, как собаку.

— Ну, что там... стоит ли? — пробормотал Дебрянский.

— Затем — уж будь благодетелем до конца. Болезнь эта так внезапно нахлынула, дела остались не разобранными, в хаосе... Ну, клиентурою-то совет распорядится, а вот по части личного моего благосостояния просто уж и ума не приложу, что делать. Прямых наследников у меня, как ты знаешь, нету. Завещания не могу уже сделать: родственники оспаривать будут правоспособность и, конечно, выиграют... Между тем, хотелось бы, чтобы деньги пошли на что-нибудь путное... Да... о чем бишь я?

Глаза его помутились было и утратили разумное выражение, но он справился с собою и продолжал.

– Так вот, завещания-то я не могу сделать, а между тем, мне хотелось бы и тебе что-нибудь оставить на память... на память, чтобы не забыл... Дрянь у меня родня, ничего не дадут... на память, чтобы не забыл... Анне, бедняжке, памятник следовало бы... Мертвенькая она у меня... памятник, чтобы не забыл...

Он страшно слабел и путал слова. Ординатор заглянул ему в лицо и махнул рукою.

– Защелкнуло! – сказал он с досадою. – Теперь вы больше толку от него не добьетесь! Он уже опять бредит.

Больной тупо посмотрел на него. – ан не брежу! – хитро и глупо сказал он. – Завещание! Вот что!.. Дебрянскому – чтобы не забыл! Что? Брежу? Только завещать – тю-тю. Нечего! Вот тебе и – чтобы не забыл. А вы – брежу! Как можно? Завещание Анна съела... хе-хе! Глупа – ну, и съела! Ну, и шиш тебе, Алексей Леонидович! Шиш с маслом!

И он стал смеяться тихим, бессмысленным смехом. Потом, как бы пораженный внезапною мыслью, уставился на Дебрянского и долго рассматривал его пристально и серьезно. Потом сказал медленно и важно:

– А знаешь, Алексей Леонидович? Завещаю-ка я тебе свою Анну?

– Угостил! – улыбнулся ординатор, а Дебрянский так и встрепенулся, как подстреленная птица.

– Господи! Василий Яковлевич! Что ты только говоришь?

Больной снисходительно замахал руками:

– Не благодари, не благодари... не стоит! Анну – тебе, твоя Анна... ни-ни! Кончено! Бери, не отнекивайся!.. Твоя! Уступаю!.. Только ты с нею строго, строго, а то она – у-у-у какая! Меня съела и тебя съест. Злая, что жила мало, голодная! Бедовая! Чувства гасит, сердце высушивает, мозги помрачает, вытягивает кровь из жил. Когда я умру, вели меня анатомировать. Увидишь, что у меня вместо крови – одна вода и белые шарики... как бишь их там?.. Хоть под микроскоп! Ха-ха-ха! И с тобою то же будет, друг Алексей Леонидович, и с тобой! Она, брат, молода, голодна, жить хочет, любить. Ей нужна жизнь многих, многих...

И расхохотался так, что запрыгали все комки и шишки его обезображенного лица.

Ординатор подмигнул Дебрянскому: теперь-то, мол, будет потеха.

– Вот этого пунктика, Василий Яковлевич, – сказал он с серьезным видом, – мы у вас не понимаем. Как: "хочет жить и любить"? Она мертвая...

– Мертвая, а ходит. Что она разбила себе пулей висок, да закопали ее в яму, да в яме сгнила она – так и нет ее? Ан вот и врешь: есть! На миллиарды частиц распалась и, как распалась, тут-то и ожила. Они, брат, все живут, мертвые-то. Мы с тобой говорим, а между нами вон в этом луче колеблется, быть может, целый вымерший народ. Из каждой горсточки воздуха можно вылепить сотню таких, как Анна.

Он сжал кулак и, медленно расжав его, тряхнул пальцы. Дебрянский с содроганием проследил его жест. Сумасшедшая болтовня Петрова начала его подавлять.

– Ты думаешь, воздух пустой? – бормотал он, – нет, брат, он лепкий, он живой; в нем материя блуждает... понимаешь? Послушная материя, которую великая творческая сила облекает в формы, какие захочет... Дифтерит, холеры, тифы... Это ведь они, мертвые, входят в живых и уводят их за собою. Им нужны жизни чужие в оплату за свою жизнь. Ха-ха-ха! В бациллу, чай, веришь, – а что мертвые живут и мстят, не веришь. Вот я бросил карандаш. Он упал на пол. Почему?

– Силою земного тяготения.

– А видишь ты эту силу?

– Разумеется, не вижу.

– Вот и знай, что самое сильное на свете – это невидимое. И если оно вооружилось против тебя, ты его не своротишь! Не борись, а покорно погибай. Ты, Дебрянский, Анны испугался. Анна – что? Анна – вздор: форма, слепок, пузырь земли! Анна – сама раба. Но власть, но сила, которая оживляет материю этими формами и посылает уничтожать нас – that is the question![10] Ужасно и непостижимо! И они – пузыри-то земли – не отвечают о ней. Узнаем, лишь когда сами помрем. Я, брат, скоро, скоро, скоро... И из меня тоже слепится пузырь земли, и из меня!

Он таращил глаза, хватал руками воздух, мял его между ладоней, как глину. Людей он перестал замечать, весь поглощенный созерцанием незримого мира, который копошился вокруг него...

Дебрянский слушал этот хаос слов с каким-то глухим отчаянием.

– Да что вы! – шептал ему ординатор. – На вас лица нету... Опомнитесь! Ведь это же бред сумасшедшего...

А Петров лепетал:

– Я давно ее умоляю, чтобы она перестала меня истязать. Что, мол, тебе во мне? Ты меня всего иссушила. Я – выеденное яйцо, скорлупа без ореха. Дай мне хоть умереть спокойно, уйди. Она говорит: уйду, но дай мне взамен себя другого. Сказываю тебе: молода, не дожила свое, недолюбила. Ну что ж? Ты приятель мой, друг, я тебе благодарен... вот ты ее и возьми, приюти, пусть тебя любит... ты стоишь... возьми, возьми!

– Уйдем! Это слишком тяжело! – пробормотал Дебрянский, потянув ординатора за рукав.

– Да, не весело! – согласился тот. Они вышли.

И покончив с ним,

Я пойду к другим,
Я должна, должна идти за жизнью вновь...

– летела им вслед безумная декламация и хохот Петрова. Очутившись в коридоре, Дебрянский огляделся, как после тяжелого сна, и, вспомнив нечто, взял ординатора за руку.

– Степан Кузьмич! – сказал он дружеским и печальным голосом, – зачем вы мне тогда солгали?

Прядильщиков вытаращил глаза:

– Когда?!

– А помните, вот на этом самом месте мы встретили...

– Софью Ивановну Круг. Помню, потому что вам тогда что-то почудилось и вы чуть не упали в обморок.

– Это не Софья Ивановна была, Степан Кузьмич. – Ординатор пристально взглянул ему в лицо.

– Извините меня, голубчик, но вам нервочки подтянуть надобно! – мягко сказал он. – Как не Софья Ивановна? Да хотите, мы позовем ее сейчас, самое спросим?

И он толкнул Дебрянского в боковую дверь, за которою помещалась амбулаторная приемная.

– Софья Ивановна! – крикнул он, отворяя еще какую-то дверь. – Благоволите пожаловать сюда.

– Gleich[11].

Выплыла огромная, казенного образца немка aus Riga, с молочно-голубыми глазами и двойным подбородком.

– Вот-с... – показал в ее сторону всей рукою ординатор. – Софья Ивановна! Голубушка! Вы помните, как с неделю тому назад встретили меня вот с этим господином возле номера господина Петрова?

– Oh, ja! – протянула немка голосом сырым и сдобным. – Я ошень помнил. Потому что каспадин был ошень bleich[12], и я ошень себе много удивлений давал, зашем такой braver Herr[13] есть так много ошень bleich.

– Ну-с? Вы слышали? – засмеялся ординатор.

Дебрянский был поражен до исступления. Свидетельство немки непременно доказывало, что Степан Кузьмич его не морочил, а между тем он присягнуть был готов, что у встреченной тогда дамы был другой овал лица, другие стан, рост...

– Да не столковались же они, наконец, нарочно мистифицировать меня! – подумал он с тоскою, – когда им было и зачем?

И, вежливо улыбнувшись, он обратился к Софье Ивановне:

– Извините, пожалуйста. Я вот спорил со Степаном Кузьмичем... Мне тогда вы показались совсем не такою...

– О! Я из бань шел, – получил он прозаический и добродушный

---

[11] Одну минуту (нем.).
[12] испуганный (нем.).
[13] бравый мужчина (нем.).

ответ. – Из бань человек hat immer[14] разный лизо, и я имел лизо весьма ошень разный...

Глупая немка "с весьма очень разным лицом" своим комическим вмешательством в фантастическую трагедию жизни Петрова так ошеломила и успокоила Дебрянского, что он вышел из лечебницы с легким сердцем, хохоча над своим суеверием, как ребенок. По пути из лечебницы он, пересекая Пречистенский бульвар встретил сановника-оккультиста. Старичок совершал предобеденную прогулку и заглядывал под шляпки гувернанток и платочки молоденьких нянь, вечно гуляющих с детьми по этому бульвару, решительно без всякого опасения нарваться на какую-нибудь эмпузу или ламию. Дебрянский прошел вместе с ним всю бульварную линию.

– О! – сказал старый чудак, когда Дебрянский, смеясь, рассказал, какую шутку сыграли с ним расстроенные нервы. – О! Вы совершенно напрасно так легко разуверились. Меня эта история только убеждает в моем первом предположении – что вы имеете дело с ламией. Они ужасные бестии, эти ламии, – могут принимать какой угодно вид и форму, когда на них смотрят живые люди... Да! Так что вы, молодой друг мой, несомненно, видели не эту толстомясую немку, которая, впрочем, столь аппетитна, что, я надеюсь, вы не откажете сообщить мне ее адрес! – но ламию, самую настоящую ламию, в настоящем ее виде. А господину ординатору она представилась немкою... еще раз очень прошу вас: дайте мне ее адрес.

На мгновение Дебрянского как бы ожгло.

"Лепкий воздух, живой", с отвращением вспомнил он и задрожал, поймав себя на том, что, повторяя жест Петрова, сам мнет воображаемую глину...

– Глупости, – с досадою сказал он про себя, – довольно дурить! Пора взять себя в руки! Что я – семидесятилетний рамолик[15], что ли, выживший из ума? А к Петрову ходить – баста. Это в самом деле заражает...

И, овладев собою, он завел с генералом фривольный разговор о ламиях, немках и встречаемых гуляющих дамах.

В контору свою Дебрянский уже не пошел. Он очень весело провел день, был в театре, потом поужинал со знакомым в "Эрмитаже" и вернулся домой часу в третьем утра. Уютная холостая квартира встретила его теплом и комфортом. В спальне, ласково грея, тлел камин. У Дебрянского была привычка: перед сном выкуривать папиросу около огонька. Он разделся и в одном белье сел в кресло у камина, подбросив в него еще два полена дров. Огонь вспыхнул, ярко озарив всю комнату красным шатающимся светом. Алексей Леонидович сидел, курил и чувствовал себя очень в духе... Он вспомнил только что виденную веселую оперетку, с примадонною, такою же толстой, как утром немка в лечебнице, с ее очень разным лицом, вспомнил, как глупо мешала она немецкие слова с русскими...

---

[14] всегда имеет (нем.).
[15] От франц. ramolli – старчески расслабленный, слабоумный от старости.

– Уж не умеешь говорить по-русски, – качаясь в кресле рассуждал он незаметно засыпающим умом, – так говори по-иностранному, иностранные слова... Тьфу! Что это я?! – опамятовался он и, встрепенувшись от дремы, подобрал выпавшую было изо рта на колени папиросу, но сейчас же уронил ее снова и заклевал носом.

– А многие есть и образованные, – продолжало качать его, – не знают говорить иностранные слова, да... цивилизация, Стэнли, апельсин... иностранные... А поэзия – это особо... Вавилов, музыкант, "дуэт", не может выговорить, все на первый слог ударяет... Образованный, иностранный, а не может... дует Глинки, дует Стэнли, апельсинизация... Дует, дует, откуда, зачем дует?.. В коридоре дует... ужасно скверно, когда дует...

Дебрянский недовольно повернулся в кресле, потому что на него в самом деле потянуло холодком, и слева, откуда дуло, он услыхал над самым своим ухом, будто кто-то греет руки: ладонь зашуршала о ладонь... Он лениво взглянул в ту сторону. На ручке ближайшего кресла – чуть видная в багряном отблеске затухающего камина – сидела маленькая, худенькая женщина в черном и, покачиваясь, терла, будто с холоду, рука об руку.

– Это... та! Немка из лечебницы! – спокойно подумал Дебрянский. – Ишь, как иззябла... да, дует, дует... иностранная немка, с весьма очень разным лицом...

Черненькая женщина все грелась и мыла руки, не обращая на Алексея Леонидовича никакого внимания... Наконец, она повернула к нему лицо – бледное лицо с огромными глазами, бездонными, как омут, темными, как ночь... И бледные губки ее дрогнули, и страшно сверкнули в полумраке ровные, белые, как кипень, зубы... и раздался голос, тихий, ровный и низкий, точно из-за глухой стены:

– Анною звать-то меня... Аннушка я... мы перемышльские...

Поутру слуга Сергей, войдя в кабинет со щеткою, попятился в страхе: барин, которого он вчера вечером оставил живым, бодрым и веселым, лежал на ковре навзничь, бесчувственный, в глубоком обмороке... Слуга бросился за врачом... Долго приводили в чувство Алексея Леонидовича, и когда он открыл глаза, стоял в них невыразимый, недоверчивый ужас... первым его вопросом было:

– Она ушла?

– Кто-с? – удивился Сергей.

Дебрянский не отвечал. Врач напоил его бромом, предписал спокойствие и удалился. Но Алексей Леонидович чувствовал себя уже совершенно здоровым и даже поехал в контору.

– Барки, – доложил Сергей, одевая его, – я не смел вам сказать, потому что доктор запретил вас беспокоить, но, как скоро вы выезжаете... Сейчас из лечебницы солдат приходил. Господин Петров в ночь скончался...

Дебрянский страшно побледнел.

– Я знаю, – глухо сказал он и очень удивил тем Сергея: откуда мог узнать барин, со вчерашнего вечера из кабинета не выходивший и ночь без чувств пролежавший, новость, которую он-то – первый узнавший – так тщательно берег?

Днем Алексей Леонидович возвратился домой только на несколько минут, чтобы взять деньги из несгораемого шкапа, и затем пропал до следующего утра... Сергей услышал его звонок уже в девятом часу утра, когда ноябрьский день стал светел и солнечен, и отворил ему, красному, опухшему, видимо, не спавшему всю ночь, но мирному и спокойному. Он лег спать и спал до сумерек. Проснулся, увидал, что темнеет, пришел в великий испуг, почти в отчаяние и так торопился вон из дома, что Сергей невольно подумал:

– Надо быть, на свидание поспешает... Мамзельку завел!

Так прошло с неделю. Петрова давно похоронили. Дебрянского не видать было ни на отпевании, ни на кладбище. Дома жить он почти совершенно перестал. Изумленный Сергей ума не мог приложить, что сталось с его приличнейшим и аккуратнейшим барином-домоседом. Побежали о Дебрянском по Москве странные и нехорошие слухи, что он кутит и ведет самую рассеянную жизнь.

Прямо из должности теперь он ехал в какой-нибудь самый людный и светлый ресторан, оттуда перекочевывал в театр, по окончании спектакля спешил в клуб или кафешантан, стал завсегдатаем "Яра" и "Стрельны" и, наконец, если всюду огни потушены и зевающие люди расходились по домам, а ночи оставался еще кусок длинный, то Алексей Леонидович, сгорая от стыда, что – не ровен час – какой-нибудь юноша его заметит и узнает, стучался в публичные дома. Здесь он удивлял тем, что нанимал трех, четырех и больше женщин, никогда не пользуясь ни одной: они должны были только сидеть с ним и говорить, по возможности, без умолку, а он поил их вином, портером, шампанским и ни одну не отпускал от себя, покуда день не белил занавесей на окнах и не становилось совершенно светло. Тогда вставал, приводил себя в порядок для города, расплачивался и уезжал. Это был как раз тот образ жизни, который в предсмертные годы свои вел покойный Петров, и Алексей Леонидович с холодным ужасом сознавал, что встал на ту же дорогу: превращался в "человека толпы", как угадал его когда-то Эдгар По – в существо, обреченное на людность, потому что одиночество для него, – пытка безумия или даже смертный приговор.

Единственный раз, что Дебрянский остался переночевать дома, обморок повторился. К счастью, Сергей был недалеко и при помощи нашатырного спирта и коньяку оживил больного довольно быстро. И опять первым вопросом Дебрянского было:

– Она ушла?

– Кто, барин?

Алексей Леонидович покачал головою.

– Я знаю, кто она была, а кто она теперь, это, брат мудрее нас с тобою.

– Вы, барин, должно быть, дурной сон видели?

– Нет, братец, какой там сон!

Но потом подумал и головою затряс.

30

– А, впрочем, кто ее знает: может быть, и сон...

Назавтра он сидел на приеме у знаменитого психиатра: старого седобородого профессора, с голым черепом, крутою шишкою выдвинутым вперед, с целым кустарником седых бровей над голубыми глазами.

– Поймите, профессор, – шептал он, – я потерял себя, я потерял жизнь. Из нее удалились факты, а вместо них воцарились призраки. Если я не вижу их, то все равно предчувствую. Между моим глазом и светом как будто легла тюлевая сетка, самый ясный из московских дней кажется мне серым. В самом прозрачном воздухе, мерещится мне, качается мутная мгла, тонкая, как эфир, и такая же зыбкая... влажная и осклизлая. Я ощущаю ее ползучее прикосновение на своем лице. И я чувствую всем существом своим, чувствую, профессор, всем инстинктивным испугом живого перед мертвым, что эта серая муть и есть именно та таинственная материя, сложенная из отжитых жизней, о которой говорил мне в своей безумной мудрости несчастный Петров. И он был прав. Она, эта лепкая, зыбкая материя, течет в непрерывном движении и готова рождать "пузыри земли" в любой форме, в каждом образе, покорная повелительной силе, чтобы понять которую – говорил Петров – надо сперва умереть...

Выслушав Дебрянского, психиатр долго думал.

– Туман, – сказал он наконец.

И в ответ на вопросительный взгляд клиента прибавил:

– Это все – вот это.

Он указал на окно, седое от разлитой за ним молочно-белой мглы холодных паров: уличные фонари мигали сквозь нее красноватыми тусклыми огоньками, будто из-под матовых колпаков.

– Англичане в такие туманы стреляются, а русские сходят с ума. Вы русский, следовательно... Лечиться надо, сударь мой! Звуковые галлюцинации – еще половина горя, а уж если пошли зрительные... Что? Вам не понравилось слово "галлюцинации"? То-то вот и есть. Оккультизмом баловаться безнаказанно нельзя-с. Огонь жжется. Привидений вы боитесь, а за галлюцинации уже обижаетесь. Ну-с, я не буду диспутировать, насколько реальны ваши представления. Как вы ни страдаете от них, но вам – не правда ли? – в то же время хочется, чтобы они были настоящие, а не воображаемые. Бывает-с, бывает-с. Не думайте, что вы один. Ко мне и сейчас является дважды в неделю один кандидат на судебные должности, которого покойная супруга навещать изволит и чай с ним пьет. Хлеб мне показывать принес, ею будто бы недоеденный, со следами зубов-с. Тоже на оккультизме свихнулся, после Гюисмансова "La-Bas". Много эта книга мозгов испортила. Так вот и давайте не диспутировать, но лечиться. И я вас вылечу. Бегите отсюда. Бегите туда, где нет этого... – он снова указал на окно, – и, если можно, навсегда. Бегите под яркое небо, под палящее солнце, к ласковым морям, к пальмам и газелям. Там вы забудете своих призраков. А север – родина душевных болезней – для вас более не годится. Ваш Петров сказал правду. Воздух у нас живой и лепкий: он населен сплином, неврастенией, удрученными и раздражительными настроениями. Мы ведь киммеряне. Вы читали Гомера?

– Давно.

Доктор закрыл глаза и прочитал наизусть:

– "Бледная страна мертвых, без солнца, одетая мрачными туманами, где, подобно летучим мышам, рыщут с пронзительными криками стаи жалких привидений, наполняющих и согревающих свои жилы алой кровью, которую высасывают они на могилах своих жертв".

И когда эта цитата заставила Алексея Леонидовича вздрогнуть профессор засмеялся и ударил его по плечу.

– У вас киммерийская болезнь... Бегите на юг! Недуг, порожденный туманом и мраком, излечивается только солнцем...

И вот он здесь...

III

Вечером Алексей Леонидович Дебрянский и граф Валерий Гичовский снова свиделись в оперном театре в антракте спектакля. Ставили "Лоэнгрина". Опера в Корфу не первоклассная, но и не слабая: труппы обыкновенно набираются молодые, однако не из совсем новичков, а таких, которые уже выдержали где-нибудь в Италии сезон-другой на второстепенных сценах и прошли с успехом, метят в многообещающие.

Дебрянский был изумлен обилием знакомых у Гичовского. Ему приходилось кланяться на каждом шагу. Почти все дамы в ложах кивали ему.

– Когда это вы успели приобрести такую популярность? – спросил Алексей Леонидович.

– О, боже мой... Да ведь я же здесь, по крайней мере, в пятнадцатый раз... Иногда живал по месяцу, по два... Вот поедемте когда-нибудь в глубь острова, на гору Пакратора... Я вас познакомлю с пастухами коз. Горы здешние я излазил. Видите ли, один старожил уверял меня, будто на Панкраторе есть пещера или, вернее сказать, расщелина – это ведь погасший вулкан, – в которой люди пьянеют от особых, наполняющих ее, газов и приходят в восторженное состояние. Знаете – вроде того, как в Дельфах, с пифией... Я стал искать эту расщелину. Однако либо не нашел ее, либо она выветрилась и потеряла свои прежние качества... Весьма возможно. Ведь вот и знаменитая Собачья пещера близ Неаполя в последние годы уже перестала привлекать иностранцев, потому что в нее ворвался поток кислорода и разредил вековые слои угольной кислоты. Собаки больше не дохнут в Собачьей пещере, а любоваться тем, как на полу ее, прижавшись к земле, тлеет синеньким огоньком восковой огарок, не любопытно для милосердых туристов. И действительно, такое чудо можно время от времени с удобством наблюдать в любой чадной кухне, а у нас в России – постоянно – в каждой черной избе.

– Разве вы предполагаете, что опьянение дельфийской пифии было того же происхождения – от углекислых газов?

– Нет, на этом настаивать не берусь. Известно только, что от газов, но – каких именно, это остается загадкою. Этих античных пророческих оракулов – Plutonia, Charonia[16] и др. – было ведь множество, и Дельфам только посчастливилось больше других во всемирной репутации. Мори прав: древнему миру, как и новому, нужен был свой повелевающий Ватикан, и центральность положения сделала им Дельфы. Во всех этих хтонических святилищах любопытны некоторые общие черты, которые я надеялся проверить по таинственной пещере корфиотов.

– Например?

– Все они – после экстатического опыта и как бы в наследство его – отравляли людей, которые им вверялись, как некоторою ненавистью к жизни и стремлением к самоубийству. "Печален, как будто побывал в пещере Трофония" – было пословицей в древнем эллинском мире. Дельфийский храм возник вокруг кратера, который, по легенде, открыли козы, опьяненные его испарениями. Людям газы кратера дарили экстазы пророчества, но вместе – и восторги самоубийства. До тех пор, покуда кратер оставался свободным, в бездне его погибло множество из тех, кто искал в нем вдохновений и вдыхал его pneuma enthusiasticum[17].Восторженное одурение самоубийства сказывается в подобных местах даже на животных. Элиан, описывая один индийский харониум, говорит, что жертвенные животные, приведенные к его пещере, устремлялись в нее без всякого принуждения, но как бы притянутые незримою силою. В Гиерополисе в Храме Сирийской богини наблюдалось нечто в том же роде. Жертвенного быка не приходилось закалывать – он сам падал, как пораженный молнией, удушаемый отравленным воздухом святилища, который, по свидетельству Страбона и Диона Кассия, могли терпеть только жрецы храма, а они спасали себя тем, что, по возможности, задерживали дыхание. В неаполитанской Собачьей пещере множество путешественников отметили поразительное равнодушие с каким животные, предназначенные для опыта, шли на готовую смерть. Решительно все плутонические дыры, когда-либо глядевшие изнутри на белый свет, связаны с мифами или действительными случаями экстатического самоубийства. Последний вулканический провал античного Рима сохранился в летописях благодаря чудесной истории Марка Курция, самопожертвование которого, как неоднократно выяснялось историками, мифологами и исследователями религиозных культов, представляло собою не что иное, как ритуальное самоубийство в честь хтонических божеств.

---

[16] Плутония, Харония (лат.).

[17] Воздух вдохновения (лат.).

Поднимались вы когда-нибудь на Этну или Везувий? Нет? Я очень жизнерадостный человек и жесточайший враг самоубийства. Но, когда я стою у кратера, хотя бы даже незначительного, вроде Стромболи или поццуоланской Зольфатары, это у меня постоянное чувство: тянет туда. Жутко и весело, энтузиастически отважно тянет. Начинаешь понимать Эмпедокла, радостно прыгнувшего в Этну, а миру назад, вверх презрительно вы бросившего подметки своих сандалий. В Трофониев грот, говорят, было жутко вползать только до половины тела, а потом – как вихрем подхватывало и волокло вниз. Все тот же экстаз нарождался! Демонологи на этом соединении жажды смерти с пифическим экстазом постро или множество суеверных теорий и нагородили всякой дьявольщины, а в диком быту кое-где до сих пор еще ходят за пророчествами и знамениями на вершины вулканов и кормят кратеры человеческими телами, обыкновенно, мертвыми, но под шумок, если европейский надзор прозевает, то и живыми. В Никарагуа есть вулкан Масайя, или Попогатепеку, что значит Дымящаяся Гора. Она искони и кормится таким образом и прорицает. Страна обратилась в христианство, но католические миссионеры воспользовались вулканом: заставляют новообращенных восходить на гору смотреть в кратер на раскаленную лаву – вот, мол, ад, который тебе уготован, если будешь злым... В Аляске, Камчатке, в Африке я знавал индийцев и негров, одурявшихся угарами в вулканических расщелинах и переживавших плутонические обмороки. Это были люди печальные, неразговорчивые, что-то потерявшие в жизни, подобно Данту, оставившему свою улыбку на дне девятиярусного своего ада. Те, кто погружался в пещеру Трофония, извлекались оттуда в обмороке и беспамятстве, а придя в себя, надолго теряли способность смеяться и отравлялись на всю жизнь тоской по неведомому. "Вот ты излечился!" – поздравляли их. И слышали ответ: "Лучше бы мне век оставаться больным!.." Знаете, у кого в современности наблюдал я подобную тоску по смерти? У нескольких неудачных самоубийц в Париже, которых вовремя спасли от смертельного угара. Вы, конечно, слыхали о роковой жаровне, которою обычно кончают расчеты с жизнью разочарованные в ней обитатели мансард... Я слышал от них совершенно те же многозначительны трофониевы признания... Это сравнительно легкое и в известном периоде, несомненно, экстатическе, бредовое умирание, должно быть, говорит им очень много. Жизнь после него отравлена какою-то пустотою, и я много раз сталкивался с такою же тоской по жаровне, как тоскуют опиофаги по опиуму и гашишу.

– Однако, граф, – заметил Дебрянский, – я вижу, что вы, действительно, наполнили всю свою жизнь погонею за необыкновенным.

– Погонею за знанием, – поправил граф.

В разговоре проскользнуло имя покойной Блаватской. Зашла речь о разоблачении ее тайн Всеволодом Соловьевым. Гичовский знал Блаватскую лично.

– Она была великой фокусницей, – сказал он, – но весьма приятною женщиной.

– Но шарлатанка же?

– Ну, это – как сказать? И да, и нет... Во всяком случае не такая, как этот господин Всеволод Соловьев ее описал... Другого, гораздо более серьезного и возвышенного типа, И к тому же талант огромный, обаятельность совершенно исключительная, страшная способность влиять на людей... Для меня главный недостаток был не в том, что она людей морочила, но – зачем она шарлатанила сама с собою...

– Вы полагаете?

– Не полагаю, но уверен. Эта Елена Петровна не кого-то, а что-то обмануть желала. Вся ее деятельность – какая-то кокетливая проба, танец на канате, натянутом над пропастью. Кокетка с тайною, кокетка с знанием – со всем секретом жизни и смерти. Весь век свой женщина играла всем нутром своим роль исследовательницы и изыскательницы и людям клялась и самое себя, заигрываясь, уверяла, будто ищет знания, естественных психологических сил, присущих человеку, чтобы осуществлять чудесное, но не изученных им до степени разумного волевого владения. А в действительности-то, втайне, про себя ненавидела она такое естественное знание всею душою, жаждала только веры и только чуда – откровений сверхъестества, феноменов мистической силы. Когда обнаруживались пред нею пути естественных объяснений сверхъестественным феноменам, она брезгливо жмурила глаза и отмахивалась от подобных возможностей обеими руками. Если вы настаивали, то раздражалась, сердилась и прямо-таки по-дамски, теряя всякую логику, перебегала к рассказам и доказательствам, которые во что бы то ни стало оставляли чудо чудесным – значит, шли вразрез со всею ее собственною quasi-научною теорией. Сама того не замечая, она теряла лицо и обнаруживала свою изнанку и подкладку: оказывалась и наивною спириткою, и демономанкою, даже просто суеверною русскою бабою с напуганным, темным, деревенским умом... Между тем, нельзя было уязвить ее обиднее, чем зачислив ее, теософку, по которой-нибудь из иных спиритуалистических категорий – унижением и клеветою почитала... Знаете ее знаменитое: "ну, ты верь, а я подожду!"... Все толковала об естественных путях и силах, а в то же время в естественных науках была круглая невежда, да и вряд ли хотела их знать – некогда было, и дисциплины ума оно требует, а на этот счет Елена Петровна была страх как ленива. Барыня и старой, крепостной еще, закваски дама! Фактов она ни когда не наблюдала, а брала их, как ей нравилось, и понимала, как хотела... Вообразила же она – и совершенно искренно вообразила – своим единомышленником такого заклятого врага спиритуалистов, как физиолог Карпентер. И как ни в чем не бывало, терминологией его пользовалась и ссылки на него делала – и, я уверен, вполне по доброй совести, bona fide[18], нисколько не сознавая, что тем разрушает собственные доказательства и совершает, в некотором роде, самоубийство. Она сама говорила, что все неизвестное, таинственное привлекает ее, как пустое пространство, и, производя головокружение, притягивает к себе, подобно бездне. Каждой разоблаченной, упрощенной, закономерно разъясненной тайны ей жаль было, как куска, оторванного от ее сердца: Quod erat demonstrandum[19] – для нее не существовало. Ее вера была: credo quia absurdum[20]. Во всяком случае, она была в десять раз умнее и симпатичнее своего обличителя и обладала тем, что ему и во сне никогда не снилось – мутным и дурно выраженным, зачаточным и хаотическим, запутанным по логическому невежеству, по произвольности опорных фактов и исходных посылок, но все-таки в корне-то не случайным, а способным и сложиться в систему, и выделить себя из системы – философским мировоззрением. А красноречива-то как была, когда в ударе!.. Я знал ее уже старою и довольно безобразною – однако, в нее еще влюблялись... Если она бывала в духе, то я предпочитал ее общество всякому другому. Зная мое отвращение к игре в сверхъестественное, она – для меня – снимала свою жреческую оболочку и являлась такою, как была в действительности: живою, начитанной, много видевшей на своем веку собеседницей, с острым и весьма наблюдательным умом.

– Неужели, граф, она так-таки ни разу и не показала вам черта в баночке?

– Нет. То есть сперва-то она, конечно, пробовала морочить меня своими феноменами: ну, знаете, незримые звоны эти, таинственное перемещение вещиц из комнаты в комнату, кисейные рукава, на которых поймал ее Соловьев... Но я сам бывал в переделках у индийских факиров и хороших престидижитаторов, приятель с Казенэвом, так что, имея в распоряжении известные аппараты, берусь проделывать фокусы ничуть не хуже, а, может быть, и лучше почтенной Елены Петровны. Все это я ей высказал – для большей убедительности – на мнимо-таинственном условном жаргоне, которому обучили меня в Александрии цыгане, выдававшие себя за цейлонских буддистов. Блаватская рассердилась, но с тех пор между нами и помину не было о чудесах. Да... Так-то вот и всегда на этой стезе. Живешь – всю жизнь ищешь факты и всю жизнь раздеваешь факты в мираж.

– И никогда ничто не заставляло вас сомневаться в действительности, трепетать, бояться?

– Напротив, очень часто и очень многое. Вот, например, когда в верховьях Нила раненый бегемот опрокинул нашу лодку... Я нырнул

---

[18] вполне искренно (лат.).
[19] что и требовалось доказать (лат.).
[20] Верю, потому что абсурдно (лат.).

36

и соображал под водою: вот уже у меня не хватает дыхания... пора вынырнуть.... и – ну как я вынырну прямо под эту безобразную тушу?!

– Еще бы! Это страх понятный, физический... Я вас совсем о другом спрашиваю...

– Нет: я материалист. Чудес не бывает.

Граф немного задумался и потом продолжал с прежней живостью.

– Ведь все зависит от настроения. Черти, призраки, таинственные звуки – не вне нас; они сидят в самом человеке, в его гордой охоте считать себя выше природы, своей матери, как дети вообще любят воображать себя умнее родителей. Это одинаково у всех народов, во все века. Для меня невелика моральная разница между Аполлонием Тианским и Блаватской – с одной стороны, и между ними обоими и каким-нибудь сибирским шаманом или индийским колдуном – с другой...

– Вот еще! Аполлоний Тианский верил в свое сверхъестественное могущество, а колдуны – заведомые плуты, сознательные обманщики.

– Этого я не скажу. Хороший колдун – непременно человек убеждения, самообмана, но убеждения. Это такое же правило, как и то, что бесхарактерный человек не может быть гипнотизером, зато сам легко поддается гипнозу... Я очень плохой гипнотизер, но чужой гипноз меня не берет. Фельдман раз десять принимался за меня и отходил, посрамлен был. Однако он, несомненно, обладает яркой гипнотической силою. Я видел, как разные развинченные субъекты под его влиянием проделывали удивительнейшие штуки. Одному, например, Фельдман, внушил, что в комнате нет никого, кроме него, – один он. И загипнотизированный субъект бродил по зале, между доброй дюжиной свидетелей, не видя их, не слыша, и, когда наталкивался на которого-нибудь, становился опасен, потому что не замечал препятствия и ломил себе, шел на живое тело, как на пустое место... Гипнотизеру нужен характер, а колдуну вера. Потому что колдовство – палка о двух концах: оно и внушение и самовнушение. Я видел заклинателя-негра; он из черного делался пепельным перед водяными дьяволами, которых он вызывал из ниагарских пучин. Аэндорская волшебница обезумела от страха, когда на зов ее тень Самуила поднялась из земли, чтобы осудить заклинающего Саула. О! Самовнушение – великое счастье и несчастье человеческого ума. В нем, собственно говоря, весь секрет поэтических сторон наших. Ну, а в ком же нет поэтических сторон? Чьей прозаической рассудочности не хочется иногда перерядиться в поэтический костюм: пережить трепеты фантазии, миражи, обманы, обольщения, любопытство и даже самый страх небывалого? И – в этом смысле – если хотите, я, конечно, тоже переживал интереснейшие иллюзии: бывал и испуган, и растроган тем, чего не было, но... хотелось, чтобы было. Один случай я, пожалуй, вам расскажу.

– Пожалуйста, граф! Жду с живейшим интересом.

– Он не без длиннот, но не лишен настроения и красоты.

– Всем городам северной Италии я предпочитаю нелюбимую

туристами Геную, может быть, потому, что она – немножко мне родная: я имею в Генуе множество друзей и знакомых, кузенов и кузин. Если вы читали о Генуе, то, я полагаю, знаете и о Стальено – этом кладбище-музее, где каждые новые похороны – предлог для сооружения статуй и саркофагов, в большинстве довольно пошлых, так что мрамора жалко, но иногда замечательной красоты. Когда я бываю в Генуе, то гуляю в Стальено каждый день. Это, кстати, и для здоровья очень полезно. Ведь Стальено – земной рай. Вообразите холм, оплетенный мраморным кружевом и огороженный зелеными горами, курчавыми снизу до верха, от седой ленты шумного Бизаньо до синих, полных тихого света небес... На Стальено сложено в землю много славных итальянских костей, и я люблю иногда пофилосовфствовать, вроде Гамлета, над их саркофагами. Вот, в один прекрасный вечер я уселся под кипарисами у египетского храма, где спит apostolo[21] итальянской свободы – великий Джузеппе Мадзини, да и замечтался, а замечтавшись, заснул. Просыпаюсь: темно. Где я? что я? Вижу кипарисы, вижу силуэты монументов – постичь не могу: как это случилось, что я заснул на стальенском холме?

Стальено запирается в шесть часов вечера. Я зажег спичку, взглянул на часы: четверть девятого... Следовательно, я проспал часа три, не меньше.

Тишь была, в полном смысле слова, мертвая. Только Бизаньо издалека громыхает весенними волнами, и скрежещут увлекаемые течением камни: в то время было половодье... Внизу, как блуждающий огонек, двигалась тускло светящаяся точка: дежурный сторож обходил нижние галереи кладбища. Пока я раздумывал: позвать его к себе на помощь или нет, – тусклая точка исчезла, дозорный отбыл свой срок и пошел на покой... Я был отчасти рад этому: спуститься с вышки, когда взойдет луна – а в это время наступило уже полнолуние – я и сам сумею: а все-таки будет меньше одним свидетелем, что граф Гичовский неизвестно как, зачем и почему бродит по кладбищу в неурочное время... Генуэзцы самые болтливые сплетники в Италии, и я вполне основательно полагал, что мне достаточно уже одного неизбежного раз говора с главным привратником, чтобы назавтра стать сказкой всего города.

Я сидел и ждал. Край западной горы осеребрился; сумрак ночи как будто затрепетал. Все силуэты стали чернее на просветлевшем фоне; кипарисы обрисовались прямыми и резкими линиями – такие острые и стройные, что казались копьями, вонзенными землею в небо... Белая щебневая дорожка ярко определилась у моих ног; пора было идти... Я повернул налево от гробницы Мадзини, сделал несколько шагов вниз и невольно вздрогнул и даже попятился от неожиданности: из-за обрыва верхней тер расы глядел на меня негр – черный исполин, который как бы притаился за скалой, высматривая запоздалого путника.

Что это призрак или злой дух – мне и в мысль не пришло; но я

---

[21] апостол (итал.).

подумал о возможной встрече с каким-нибудь разбойником-матросом[22], я схватился за револьвер... да тут же и расхохотался. Как было по первому взгляду не сообразить, что у негра голова раз в пять или шесть больше обыкновенной человеческой?! Я принял за ночного грабителя бюст аббата Пиаджио – суровую ограду грубо вылитого чугуна, эффектно брошенную без пьедестала в чаще колючих растений, на самом краю дикой природной скалы.

Этот памятник и днем производит большое впечатление; вам кажется, что аббат снова лезет на белый свет из наскучившей ему могилы и вот-вот выпрыгнет и станет над Стальено, огромный и страшный в своем длинном и черном одеянии. Ночью же он меня, как видите, совсем заколдовал, тем более, что я совершенно позабыл о его существовании...

Я спокойно сошел в среднюю галерею усыпальницы Стальено; лунные лучи сюда еще не достигали, статуи чуть виднелись в своих нишах, полных синего сумрака. Но когда, быстро пробежав эту галерею, я остановился на широкой лестнице, чуть ли не сотнею ступеней сбегающей от порога стальенской капеллы к подошве холма, я замер от изумления и восторга. Нижний ярус был залит лунным светом – это царство мертвых мраморов ожило под лучами светила, не греющего живых... Мне вспомнилась поэтическая фраза Альфонса Карра из его "Клотильды":

"Мертвые только днем мертвы, а ночи им принадлежат, и эта луна, восходящая по небу, – их солнце".

Я стоял, смотрел, и в душу мою понемногу кралось, таинственное волнение, и жуткое, и приятное. Не хотелось уйти с кладбища. Тянуло вниз – бродить под портиками дворца покойников, приглядываться к бледно-зеленым фигурам, в которых предал их памяти потомства резец художника; верить, что в этих немых каменных людях бьются слабые пульсы жизни, подобной нашей; благоговеть перед их непостижимой тайной и любопытно слушать невнятное трепетание спящей жизни спящих людей.

Я тихо спустился по лестнице, внутренно смеясь над собою и своим фантастическим настроением главное – над тем, что это настроение мне очень нравилось. Нижний ярус усыпальницы охватил меня холодом и сыростью: ведь Бизаньо здесь уже совсем под боком.

"Поэзия поэзией, а лихорадка – лихорадкой", – подумал и я направился к выходу, проклиная предстоявшее мне удовольствие идти пешком несколько километров, отделявших меня от моей квартиры: я жил на береговой части Генуи, совсем в другую сторону от Стальено. Я решился уйти с кладбища, но от мистического настроения мне уйти не удавалось. Когда я пробирался между монументами в неосвещенной части галереи, мне чудился шелест, точно шепот, точно шаркали по полу старческие ноги, точно шуршали полы и шлейфы каменных одежд, приобретших в ту таинственную ночь мягкость и гибкость шелка.

---

[22] африканцев в Генуе много и по большей части они отчаянные мошенники.

Признаюсь вам откровенно: проходя мимо знаменитого белого капуцина, читающего вечную молитву над прахом маркизов Серра, я старался смотреть в другую сторону. Реалистическое жизнеподобие этой работы Рота поражает новичков до такой степени, что не один близорукий посетитель окликал старика, как живого монаха, и только подойдя ближе, убеждался в своей ошибке. Я знал, что теперь он покажется мне совсем живым. При солнце он только что не говорит, а ну как луна развязывает ему язык, и он громко повторяет в ее часы то, что читает про себя в дневной суете?!

Мне оставалось только повернуть направо – к кладбищу евреев, чтобы постучаться в контору привратников и добиться пропуска из cimitero[23], как вдруг, уже на повороте из портика, я застыл на месте, потрясенный, взволнованный и, может быть, даже влюбленный... Вы не слыхали о скульпторе Саккомано? Это лев стальенского ваяния. Лучшие статуи кладбища – его работа. Теперь я стоял перед лучшею из лучших: перед спящею девой над склепом фамилии Эрба... Надо вам сказать, я не большой охотник до нежностей в искусстве. Я люблю сюжеты сильные, мужественные, с немного байронической окраской... Действие и мысль интересуют меня больше, чем настроения; драматический момент, на мой вкус, всегда выше лирического. Поэтому я всегда предпочитал девушке Саккомано его же Время – могучего, задумчивого старика, воплощенное "vanitas vanitatum et omnia vanitas"[24] ... Я и сейчас его видел: он сидел невдалеке, скрестив руки на груди, и, казалось, покачивал бородатой головой в раздумье еще более тяжелом, чем всегда. Меня приковала к себе эта нелюбимая мною мраморная девушка, опрокинутая вечною дремотой вглубь черной ниши. Бледно-зеленые блики играли на ее снеговом лице, придавая ему болезненное изящество, хрупкую фарфоровую тонкость. Я как будто только впервые раз глядел ее и признал в лицо. И мне чудилось, что я лишь позабыл, не узнавал ее прежде, а на самом деле давным-давно ее знаю; она мне своя, родная, друг, понятый мною, быть может больше, чем я сам себя понимаю.

"Ты заснула, страдая, – думал я. – Горе томило тебя не день, не год, а всю жизнь, оно с тобою родилось: горе души, явившейся в мире чужою, неудержимым полетом стремившейся от земли к небу... А подрезанные крылья не пускали тебя в эту чистую лазурь, где так ласково мерцают твои сестры – звезды; и томилась ты, полная смутных желаний, в неясных мечтах, которые чаровали тебя, как музыка без слов: ни о чем не говорили, но обо всем заставляли догадываться... Жизнь тебе выпала на долю, как нарочно, суровая и беспощадная. Ты боролась с нуждою, судьба хлестала тебя потерями, разочарованиями, обманами. Ты задыхалась в ее когтях, как покорное дитя, без споров; но велика была твоя нравственная сила, и житейская грязь отскакивала, бессильная и презренная, от святой поэзии твоего сердца. И сны твои были прекрасными снами. Они

---

[23] кладбище (итал.).
[24] суета сует и всяческая суета (лат.).

40

открывали тебе твой родной мир чистых грез и надежд. И вот ты сидишь успокоенная; ты забылась, цветы твои – этот мак, эмблема забвения – рассыпались из ослабевшей руки по коленам... Ты уже вне мира... Хор планет поет тебе свои таинственные гимны. Ты хороша, как лучшая надежда человека – мечта о любящем и всепрощающем забвении и покое! Я поклоняюсь тебе, я тебя люблю".

Во "Флорентийских ночах" Гейне рассказывает, как он в своем детстве влюбился в разбитую статую и бегал по ночам в сад целовать ее холодные губы. Не знаю, с какими чувствами он это делал... Но меня, взрослого, сильного, прошедшего огонь и воду, мужчину одолевало желание – склониться к ногам этой мраморной полубогини, припасть губами к ее прекрасной девственной руке и согреть ее ледяной холод тихими умиленными слезами.

Н-ну... это, конечно, крайне дико... только я так и сделал. Мне было очень хорошо; право, ни одно из моих – каюсь, весьма многочисленных – действительных увлечений не давало мне большего наслаждения, чем несколько часов, проведенных мною в благоговейном восторге у ног моей стыдливой, безмолвной возлюбленной. Я чувствовал себя, как, вероятно, те идеалисты-рыцари, которые весь свой век носили в голове образ дамы сердца, воображенный вразрез с грубою правдою жизни... Как Дон-Кихот, влюбленный в свой самообман, умевший создать из невежественной коровницы красавицу из красавиц, несравненную Дульцинею Тобосскую.

Мрамор холодил мне лицо, но мне чудилось, что этот холод уменьшается, что рука девушки делается мягче и нежнее, что это уже не камень, но тело, медленно наполняемое возвращающейся жизнью... Я знал, что этого быть не может, но – ах, если бы так было в эту минуту!

Я поднял взор на лицо статуи и вскочил на ноги, не веря своим глазам. Ее ресницы трепетали; губы вздрагивали в неясной улыбке, а по целомудренному лицу все гуще и гуще разливался румянец радостного смущения... Я видел что еще мгновение – и она проснется... Я думал, что схожу с ума, и стоял перед зрелищем этого чуда, как загипнотизированный... Да, разумеется, так оно и было.

Но она не проснулась. А меня вежливо тронул за плечо неслышно подошедший кладбищенский сторож:

– Eccelenza![25] Как это вы попали сюда в такую раннюю пору?

И в ответ на мой бессмысленный взгляд продолжал:

– Я уже три раза окликал вас, да вы не слышите: очень уж засмотрелись.

Я оглянулся... на дворе был белый день. Я провел в Стальено целую ночь и в своем влюбленном забытье не заметил рассвета... Не понял даже зари, когда она заиграла на лице мраморной красавицы... Теперь розовые краски уже сбежали с камня, и моя возлюбленная спала беспробудным сном, сияя ровными белыми тонами своих

---

[25] Ваше сиятельство (итал.).

ослепительно сверкающих одежд. Всплывшее над горами солнце разрушило очарование зари...

Неделю спустя, на обеде у маркиза Серлупи, я заметил, что на меня как-то странно смотрят. Наконец, хорошенькая жена французского консула не выдержала и сконфузила меня неожиданным вопросом:

– Правда ли, граф, что вы сделались вампиром, блуждаете по ночам в Стальено и стали на "ты" со всеми призраками cimitero?

Насмешница убила меня.

Я покраснел как рак, проклял лукавую консульшу, проклял себя, Стальено, Саккомано, статую сна, свое безумие и... в тот же вечер уехал из Генуи с твердым намерением не возвращаться в нее как можно дольше.

Так разговаривая, Дебрянский и граф Валерий просидели в театральном ресторане не только антракт, но и целый акт оперы...

Граф вошел в ложу к знакомым, а Алексей Леонидович, сидя на своем узком кресле партера, не столько смотрел на сцену и слушал музыку, сколько оглядывал публику. Дебрянский был небольшой охотник до Вагнера. Туманный, мрачный, разбросанный, он пугал Алексея Леонидовича... отзывался севером, мистицизмом, фантастикой... Его хроматическая мелодия даже в любовь, даже в лучшие восторги человеческой души вносит начало болезненности и разрушения. Пусть эта музыка божественна, но она посвящена мрачным и скорбью удрученным богам. Это – "Сумерки богов"... И как всегда при слове "сумерки", Алексей Леонидович почувствовал неприятное сжатие сердца...

Пришел Гичовский и, заметив около Дебрянского свободное место, сел рядом.

– Хотите сделать приятное знакомство? – шепнул он.

– Кто же от этого отказывается?

– В таком случае, я представляю вас Вучичам... Смотрите: первая ложа бенуара, направо...

Дебрянский взглянул – прежде всего ему бросился в глаза резкий профиль лысого старика с огромными седыми усами: настоящий славянский тип. Две дамы с незначительными лицами и очень красивая девушка сидели далее по барьеру ложи. В глубине виднелась еще какая-то женская фигура...

– Это здешние?

– Нет, далматинцы из Триеста. Но у них здесь своя вилла. Богатые люди. Предки Степана Вучича были пиратами, а сам он торгует пшеницею и оливковым маслом и покровительствует искусствам. У него прелестная галерея картин славянских художников: Чермак, Семирадский, Матейко, Хельминский, – и еще более прелестная дочь, которую, как я замечаю, вы не удостаиваете должного внимания. А напрасно: особенно, если вы холосты... ведь холосты?... Она и не глупа, и образование имеет, и много денег. Вучич очень обрадовался случаю повидать русского. Он любит Россию, долго жил в Одессе и даже говорит по-русски... Он просит вас непременно ужинать у него после спектакля.

– Разве здесь ужинают? – удивился Дебрянский, – это что-то не по-гречески...

– Вучичи живут по-триестински... А там – только вечером и начинается жизнь в свое удовольствие. День посвящен делам.

В третьем антракте граф ввел Алексея Леонидовича в ложу Вучичей. Огромного роста, с красноватым, рябым вблизи лицом, толстоносый и черноглазый, старик Вучич напомнил Дебрянскому морского орла, который вот-вот сорвется со скалы и с клекотом полетит на добычу. Он дружески приветствовал нового знакомого.

– Дочь моя Зоица, – отрекомендовал он.

Зоица – похожая на отца чертами лица – была, тем не менее, совершенно лишена того гордого и открытого выражения, каким отличался острый, внимательный взгляд орлиных очей и повелительный склад мясистых губ старика. Наоборот, в ней было что-то робкое, подозрительное. Точно на душе у нее лежала опасная или постыдная тайна, и она постоянно испытывала окружающих взглядом исподлобья: не узнали ли, не догадываются ли? Девушка показалась Алексею Леонидовичу жалкою и – так как при всем том она, действительно, была очень хороша собою – симпатичною. Дебрянский ей, кажется, тоже понравился; по крайней мере, взгляд ее прояснился, стал мягче, и на губах задрожала слабая улыбка, сделавшая красивое, бледное лицо Зоицы совсем очаровательным. Гичовский с усмешкой наблюдал эти живые проявления таинственного электрического тока, который внезапно установился между Зоицею и Дебрянским – как всегда это бывает при встречах женщины и мужчины, если им суждено не пройти бесследно в жизни друг друга. Две бесцветные дамы, сидевшие вместе с Вучичами, оказались их дальними родственницами, занимавшими в доме положение не то компаньонок, не то просто приживалок. Пятой фигуры, которую Дебрянский видел в глубине ложи, сейчас в ней не было... Не зная сам почему он очень любопытствовал знать, кто это была, – и почему-то не особенно приятным любопытством...

Спектакль шел к концу. Вучичи заторопились уезжать, прося Гичовского и Дебрянского следовать за ними на их виллу. "Пятая фигура" появилась в ложе, чтобы подать Зоице чесучовый cache-poussiere[26].

Она оказалась женщиной, на восточный взгляд, уже не молодой; лет двадцати пяти – большого роста и очень тучной. Смуглое лицо ее – еще недавно, должно быть, на редкость красивое, но теперь испорченное ожирением, которое придало коже болезненно-желтоватый оттенок, – носило отпечаток дикого величия. Она сверкнула на Дебрянского черными глазами из-под густых почти сросшихся бровей, и взгляд ее показался Алексею Леонидовичу мрачным, почти свирепым.

---

[26] Пыльник (франц.).

43

"Танька Ростокинская, разбойница какая-то", – подумал русский, оглядывая странный наряд женщины: к обыкновенной европейской юбке она надела прямо на рубаху расшитую далматскую курточку, шею обвила ожерельем в виде золотой змеи с рубиновыми глазами и всю грудь завесила монистом из червонцев; такие же змеевидные красноглазые браслеты бросились в глаза Дебрянскому на обеих руках ее; талию тоже сжимал чешуйчатый пояс восточного низкопробного серебра, замкнутый пряжкою двух впившихся друг в друга змеиных голов – только у этих змей глаза были у одной зеленые, изумрудные, у другой – желтый топаз; с левого плеча висела длинная, красная в клетках шаль, в которую женщина сердито закуталась, заметив пристальный взгляд Дебрянского. Она отрывисто сказала что-то Зоице по-хорватски, та зарумянилась, и глаза ее снова стали полны смущения и испуга...

– Эта наша Лала, – представила она, наконец, Дебрянскому; он начал было уже недоумевать: за кого он должен считать красивую дикарку. По манерам и виду – это прислуга, по обращению с Вучичами – равная им.

В ответ на вежливый поклон Дебрянского Лала быстро кивнула головой и хмуро буркнула два слова сквозь зубы... Вучич расхохотался.

– Вот вы и окрещены боевым огнем, – дружески сказал он Алексею Леонидовичу. – Не обращайте внимания на сердитые глаза Лалы. Это – в правилах дома. Лалица безумно ревнива, боится и ненавидит новых знакомых и, пока не привыкнет, всегда бывает не в духе. Не старайтесь подружиться с ней: если вы ей понравитесь, она сама сегодня же вечером подойдет к вам с протянутой рукой. – И наклонясь к уху Дебрянского, он шепнул по-русски:

– У нее мозги немножко не в порядке... что поделаешь? Она – неизбежное зло нашего дома... Правду сказать, она постоянно ставит нас в самые неловкие положения перед чужими. Но она добрая и хорошая подруга Зоицы: привязанность с детских лет! Притом, хоть и простая, едва грамотная девушка, а все-таки одной с нами крови, одного рода... Последняя в знаменитой древней ветви! Надо беречь.

Фаэтон быстро мчал Гичовского и Дебрянского по бульвару императрицы Елизаветы – по этой царице набережных: равной ей по красоте вряд ли найдется другая в Европе.

Климат и море Корфу, его ласкающее уединение излечили нервное расстройство и меланхолический психоз императрицы Елизаветы Австрийской. Здесь все дышит памятью ее пребывания, как в Сорренто и Сан-Ремо – памятью императрицы Марии Александровны, супруги императора Александра II. Великолепная Strada Marina[27] – лучшая из прогулок в городе Корфу – переименована в бульвар императрицы Елизаветы.

Да! Эта Strada Marina, в самом деле, лекарство от психических

---

[27] Морская улица (итал.).

недомоганий. Она успокаивает и возвышает душу. Придешь вечером на бесконечную щеголеватую набережную, прильнешь к перилам да уже и отрываться не хочется. До самого горизонта – гладкое яхонтовое море; чуть морщит его, чуть всплескивает у берега. Из-за дальнего острова медленно ползет огромный красный шар луны, точно только что выкупанный в крови. И чем выше ползет он в темно-синий хрусталь неба, тем нежнее и яснее становятся и сам он, и озаренная им ночь; кровавые оттенки переходят в золотые, золото – в серебро; даль мерцает фосфорическим туманом; просветляется высь, просветляется море... Золотой столб убегает по водам в голубой простор – чем дальше, тем шире и ярче – и выцветает из пламени золота в чешуйчатую дрожь серебра, пока не исчезнет где-то на границе моря и воздуха в раздолье широкого блеска. Барки, парусные лодки застыли на блестящих волнах черными пятнами. Их даже не качает: теплое безветрие, песни с них слышатся... дрожат, трепещут в воздухе... "О, Эллада, Эллада!.."

Трещат цикады. Уныло дудит удод. Протяжно кричат какие-то особенные лягушки – странный звук, схожий с полицейским свистком, только pianissimo[28] ...

Заведет под водный городовой свою тихую минорную трель и дрожит на ней добрую четверть часа, не переставая.

Песен много – только не таких бы песен сюда надо. Греки слишком немузыкально гнусят: итальянцы здесь – все из интеллигенции, тянут, следовательно, "образованную" музыку: "Cavalleria Rusticana", "Rescatori di perle"[29] ...

Хотелось бы – как на юге в Италии: в воздухе колеблется, как стрекотанье кузнечика, тремоло мандолины, ему глухо поддакивают баски гитары, льется широкая народная кантилена тенора с звучною и низкою второю баритона...

Stanotte e bello lu mare, Cantando e bel a vocare, Vocando e bel a cantar[30]....

Застылое в безветрии, синее до черноты море перемигивается с таким же глубоким и темным небом тысячами звезд. Сверкает маяк, краснеют фонарики на барках, дрожит искра зеленого сигнала на пробегающем через залив пароходе. Теплая ночь дышала ароматом цветов, похожих на дурман, – их огромные белые чаши были так велики, что Дебрянский видел их из коляски даже сквозь синий сумрак ночи. Они плелись и вились по каменным изгородям. Даже во рту становилось сладко – столько давали они запаха, неотвязного, мучительно томящего и возбуждающего.

– Если мы еще десять минут будем ехать между этими цветами, – сказал Алексей Леонидович, – вы можете поздравить меня с

---

[28] очень тихо (лат.).
[29] "Сельская честь", "Ловцы жемчуга" (итал.). Названия опер П.Масканш и Ж-Бизе
[30] "Ночью сегодня прекрасное море, красиво мелодия льется, отзывается песней красивой..." (итал.).

головною болью... Я просто задыхаюсь... кровь приливает к вискам... сердце бьется....

– Аромат любви, – со смехом возразил Гичовский. – Хорошо еще, что эти белые отравители цветут не одновременно с акациями. Иначе – хоть сходи с ума от любовной лихорадки... И какой только Мефистофель так старается об амурном благополучии корфиотов и корфиоток?

И он замурлыкал себе в усы знаменитое заклинание цветов из "Фауста":

"Notte, stendi su lor l'ombra tua..."[31]

– Чудный остров! – вздохнул Алексей Леонидович. Гичовский согласно пыхнул сигарою.

– Недаром Гомер поместил на нем блаженных феаков и – на передышку от вселенского горемыканья – загнал сюда Одиссея сидеть у очага царя Алкиноя, слушать песни вещего Демодока и целоваться по углам с прекрасной Навзикаей. Вам, конечно, уже показывали островок этот – якобы окаменелый корабль феаков? Любопытная штучка, не правда ли? Беклин из его очертаний, смешав их с рисунком Капри, вообразил свой "Остров Мертвых". В старину, когда я был еще туристом, мне показывали и место, где Одиссей был выкинут волнами на берег, в речку, в которой царевна Навзикая мыла белье. Я уважаю эту гомерическую девицу. Она была прекрасная царевна и хорошая прачка – два качества, вряд ли соединимые в наш век.

Дебрянский усмехнулся:

– Преемницы Навзикаи в современном потомстве, к сожалению, сохранили больше признаков второго ее качества, чем первого. Уж куда неизящны.

– Вы находите?

– Некрасивы: короткие, как обрубки, с квадратными талиями и вульгарными лицами. Должно быть, весьма верные супруги, хорошие матери и образцовые хозяйки, но бог с ними как любовницами! Если таковы были и древние феакийки, я Одиссею не завидую, а Гомеру удивляюсь. Видно, правда, что "и великий Гомер ошибался". Впрочем, неудивительно: он был слепой.

– Вряд ли. Есть прямое доказательство, что у старого поэта был тонко развит вкус на женскую красоту. Он провозгласил смирнянок самыми прекрасными женщинами в мире, и до сих пор, бродя по набережной Смирны, только ахаешь: такие великолепные женские лица встречаются на каждом шагу. Очевидно, Гомер и без глаз видел.

– Значит, не Гомер лжет, а корфиотки выродились.

– Это только в городе. Маленькое торговое мещанство. Надо вам сделать экскурсию внутрь острова. Я изъездил его вдоль и поперек: мужское и женское население корфиотской деревни прекрасно. То и дело попадаются божественные типы античных статуй... Впрочем, здесь ли точно жили феакийки и феаки – это еще подлежит

---

[31] "Ночь, пусть падет на них твоя тень..." (итал.).

сомнению. Риман в своих изысканиях об Ионических островах доказывает, что никаких феакийцев на Корфу не было, а были... вероятно, англичане – с лордом Алкиноем в качестве губернатора. Я нахожу против этой теории лишь одно возражение: на острове имеются какие-то воображаемые "сады Алкиноя", но нет ему памятника. Будь Алкиной англичанином, уж торчал, бы в честь его какой-нибудь обелиск. Черт знает, сколько они тут глупейших монументов нагородили.

"Notte, stendi su lor l'ombra tua..."

– А ведь Зоица-то недурна, – перебил он вдруг свое пение и поймал на этой же мысли Алексея Леонидовича. В голосе графа слышался смех. Алексею Леонидовичу это не понравилось.

"Что-то уж слишком много фамильярности для первого знакомства", – с неудовольствием подумал он.

– Или, быть может, вы мечтаете о свирепой, но очаровательной Лале? – так же лукаво продолжал граф.

– Ни о ком я не мечтаю, – сухо возразил Дебрянский. – Скажите, кстати: что это за Лала такая?

– Да ведь вы же видели: горничная на положении подруги или подруга на положении горничной. Дикое существо с гор, лишенное всякого образования, что не мешает ей быть очень уважаемою в доме.

– Да, старик Вучич уже успел похвалиться мне, что она из каких-то знатных...

– О да! Захудалая, но из знатных и древних, даже с мифологическим корнем – далеко и глубоко в средних веках...

– Как же это: и знатная, и древняя, а необразованная и в доме родственников, говорите вы, чуть ли не на положении горничной?

– Балканские нравы. В южном славянстве даже неграмотные мужики свою родословную лет за триста помнят. Здесь аристократии нет, а есть именно знать: роды, которые давно известны, которые искони знают. Сербы, хорваты, болгары – самые демократические народы в Европе, но культ предков у них свят. Эта Лала – нищая и едва грамотна, однако бедность и невежество не препятствуют ей быть и держать себя весьма гордою деревенскою принцессою и на того же самого, например, Вучича, который ее хлебом кормит, смотреть положительно свысока. Для меня она клад, потому что фантастка, суеверка и знает удивительнейшие сказки, которых я от других не слыхал.

– У нее дерзкий взгляд и надменные губы. Должно быть, сварливая ужасно...

– Нет, только вспыльчивая. В сущности, весьма милое и кроткое создание – хотя и с огромным недостатком: ненавидит наш пол до исступления. Мы-то с нею друзья, а вот когда мой приятель Делианович, друг и кредитор Вучича, вздумал за нею ухаживать, Лала проткнула ему живот шпилькою...

– Как шпилькою?

– А видели: у нее в косе торчит золотой шар. Под этим шаром – золотая шпилька, так, дюйма четыре длиною. Это обычай: в Истрии все так. Такая штучка в умелых руках стоит доброго ножа. По крайней мере, Делианович после этой шпильки болел, болел, киснул, чах и наконец, совершив в пределе земном все земное, самым добросовестным образом умер.

— Какая дикость!

— Да... странная девка. В ней много чего-то... "Je ne sais quoi, je ne sais quoi, mais poetique"[32], — запел он из "Маскотты". Впрочем, вероятно, Вучич покажет вам ее в полном блеске: она отлично поет и мне еще больше нравится, как она декламирует.

— Декламирует? Но вы же говорите, она полуграмотная...

— Ну да, конечно. От этого-то она и оригинальна. Она все импровизирует... Начало иной раз выходит плохо — путает, сбивается, не находит размера, а потом разойдется до экстаза — и чудо что такое... Я слышал итальянских и испанских импровизаторов — куда им! Далеко! Там нет-нет да и почувствуешь симуляцию, словоизвитие, голый поток привычного метра и подготовленных рифм, а эта — вся натура.

— Зачем же она такой дурацкий костюм носит?

— Почему же дурацкий? Ведь красиво?

— Мало ли что красиво... Цыганка не цыганка, жрица не жрица...

— Идет к ней — вот и носит... А вы заметили, сколько она на себя змей навертела? И в серебре, и в золоте...

— Да, и нахожу это довольно отвратительным. Не охотник я до пресмыкающихся... особенно змей.

— Ах вы неблагодарный!

— Почему?

— Да кто же все мы были бы теперь, если бы не усердие змия райского к почтенной нашей праматери Еве? Сидели бы гориллы-гориллами и дураки-дураками под древом жизни да яблоки жевали бы...

— Зато не знали бы смерти.

— И мысли. Ну-ка на выбор, что дороже?..

— "Не дай мне бог сойти с ума!", — невесело улыбнулся Алексей Леонидович.

— То-то вот и есть... А если вы боитесь змей, то предупреждаю вас заранее, не испугайтесь у Вучичей, буде приползет к вам некоторая гадина... Ручной уж скользит у них по всему дому. Большой любимец Зоицы и Лалы. Громаднейшая тварь, красавец в своем роде, пестрый, как мрамор, редкостный экземпляр...

— Вот гадость! Спасибо, что сказали... А то я с перепуга способен был бы треснуть его — чем ни попадя...

— Да сохранят вас от такой беды молитвы предков ваших! Сразу врагов бы нажили. Вучичи ужа своего обожают... Это, знаете, типическое, славянское. У всех южных славян считается большой честью и счастьем, если в доме заведется уж. Почитают его чем-то вроде домашнего гения-хранителя...

---

[32] "Не знаю чего, не знаю чего, но поэтична" (франц.).

– Да, это я и у нас в России в хохлацких деревнях видал, как дети в хатках, на полу, хлебали молоко из одной чашки с ужом...

– Лала со своим Цмоком тоже каждым куском делится и в собственной постели спать ему позволяет. Страстно его любит. Прямо змеепоклонница какая-то. У нас с нею, кажется, и дружба-то с того началась, что я рассказал ей однажды про малайских "нага" и змеиные культы в экваториальной Африке. Слушала, как роман. С тех пор я – ее фаворит, и нас, что называется, водой не разольешь.

– С змей дружба началась, а чем упрочилась?

– Тем, что я никогда не ухаживал за ее обожаемой Зоицей... A bon entendeur salut![33]

Вучич жил принцем, а скромный стакан вина, на который приглашал он гостей, оказался ужином на широкую ногу. Стол был накрыт на террасе, повисшей над морем. Луна висела в небе – круглая и желтая, и золотой столб дрожал по заливу...

Лала не ужинала и вышла на террасу, только когда на столе оставались вино и фрукты, а мужчины взялись за сигары. К столу она не села, а прислонилась к мраморным перилам террасы и, сложа на груди толстые, выше локтя голые руки, глядела в морскую даль.

Общий разговор – о Корфу и корфиотах – вел старик Вучич, а поддерживали Зоица и Дебрянский. Гичовскому все, что они говорили, было известно и скучно. Он подошел к Дале.

– Куда вы загляделись, Лалица? – спросил он, любуясь на ее хмурый профиль, позолоченный отблеском от свечей на столе. Лала медленно указала пальцем на светлое пятно над горизонтом, где золотой столб лунного отражения разливался в целое серебряное море...

– Смотрите, – сказал она, – знаете, что это?

– Знаю: луна играет... и очень красиво. Лала вздохнула.

– А вы знаете, куда ведет эта дорога?

– Очень знаю, прямехонько к албанскому берегу.

– Нет, мой друг, это – дорога к мертвым, в рай.

– Вот как? – глазом не моргнув, искусствено удивился Гичовский. – До сих пор я считал дорогою мертвых Млечный путь.

– Когда я была маленькая, – не слушая, возразила Лала, – то, бывало, стану у берега и смотрю, пока у меня все мысли не уйдут в одну цель – вот сейчас увижу отца... мать... тетку Диву... И тогда они показывались – кто-нибудь из них, по одному – вон там, где серебро, и шли ко мне по заливу... шли, шли близко... вот на столько не дойдут – растают в воздухе, исчезнут... А я потом целый час – как сумасшедшая...

– А теперь вы умеете приводить себя в такое состояние? – серьезно спросил Гичовский.

– Труднее. Реже. Прежде легче было. Стоило по желать – и оно начинается. Только большого напряжения требует. Столько, что

[33] Имеющий уши да услышит (франц.).

боюсь иногда – сердце разорвется. Страшно устаю тогда. Но с усилием – могу.

– Например – даже и сейчас бы? Дала покачала головой.

– Нет. Сейчас я не в состоянии отвлечься, – отрывисто сказала она. – Я слишком зла. Сердитое сердце мешает мне сосредоточиться.

Дала бросила на Гичовского косой взгляд, и на низком лбу ее под крутящимися, жесткими волосами обозначилась резкая морщинка, а верхняя губа нервно задрожала под черными усиками.

– Этот тоже будет к ней свататься? – полуспросила она.

– Кто? К кому? – изумился граф.

– Не смейтесь надо мною! – гневно прикрикнула Лала. – Я говорю о вашем приятеле, русском...

– О, Дала, вы неподражаемы: да ведь он видит Зоицу в первый раз...

– Так что же? Разве надо много времени, чтобы влюбиться и влюбить в себя эту дурочку? Посмотрите, какие теплые глаза у них обоих... Зачем вы привели его?

– Потому что ваш старик заинтересовался им в театре и просил познакомить. Да вам-то что, Лала? За что вы его невзлюбили? Я, конечно, мало его знаю, но, кажется, добрый малый...

– Добрый? – презрительно отвечала Лала. – Разве это достоинство? Все добры, покуда не умеют или не имеют характера делать зло... Не симпатичен он мне. И знаете, почему? Я не успела еще вглядеться в него, почувствовать его, но – сдается мне – какой-то он не свой... чем-то чужим веет от него на меня... точно он – в оболочке какой-то... Он – сам по себе, а вокруг него, как белок в яйце вокруг желтка, сгустилась сила некая. Люди ее не видят, и сам он ее, может быть, не чувствует, а, между тем, она им владеет, и движет, и управляет, и он ею дышит, мыслит, чувствует, он весь невольник ее, поглощен и уничтожается ею... Если бы я не боялась, что мои слова будут подслушаны в недобрый час злым ветром, я сказала бы вам, что я читаю в глубине его голубых глаз.

– В Шотландии, – с усмешкою возразил Гичовский, – я видал, что в таких случаях, когда боятся словами нанести вред или беду, берут в руки ключ, а в губы листок трилистника и тогда говорят смело...

– Я не знала этого, – с любопытством сказала Лала. – Когда-нибудь, при случае, попробую.

– Отчего же не сейчас?

– Оттого, что я не вижу вблизи трилистника... Как жаль, что я не умею писать!

– Разве слова на бумаге менее опасны, чем в устах человека?

– О нет, даже более, но их можно сжечь, тогда как у ветра хороший слух и вечная память: он слышит и помнит, помнит и знает... Смотрите, смотрите, пожалуйста, как пристально глядит на вашего приятеля мой Цмок. Уж – видите – тоже изумлен им... разве не удивительно это, что в такое позднее время и прохладную ночь Цмок остался у моря на террасе и не зарылся нежиться в теплые одеяла?..

Гичовский обратил глаза свои, куда показывала Лала. Один из столбов террасы был обвит блестящим узорчатым шнуром пальца в два толщиною, резко рельефным на белом мраморе. От шнура отделялась в воздух на длинной шее золотистая змеиная голова, в искрах-глазках которой графу в самом деле почудилось какое-то необычайное выражение, почти человеческое и, бесспорно, возбужденное.

— Вот гигантом становится ваш Цмок! — заметил Гичовский. — Какой это уж!.. Скоро будет целый удав!..

— Посмотрите, как у него горло вздувается! — перебила Лала. — Он ужасно волнуется сегодня...

— Летучие мыши вьются — он слышит их и возбужден.

— Летучие мыши вьются каждый вечер, но Цмока таким я давно не видала. Знаете, когда он такой бывает?

— Скажите — буду знать.

Лала осторожно огляделась и нагнулась к уху Гичовского.

— Когда он видит мертвое... — шепнула она с значительною расстановкою.

Граф засмеялся.

— Надеюсь, что вы не предполагаете в этом милом Дебрянском выходца с того света или вампира какого-нибудь?

К его удивлению, Лала ответила не сразу.

— Нет, — сказала она наконец, после долгой и важной задумчивости, — нет, это не то... Цмок волновался бы иначе...

— А у вас были опыты? — усмехнулся граф. Лала обвела его холодным взглядом.

— Какое вам дело? — резко спросила она.

— Как какое дело? — пробовал отшутиться граф. — Мне с этим москвичом предстоит возвращаться вместе домой, в город. Вдруг он по дороге набросится на меня и кровь мою выпьет...

Лала с укором покачала тяжелою головою своею.

— Слушайте, граф, вы хороший человек, но зачем смеяться над чужою верою? Вы образованный, знаете науки — поздравляю вас с этим и не насилую ваших взглядов и убеждений. Я дикая, глупая девушка из горной деревни. Не обижайте же и вы моей маленькой мысли. Она мне столь же дорога, как вам — ваша большая. Оставьте меня поверьям и тайнам моих родных гор. Я вас люблю и уважаю, но есть вещи, в которых нам с вами не спеться... Вы много стран объехали и чудес видели, но того, что я в горах видала, вы не видали.

— Так расскажите, поделитесь, и я буду знать...

— Нет. У вас прекрасные темные волосы. Я не хочу, чтобы они побелели.

— О? Так страшно?

— Как все — по ту сторону жизни.

— Однако ваши собственные волосы, Лала, черны как смоль.

— О! Что пугает и заставляет трепетать чужих, то своих едва волнует.

– Вы знаете, что любопытство мое – враг мой. Уж так и быть: пусть я поседею, но вы расскажите. В крайнем случае – можно выкраситься. Вымою голову перекисью водорода и стану огненный блондин.

Лала упрямо трясла головою.

– Нет, нет, мертвые не понимают шуток... Не сердите их... Они слышат больше, чем то думают живые... Они любят, чтобы их уважали и боялись... Смотрите, смотрите: Цмок пляшет на хвосте!

В самом деле, уж почти отцепился от столба своего и престранно мотался пестрою гибкою палкою, ритмически подскакивая, по крайней мере, тремя четвертями длинного тела своего, будто и впрямь танцуя.

– Это его луна чарует, – сказал Гичовский. – От луны волнуется...

Лала свистнула, как собаке, – Цмок клубком пере катился через террасу, – она протянула руку, и уж обмотался частыми мраморными кольцами вверх до плеча девушки и спрятал свою золотистую голову ей под мышку.

– Фу ты! Как молния! – отшатнулся не ожидавший граф. – Прелюбопытный у вас друг, Лала.

– И друг, и сторож, и предсказатель...

– Даже?

– Еще бы! Он отлично предсказывает мне хорошую и дурную погоду, друзей и врагов... Он предан и строг, ревнив и мстителен. Смотрите, как он грозно клубится по руке...

– Вы, должно быть, очень сильны физически, Лала. Я смотрю, как свободно вы держите руку. Судя по величине, тяжесть ужа не малая, да еще если принять в соображение давление его колец...

– Да! Был в моей жизни случай, что я несла Зоицу на руках семь километров. Ей было тогда двенадцать, а мне двадцать лет... Меня обидеть трудно. Когда я сплю, то под подушкою держу отточенный нож, малейший укол которого смертелен, потому что в Бруссе, где выкован клинок, его напоили ядом. А Цмок чуток, как собака. Он никому не позволяет приблизиться ко мне во сне.

– Если вы выйдете замуж, Лала, то муж ваш должен будет размозжить голову вашему Цмоку.

Лала презрительно пожала плечами.

– С какой стати выходить мне замуж? Я уже старая девка. Эти глупости остались позади меня... там... в горах. На что мне муж? Моя жизнь полна. Мне довольно моей Зоицы и Цмока...

– Да, но Зоицу могут отнять у вас. Выйдет же она когда-нибудь замуж...

– Зоица? – переспросила Лала с тревогою и сомнением. – Нет.

– А мне кажется, что очень скоро. Да и присмотритесь к ней: прелестная, спелая ягодка... пора! Самое время! Ей богу, пора!

– Зоица?

Лала вдруг захохотала громко и зло.

– О господи! Лалица? – вздрогнув от неожиданности, откликнулся Вучич. – Можно ли так пугать людей?

– Простите, господин... граф говорит смешное... Я не смогла удержаться...

В голосе ее запела фальшивая, недобрая нотка, ноздри раздувались, глаза сверкали...

– На тебя, я вижу, опять находит, – проворчал Вучич, – чем блажить, ты лучше спела бы нам или сказала стихи...

– Не хочу, – резко оборвала Лала и вышла, тяжело ступая на всю ногу и звеня своими дукатами.

Вучич тихо смеялся ей вслед:

– Шутки! – не утерпит... сейчас запоет. Она сегодня зла – будет вымещать горе на гитаре... Что вы, поссорились, что ли, с нею? – обратился он к дочери.

Зоица, с тех пор как раздался смех Лалы, утратила все свое оживление и теперь сидела точно в воду опущенная...

– Нет, до театра она была хорошая, как всегда... – тихо отозвалась Зоица, не поднимая глаз.

– Тсс... слушайте... – шепнул граф.

В воздухе прогудел и оборвался короткий звук гитарного баска. Совсем – будто шмель прожужжал коротко и гневно. Сердитая рука продолжала щипать все ту же струну, и она звучала все жалобнее и протяжнее, плача и негодуя. Заплакал в ответ струне и голос – такой голос, что Алексей Леонидович широко открыл глаза от изумления: ничего подобного он не слыхал еще... Сперва ему почудилось, что это запел мужчина: настолько низким звуком начала Лала свою тягучую песню. Но мелодия росла, развивалась, залетела с контральтовых глубин на предельные высоты сопрано, всюду этот бархатный голос звучал одинаково красиво и полно, с одинаковою страстною силою, с одинаковым тембром – звенящим, точно трепещущим. Лала пела по-хорватски. Алексей Леонидович не понимал ни слова из ее песни, но в глазах его стояли слезы: его за хватила сама мелодия. Это было что-то тоскливо-грустное и в то же время широкое, размашистое. Клекот орлицы, потерявшей птенцов, слышался в песне, все крепчавшей, все грозневшей. Дебрянский закрыл увлажненные глаза. Ему вспомнились те широкие, буйным ковылем поросшие степи, по еще бесснежному пространству которых промчал его два месяца тому назад с Руси на чужбину юго-западный поезд... каменные бабы на курганах и задумчивые аисты на головках каменных баб... Ветер мчался быстрее поезда и гнул к земле ковыль... "Се ветры. Стрибожьи внуци", – вспомнилось давно забытое степное "Слово о полку Игореве", и эпическая седая старина заглянула ему в глаза своими спокойными мертвыми глазами, и мирно, и просторно стало на душе...

Песня тянулась. Алексей Леонидович освоился с первыми впечатлениями, и теперь в душе его вставало смутное воспоминание о чем-то похожем, однородном с тем, что пела Лала... Да! Конечно, это было так – там, в Москве. Давали юбилейный обед знаменитому актеру. Потом – пьянство, "Яр", "Стрельна", глупые и пошлые песни современных цыган, потом – уже под утро – чаепитие в каком-то плохоньком цыганском трактирчике в Грузинах. Все злы с похмелья; раскаяние и стыд... дурно... противно... И вдруг – стон, другой... и целое море звуков, плачущих так же, как плачет теперь Лала. Все встрепенулись. Кто был пьян, вытрезвился. Кому хотелось спать, потерял сон.

– Что это?!

– Это – "Участь"-с, – с растроганной почтительной улыбкой доложил буфетчик.

– Какая "Участь"?

– Кочевая цыганская песня. Она нигде не поется, никем не записана. Только у нас и хранится ее старый вал: еще с сороковых годов. Бережем его пуще глаза, чтобы не стерся: всего раз в сутки и ставим, в семь часов утра – да и то, коли есть хорошие господа, которые в состоянии понимать...

Лишь слушая эту "Участь", Дебрянский впервые понял, что прав был Алексей Толстой, когда слышал в цыганских песнях

> Бенгальские розы.
> Свет южных лучей.
> Степные обозы,
> Полет журавлей,
> И грозный шум сечи,
> И говор струи,
> И тихие речи,
> Маруся, твои...

И сейчас – в ответ на песню Лалы – стихи просились снова на память. Лала оборвала песню на высокой ноте, которую сперва тянула долго-долго, и вслед за нею про тянуло ее эхо в прибрежных скалах. Дебрянский открыл глаза. Ему на минуту было незнакомо и странно, что вокруг море и лунное небо – и все это блестит. Все были растроганы. Зоица – сама не своя – подбежала к перилам, перегнулась за них и закричала голосом, полным счастливого волнения:

– Лалица, да иди же к нам, дорогая, радость моя! Ты уже давно не пела так хорошо!..

И когда Лала показалась в дверях, Зоица бросилась к ней и припала на грудь ее прекрасною своею головою.

– Выплакалась? – с доброю усмешкою встретил Лалу Вучич.

Лала тоже улыбнулась. Лицо ее было светло и важно, глаза полны вдохновения. Она, должно быть, уже готовилась лечь в постель, потому что сняла свои дукаты и распустила волосы, закрыв ими, как черною тальмою, всю спину. В этом наряде, с блестящими змеями вокруг горла, пояса и голых рук, она показалась Дебрянскому почти прекрасною.

– Петь вам или говорить? – мягко спросила она, торжественно поднимая гитару.

– Как хочешь... тебя неволить нельзя... – тихо ото звался Вучич.

Лала села, задумалась – напряжение мысли отрази лось морщинками, побежавшими по лбу... Она тронула струны. Она заговорила тихо и таинственно, не глядя ни на кого, кроме Зоицы. Вучич шепотом переводил Алексею Леонидовичу ее слова.

"Мы были вдвоем на пустынной скале, оторванной подземным огнем от острова чудной и дикой красоты и одиноко брошенной в глубокое море.

Солнце тонуло в западных водах, а нарастающий полумесяц уже стоял в небе белым пятном, готовый загореться, едва последний красный луч сбежит с лысых вершин за приливом, едва померкнет морская даль, окрашенная золотом и кровью.

И солнце утонуло, и синяя ночь вышла на смену ему из прохладного водного царства. Мертвый месяц ожил, и длинный золотой столб закачался в спокойных водах; дрожа и сверкая, тянулся он от нашей скалы... Казалось – то был таинственный путь, по которому мертвые идут с земли в обитель блаженства. Я смотрела в далекий бледный туман и искала вереницу белых теней – как неверно ступают они, слепые, по огненной влаге, робко держась друг за друга, покорные зову путеводителя душ. И парус, застывший черным пятном на золоте моря, не служил ли ладье, где спокойно дремлет старый Харон, ожидая, пока до бортов уйдет в воду ветшающий челн под грузом незримых седоков, пока голос тени водящего бога не прикажет ему на лечь мозолистою рукою на тяжесть кормчего весла?

Мы были вдвоем: я и Он... Как всегда, я не видела Его; как всегда, Он только дышал прохладой над моими плечами. Но я знала, что Он со мною – светлый как белое облако, прозрачный, как пламя, зыбкий, как туман. И был Он, как всегда, задумчив и тих, могуч и велик, и я, как всегда, не знала, кто Он: демон ли, раскаявшийся в своем падении? Ангел, ли, усомнившийся в своем совершенстве?

Его узкая рука холодным мрамором лежала на моем плече, и – пока шептало засыпавшее море – шептал над моим ухом и Его грустный, размеренный голос.

Смотри в небеса – найди, где трепещет зеленою искрою меч Ориона. Там в этот час проплывала когда-то планета; она отгорела, и осколки ее, расточенные в мире, время давно уже перемололо в незримую пыль.

Как прекрасна была она! Люди были на ней – как те светлые боги, которых воплощать в белом мраморе научили вас творческие сны.

О, как мудры, как кротки были они! Там, да, там был светлый Эдем, возвещенный вам, людям, вдохновенными учителями правды.

Они были вечны. Не знали они ни смерти, ни злобы, ни горя, ни стыда. Там не было жен и мужей – были только братья и сестры.

Дух гнев и мести на черных крылах поднялся к блаженной золотой планете. Вражда и зависть к добру увлекали его. Он летел, чтобы воевать и разрушать. Но ни меча, ни копья, ни громов, ни огненной лавы не нес он с собою. Его оружие было в нем самом – в одном коротком слове, сильном, как смерть, коварном, как змей-искуситель...

55

Это слово было – любовь.

Он подкрался к спящему юноше и шепнул ему на ухо роковое слово и послал ему сны, полные сладкой отравы. Он подкрался к спящей красавице и отравил ее грезы словами и видениями любви.

Когда назавтра пробудились оба, новыми глазами взглянули они на мир – и новые мысли, новые чувства охватили обоих.

Они полюбили друг друга...

С хохотом улетел черный дух с блаженной планеты – и тысячи лет кружилась она, нося в себе яд любви...

И снова посетил сатана отравленный мир. Как вор, крался он в первый раз по блаженной планете. Как царь, он вошел в нее теперь и сел на троне могил и надгробных памятников. Потому что любовь – сильная, как смерть, и привела с собою смерть.

Люди планеты лишились блага вечной любви. Они стали рождать – и умирать. Срок их жизни сокращался из века в век. Они мельчали ростом и силою. Они узнали золото, роскошь, войны, хитрые измены – все зло, каким впоследствии проклял господь и вашу землю, когда осудил Адама и Еву.

Людей стало много – так много, что природа планеты, которая была им матерью и кормилицей, уже не могла поддерживать их своими простыми средствами. Люди стали насиловать природу, придумывали способы истощать ее, сделались ее врагами, воевали с нею всю жизнь – и сами истощались в этой борьбе, жизнь их сгорала, как свеча, зажженная с двух концов. Долголетие стало чудом. Шестидесятилетний старец был предметом зависти и удивления.

Чем больше сокращались срок жизни и силы людей, тем больше одолевал их враг – природа. И она становилась все грознее и грознее, потому что планета старела, охлаждался согревший ее огонь, и путь ее отклонился от солнца.

От полюсов поползли туманы, снега и льды, они ползли неудержимо, и люди бежали от них, сталкивались, воевали за лучшие места... Лилась кровь; все было полно ненавистью, родившейся из любви.

Прошли тысячелетия. Сатана снова посетил отравленный мир. Там, где раньше росли пальмы, он увидел чахлый можжевельник.

Он искал людей – и нашел кучку большеголовых карликов, зашитых в заячьи шкуры, которые старались развести костер, чтобы согреть своих карлиц, похожих на обезьян. Но отрава любви жила и в этом жалком племени – они влюблялись, терзались, сходили с ума, ловили миг обладания, ревновали, дрались, умирали за любовь... все, все, как и в те дни, когда люда были прекрасны и сильны, а небо сине, а солнце светло и жарко!

А льды все ползли и ползли с севера и с юга по застылой планете. И вот они встретились, и на планете не стало ничего, кроме льда.

Планета умерла.

Долго, долго носилась она, как огромный алмаз, в немом пространстве, пока не тронулась на нее заблудившаяся комета и не разбила ее в бриллиантовый град... Куски ее брызнули во все концы вселенной. Нет планеты, которая бы не приняла хоть частицу погибшего мира.

Но больше всех, дитя мое, приняла их земля.

Ты слышишь ли эти песни? Чувствуешь ли этот воздух, напоенный любовью? О, дитя мое! Этот остров, это море, берега, что виднеются за морем, – все это упало с неба ледяным куском в тот день, когда разрушилась отравленная любовью планета. Лед растаял – и кусок, полный яда, разлил всю отраву по земле...

Дитя мое! Мы – в родине любви... Беги же от нее! Спасайся! Потому что нет в мире зла и несчастья, большего любви!

Я спросила:

– Учитель кто ты, знающий такие тайны?.. Почему я должна верить тебе?

Он отвечал:

– Я тот, кто первый услыхал слово любви на умершей планете, я тот, кто первый на ней полюбил и стал любимым, первый, кто отравился сам любовью и отравил ею свой народ...

И он плакал, и ломал руки, и стонал: – Не люби! Не люби!

А ночь уже белела, и розовые пятна блуждали на восточных водах..."[34]

Гитара вывалилась из рук Лалицы. Сама она была в обмороке. Импровизация стоила ей страшного нервного подъема, и теперь наступила реакция. Зоица скрыла лицо на ее коленях. Гичовский наблюдал за нею с обычным ему интересом естествоиспытателя. Вучич спешно налил стакан вина, чтобы освежить им силы импровизаторши... Алексей Леонидович хмурился. Ему не нравились интонация и выражение глаз Лалы, когда она говорила "Не люби!" – точно она предостерегала Зоицу против него. Сама Лала, такая прекрасная перед декламацией, теперь возбуждала в нем отвращение: она была – мало сказать – утомлена, – измучена, как загнанная лошадь. Желтоватое лицо ее блестело от пота, будто покрытое лаком, белая сорочка посерела, волосы смокли, развились и повисли прямыми косицами. Вдохновенная Пифия исчезла – осталась немолодая, жирная, раскисшая баба...

– Спать!.. Скорей спать!.. – пробормотала Лала, стуча зубами о стекло стакана, который поднес к ее губам Вучич.

Зоица и Гичовский подхватили ее под руки и увели в комнаты.

---

[34] Обработка легенды моя, но основу ее сообщил мне один англичанин корфиот, врач по профессии. Он лечил когда-то покойную императрицу Елизавету Австрийскую. По уверению англичанина, он слышал легенду о Золотой Планете от императрицы в виде стихотворения в прозе, а Елизавета говорила, что записала легенду со слов туземной девушки (прим. автора).

IV

Граф Валерий уехал со случайным пароходом на Занте к приятелю-археологу, который жил там, изучая венецианские постройки этого маленького острова-города. Дебрянский за несколько дней знакомства так свыкся с этим веселым, причудливым человеком, что теперь очень замечал его отсутствие. Граф звал его с собою, и Алексей Леонидович поехал бы, Да жаль было расстаться и с Вучичами. Дебрянский бывал у них каждый день, и только слепой не заметил бы, что между ним и Зоицей растет и развивается симпатия, не далекая уже от любви. Замечал это, конечно, и старый Вучич, но молчал. Алексей Леонидович ему нравился, и он не прочь был породниться с русским – тем более, что, по наведенным через одесских приятелей справкам, Дебрянский оказался человеком не бедным, не безызвестным и хорошего происхождения. Когда получились эти сведения, Вучич стал смотреть на Алексея Леонидовича еще ласковее, чем раньше, и даже несколько выжидательно: что же, мол, ты? делай предложение – примем тебя с отверстыми объятиями! Все на вилле видели в Алексее Леонидовиче жениха, и всем жених был по вкусу, кроме Лалы. Если приезжал Дебрянский, она старалась не показываться ему на глаза – запиралась в своей комнате или уходила из дома в горы... И часто Зоицу и Алексея Леонидовича среди их влюбленных разговоров внезапно смущали слабые отголоски ее мрачных песен. Антипатия была обоюдною. Враждебное чувство к Лале, зародившееся в душе Алексея Леонидовича в первый вечер знакомства после декламации, не только не угасло, но усилилось – особенно потому, что он убедился в огромном, почти повелительном влиянии Лалы на Зоицу. Подруги девушек, которых мы любим, приятны нам лишь пока они благоволят к нашему чувству и отдают на жертву и в помощь ему собственную свою дружбу. Но если эти подруги начинают предъявлять свои права на личность приятельницы, если они ставят обязанности дружбы не ниже обязанностей любви, в таком случае они весьма скоро превращаются в наших врагов, и ненавидящих, и ненавистных. Алексей Леонидович чувствовал к Лалице странное физическое отвращение. Он ненавидел ее грубую, уже разрушающуюся красоту, ее дикий наряд, ее Цмока, даже ее гитару и прекрасный голос. В ней чудилось ему что-то преступное и порочное. Близость Лалы к Зоице оскорбляла его. Ему казалось, что эта дружба или, вернее сказать, это подчинение пачкает его будущую невесту – такую наивную, чистую, кроткую и, как действительно убедился Дебрянский, воспитанную, с образованием, редким для югославянской девушки, как будто даже умненькую.

– Какой труп они зарыли вместе, что она боится этой гадины? – думал он порою, чуть не кусая себе пальцы от злости.

Временами ему самому даже становилась странна тайная ненависть к женщине, которая до сих пор, собственно, не сделала ему ничего дурного, никаким поступком не обнаружила своей к нему вражды, а между тем, стоило ей показаться, стоило раздаться ее голосу, чтобы в груди Дебрянского все всколыхнулось гневною судорожною дрожью и холод пробежал по спине. Он чувствовал с немалым смущением и страхом, что его ощущения при виде Лалицы очень близки к тем, которые переживал он в Москве в первые дни после видения Анны и свидания с Петровым: угнетающее впечатление чего-то непонятного, чуждого человеческой природе и в то же время сильного, властного, с чем бороться мудрено. Впечатление это усиливалось еще отчужденностью Дебрянского от Лалы по языку: Дебрянский по-хорватски и итальянски не знал вовсе, немецкий язык был ему труден, а Лала, наоборот, едва лепетала несколько французских слов. Эта немая вражда была бы смешна, если бы обе стороны не чувствовали, что им не до шуток. Обоих прямо-таки заедала безмолвная злоба – сверхъестественная или инстинктивная, как взаимная ненависть непонимающих друг друга животных... Таким образом, Дебрянский и Зоица чувство вали себя хорошо только тогда, когда – по выражению Алексея Леонидовича – "поблизости не пахло Лалою".

Старик Вучич пришел в негодование, узнав, что Дебрянский, две недели прожив на Корфу, не посетил еще ни Монрепо, ни Ахилейона, и прямо-таки приказал Зоице:

– Бери завтра экипаж, сажай в него приличия ради которую-нибудь из тетушек или, чтобы им веселее было, обеих вместе, арестуй этого молодого варвара в его сквернейшем Saint Georg'e – и марш показывать ему Ахилловы сады. Стыдно, господин: простительнее быть в Риме – и не видать папы.

Ахилейон некогда принадлежал императрице Елизавете, прекрасной безумной сестре коронованного романтика – прекрасного, безумного Людвига II Баварского.

В чудных и таинственных садах Корфу она искала излечения от наследственной меланхолии Виттельсбахов.

Мрачное искание забвения, потребность воды из Леты было характерным двигателем жизни этой женщины, с сердцем чувствительным, как Эолова арфа, полным глубоко поэтических и по большей части страдательных на строений. Их подсказывали императрице и природный характер ее, и жизнь – на редкость неудачно сложившаяся жизнь, с вечными грозовыми тучами на горизонте.

Если трагическая поэзия вернется к идее рока, управлявшей вдохновениями древних драматургов, то вряд ли будущий Эсхил или Софокл найдут для такой трагедии сюжет более подходящий, героя более достойного, чем жизнь императора Франца-Иосифа и семьи его. Вот могучий и счастливый монарх – в семейном быту своем, бесспорно, несчастнейший из смертных. Меч насильственной смерти простерт над его домом – ужас за ужасом сменяется в его стенах. В истории Габсбургов было много кровавых, грозных страниц насилия над подданными и над народами, которые не хотели быть их подданными. Можно подумать, что слепая судьба, вспомнив страницы эти, стала по закону возмездия вымещать на императоре-потомке грехи императоров-предков.

Убийство, самоубийство, безумие, неврастения, физическая чахлость, все бедствия вырождения окружили императора Франца-Иосифа в частном быту его злорадною, насмешливою толпою с тех самых пор, как нога его коснулась ступеней трона. Судьба послала ему долгую жизнь и царствование – и отравила каждую минуту их! Ни одной розы без шипов, ни одного венка без колючего терна. В самую светлую минуту жизни этот нравственный мученик не мог радоваться иначе, как сквозь слезы, потому что предшествующая минута, наверное, несла ему какое-нибудь тяжкое горе, а последующая грозила новым разочарованием. Пятьдесят лет "благополучного", как принято выражаться, царствования!.. Бросить взгляд в глубину этого огромного срока – что за тяжкий крестный путь представляется глазам! У католиков есть обряд особых пилигримств по "кальвариям", когда богомольцы ходят от часовни к часовне, от креста к кресту, сопровождая эти переходы воспоминаниями о страстях Христовых: вот гора моления о чаше, вот римская претория, где бичуют Христа, вот Голгофа... В прежние времена богомольцы в соответствии с указаниями евангельских событий жестоко истязали плоть свою. Такою же нравственной кальварией, переходом от горя к горю, во истину "хождением по мукам" должна быть память злополучного монарха, когда он углубляется в картины своего прошлого. Человек спокойствия и мира, он окружен потоками крови... и чьей крови – самых близких, самых дорогих ему людей. Расстрелянный Максимилиан, без вести пропавший эрцгерцог Иоанн, самоубийца Рудольф, зарезанная анархистом Елизавета... Какие страшные житейские этапы!.. Без семьи, без прямого наследника, под градом бедствий престарелый император доживает свой век одиноким сиротою... "О, если бы верно взвешены были вопли мои, и вместе с ними положили на весы страдание мое! Оно, верно, перетянуло бы песок морей!"

Бывают семьи, приближаясь к которым человек вдруг чувствует нечто вроде как бы нравственного удушья. От чего? – необъяснимо. Люди, казалось бы, прекрасные, честные, добрые, ласковые, но – тяжело с ними. И им самим тяжело друг с другом. Чувствуется влияние чего-то зловещего, запах какого-то тления.

Оно незримо висит над семьею, будто какая-то злая, непреодолимая сила – мойра древних, и вот-вот рухнет всею тяжестью и раздавит. От таких семей часто сторонятся даже несуеверные люди, как бы опасаясь заразиться от них несчастьем...

"Бегу, беда над этим домом!
Бегу, да не погибну с ним!"

Подобное настроение – частое, историческое повторение в доме Габсбургов, начиная еще с Карла V. Но никогда не сказывалось оно в таком ярком напряжении, с такою мучительною наглядностью, как при императоре Франце-Иосифе. Удрученность эту сознает одинаково сам он, народ его, иностранцы, под нею изнывают ближайшие члены его семьи. Все они стараются по возможности уклоняться от близости к великой власти, которой невольными участниками сделало их право рождения. Отвращение к высокому сану – характерная семейная черта дома Франца-Иосифа. Ею болел престолонаследник Рудольф, много было ее в императрице Елизавете, всего же ярче выразилось она в эрцгерцоге Иоанне, который отказался от рода и племени со всеми правами, им принадлежащими, и превратился в простого моряка Иоганна Орта. Другой брат – эрцгерцог Сальватор – живет на острове Майорке простым помещиком, ведет жизнь богатого крестьянина, обедает на кухне со своими работниками и принимает как оскорбление, если его зовут "ваше высочество" и вообще напоминают ему покинутый сан. Сам Франц-Иосиф – скорее невольник престола, чем его обладатель; в течение пятидесяти лет его царствования слухи о возможном его отречении возникали множество раз и держались всегда с упорством, ясно доказательным, что они возникали не без оснований. Император оставался у власти, очевидно, не по собственному пристрастию к ней, но по необходимости, не по воле, но против воли, по чувству долга общественного.

В бегстве от тяжелых снов венского дворца Иоганн Орт уплыл неведомо куда в далекое море, Рудольф ползал по альпийским скалам, стреляя орлов и соколов для своей орнитологической коллекции, а Елизавета заключилась в чудеса Ахилейона. Его сады, скалы, воды и небо спасли императрицу. Она уехала отсюда здоровою, но признаки ее болезни еще блуждают по аллеям в лунные ночи, мучатся на скалах, облитых красным заревом заката, рыдают в песнях соловьев над цветниками, опьяняющими воздух благоуханием влюбленных роз.

Лишь розы отцветают, Амврозией дыша, В Элизий улетает Их легкая душа. И там, где волны сонны Забвение несут, Их тени благовонны Над Летою цветут...

Эти грациозные стихи великого русского поэта сами собою зазвенели в памяти Дебрянского, когда он очутился в парке Ахилейона. Нигде никогда не слыхал он более глубокой и прекрасной, мудрой и благоуханной тишины. Поэт Щербин в чудесном стихотворении описал Элладу мертвою красавицею, вроде спящей царевны в гробу роскошной природы, под кровом вечно синего неба. Представление о чудной, могучей и красивой жизни, обмершей в ожидании, скоро ли сказочный царевич придет нарушить оковы смертного сна и воскресит красавицу на новое веселие и счастие, разлито по всей вилле. Именно – Элизий, населенный снами, грезами, тенями и сказками. Как будто царство идей, а не предметов: тени отцветших роз над сонными ручьями, несущими забвение.

Над этим миром грез господствует храм, посвященный императрицею полубогу поэзии XIX века – тому, кто всех ярче передал в своих "отравленных" песнях тайны любовного безумия – Генриху Гейне... Императрица Елизавета обожала Гейне. На Корфу, в уединении своем, она окружила память любимого поэта почти религиозным культом. "Пред ним курились фимиамы и воздвигались алтари". Мраморный поэт спит между "кипарисами, резедою и лилиями", с "одинокою слезкою" на щеке и ждет, онемелый, но все еще любящий и грезящий, когда рука любимой женщины "постучит в крышку его гроба и возвестит ему вечный день".

Монумент купался в розовых отблесках вечерней зари, когда Дебрянский и Зоица прощались с его грустным вдохновением и больной красотою.

– Здесь хорошо, должно быть, при луне, – заметила Зоица. На одной выставке в Вене я видела картину, где этот памятник изображен при лунном свете: очень красиво. Рядом была огромная картина: "Последняя мысль Гейне"...Он, истомленный, умирающий, вытянул вперед руки в последней агонии, а к нему со всех сторон летят женщины, которым он посвятил свою любовь и свои песни... Эту картину художник написал под впечатлением здешнего памятника и этой природы. А между тем – разве это правда? Разве последние мысли Гейне были о любви?

Алексей Леонидович невольно улыбнулся. Ему пришло на память знаменитое "Завещание немецкого поэта".

> Ну, конец существованью!
> Приступаю к завещанью
> И с любовию готов
> Наделить моих врагов.
> Этим людям, честным, твердым,
> Добродетельным и гордым,
> Я навеки отдаю
> Немощь страшную мою:
> И слюну, что давит глотку,
> И в спинном мозгу сухотку,
> И конвульсии, и злой
> Чисто прусский геморрой!..

Но вслух, он, разумеется, этих стихов не напомнил, а, напротив, рассердился на самого себя за свою совершенно русскую способность ввести комическую нотку в самый патетический концерт. Русские как-то не умеют отдаваться красивым впечатлениям цельно. У славян – из интеллигенции – располовиненная душа. Если одна половина в восторге, другая скептически наблюдает, критикует и подтрунивает. Если одна половина души негодует, другая – уже в сомнении: а, может быть, негодовать не из-за чего? И игра не стоит свеч? Вечное раздвоение, из которого, как прямой потомок, родится и славянское принципиальное к большинству "вопросов" равнодушие...

– Как вам сказать? – возразил Дебрянский. – Гейне так часто и охотно умирал в своих стихах, что догадаться, когда он в этих разнообразных смертях был правдив, довольно мудрено... Но здесь так хорошо, что хочется верить вашему художнику и вместе с ним идеализировать поэта... Здесь все дышит любовью, вся жизнь проходит в любви, и самая смерть должна поглощаться любовью... Это – как в рыцарских поэмах: человек любил до самой смерти и не замечал, когда кончалась любовь и начиналась смерть.

– Как вы сказали?

Зоица побледнела и отодвинулась от Алексея Леонидовича. Он повторил.

– Любовь... смерть...это ужасно, – пробормотала она в сторону, ежась плечами, точно от холода. Дебрянский с недоумением смотрел на нее. Глаза Зоицы – за мгновение перед тем ясные и откровенные – опять были полны выражением того нечистого страха, желания уйти бы от людей, спрятаться бы далеко-далеко наедине со своим тайным несчастьем, – выражением, которое так не нравилось Алексею Леонидовичу.

– Здесь нельзя больше быть, – отрывисто сказала Зоица, прикладывая руки к вискам, – уйдем. Здесь воздух отравлен... цветы ядом дышат.

Дебрянский молча подал ей руку.

– И никогда – слышите ли? Никогда не говорите мне больше о любви, – продолжала Зоица, когда они прошли уже несколько шагов, – и о смерти тоже... мне нельзя этого слушать... Любовь в самом деле смешана со смертью... Если я полюблю, то умру, умру... А жизнь так хороша! Цветы эти, горы, море, отец мой, хорошие люди... Я так люблю жизнь!..

– Что с вами, Зоица? – удивился Алексей Леонидович заметив, что девушка вся дрожит и готова разрыдаться. Но – с пылающими щеками, со слезами на глазах – она глядела в землю и упорно молчала.

– Зоица, – начал Алексей Леонидович дрожащим голосом, – хотя вы и запрещаете мне говорить о любви, а говорить я должен... Ведь мне незачем объясняться – вы сами знаете, что я люблю вас?

– Знаю, – чуть слышно сказала она.

– Так как же теперь быть, Зоица? Она молчала.

– Да или нет?

– Ах, если бы!.. – вырвалось у нее таким мучительным звуком, что Алексею Леонидовичу незачем было больше спрашивать: его любили и боялись любить – значит, любили сильно.

– Зоица, – заговорил он серьезно, я должен вам объяснить, что я за человек – как я себя понимаю. Основная черта моего характера – спокойствие. Я люблю мир, тишину, скромные рамки, в которых бы я мог спокойно и довольно жить человеком, честным пред собою и обществом. Я не герой вообще и, в особенности, не герой романа. Страстные выходки, сильные страдания, резкие восторги – на все это я не способен. Я страдаю, когда попадаю в такую обстановку... Но душа у меня, кажется, все-таки не мелкая. Я ни разу в жизни не изменил тому, кого однажды назвал своим другом. Я привязчив. Так будет и с любовью. Мне тридцать пять лет, а я еще не любил. Теперь вот люблю. И люблю вас очень хорошо – прочно: вас одну, на всю жизнь. Я не богат и не беден. До ваших денег мне нет никакого дела. Будете вы богаты – хорошо, не будете – пожалуй, еще лучше. Достанет прожить вдвоем, конечно, без роскоши, но в полном комфорте. Устроил бы я вас хорошо. Обстоятельства... какие – это, покуда, пусть будет вам все равно, в них нет ни политических, ни уголовных условий, – обрекают меня провести если не всю жизнь, то, во всяком случае, многие годы вдали от моей родины. Когда-нибудь я расскажу вам этот секрет мой подробно, сейчас не спрашивайте. Я слишком взволнован и слишком дорожу настоящею минутою, чтобы омрачать ее своим рассказом. А чтобы вы не предположили чего-нибудь нехорошего или ужасного, признаюсь коротко: дело идет об остром нервном расстройстве, которое я пережил в Москве и от которого я должен оправиться здесь, на Корфу.

Юг мне очень помогает, и я не стремлюсь на север, хотя люблю его всем сердцем. Если он грозит мне повторением болезни, то уж лучше я останусь навсегда добровольным изгнанником. Вне России где жить – мне все равно. Значит, я не разлучу вас ни с вашими родными, ни с привычным вам бытом. В прошлом у меня нет ничего дурного, позорящего. Я прожил молодость беспечно и не монахом, но никаких нехороших фактов или компрометирующих отношений у меня не осталось. Ваш отец – человек деловой, я тоже. Мы можем быть полезными друг другу. Мы одного вероисповедания, значит, и тут нет никаких препятствий. Если вы согласны выйти за меня замуж, я буду считать, что жизнь моя полна и мне не к чему стремиться в ней к новому, а надо только сохранить свое законченное счастье. Если откажете – мне будет очень горько. Я, конечно, не застрелюсь и не утоплюсь, но... вряд ли я женюсь когда-нибудь. Потому что нравиться могут многие женщины, но жениться можно только на той, к которой чувствуешь, что я к вам чувствую: мое сердце приросло к вам, и когда вам больно, мне больно, вам радостно – и мне радостно. Словом, Зоица, я чувствую себя в праве громко и торжественно присягнуть на обычную брачную формулу, как установили ее англичане: "с сего дня на будущее время в радости и горе, в богатстве и бедности, в болезни и здоровье обещаем неизменно любить друг друга, пока смерть не разлучит нас". И если вы позволите мне произнести такое обещание сейчас, вы сделаете меня счастливейшим человеком.

Нежно-шутливая речь Алексея Леонидовича кончилась. Он ждал. Зоица молчала, все тяжелее и тяжелее опираясь на его руку.

– Я бы рада... – шепнула она наконец.

– Тогда в чем же дело?

Он сжал ее ручки и заглянул в лицо... Оно было грустно: губы плотно сжаты, тонкие брови нахмурены.

– Мне не позволят, – сказала она, отворачиваясь, чтобы уклониться от его испытующего взгляда.

– Кто не позволит? – изумился Алексей Леонидович. – Ваш отец?

Зоица отрицательно качнула головой.

– О нет... он вас любит...

– В таком случае...

Зоица прервала его.

– Нет, дорогой мой, милый, то, что вы хотите, немыслимо, невозможно... Я не принадлежу себе. Не своя. Забудьте наш нынешний разговор, его не надо было начинать, а я не имела права вас слушать. Я не своя.

– Вы любите кого-нибудь? – растерянно спросил Алексей Леонидович.

Зоица ласково взглянула на него.

– Если бы я могла любить, то никакого не любила бы, кроме вас...

– Уже обещали другому руку свою и не можете нарушить слово?

– О нет.

Они прошли несколько шагов. Дебрянский был очень огорчен и смущен.

– Я хотел бы, Зоица, все-таки знать причину вашего отказа, – сдержанно сказал он.

Она пожала плечами.

– Зачем вам. Вы не поймете.

Он вспыхнул. Глаза его засверкали.

– Тогда я сам знаю, в чем дело, чье здесь влияние. Это ваша Лала, ненавистная, грязная Лала.

– Алексей! Ради бога! – воскликнула Зоица, делаясь белее полотна, между тем как глаза ее расширились и обессмыслились от внезапно нахлынувшего страха. Но он не слушал.

– Да, я чувствую здесь ее вражду. За что? Что я ей сделал? Вы любите меня – я это вижу. Между тем, гоните меня – в угоду этой...

Она пыталась закрыть ему рот своей маленькой ручкой, но он освободился.

– Откуда у нее такая власть над вами? Какие между вами отношения, что вы подчинились ей?.. Что ей надо жертвовать всем – даже счастьем всей жизни?

– Молчите же, молчите, безумный вы, – бормотала она, ломая руки и боязливо оглядываясь, – если она узнает...

– Пускай знает. Я буду очень рад... Но... – он опомнился и пристально взглянул на Зоицу, – откуда же она может узнать? Ее здесь нет, она осталась дома.

– Ах, почем я знаю! – отчаянно воскликнула Зоица и тотчас же спохватилась; взгляд ее – трусливый и подозрительный: дескать, не догадался ли ты, что я, врасплох, проговорилась лишним словом? – взбесил Дебрянского.

– Успокойтесь! Я решительно не понял, что вы желали сказать мне этою новою загадкою, – резко упрекнул он. – Тайны ваши остаются при вас.

Зоица ахнула от стыда и закрыла лицо руками.

– Но, – продолжал Дебрянский, – я думаю, что я вправе знать, по крайней мере, из-за чего именно вы разбиваете мое счастье? Я не желаю жертвовать собою прихоти какого-то неизвестного идола. Я требую – простите, даже не прошу, но требую – чтобы вы объяснили мне, наконец, кто такая она – ваша противная...

– Ради всего святого, не браните ее... – отозвалась Зоица, не отнимая рук от лица. – Она услышит вас и отомстит вам... А я вас люблю, мне вас жаль.

Дебрянский во все глаза смотрел на нее – с глубоким изумлением, как на сумасшедшую.

– Хорошо... – медленно произнес он, – если это вам так неприятно, я перестану, хотя и продолжаю недоумевать, как может слышать и разуметь мои слова особа, находящаяся за пять верст от нас и не знающая языка, на котором мы говорим? Что за телепатия такая? Но на своем праве получить от вас ответ – что связывает вас с этой удивительной особой – я настаиваю.

Зоица открыла лицо. Оно было печально, но решительно.

– Я не могу дать вам ответа, – холодно и твердо возразила она. – Думайте, что хотите. Вы вправе думать о нас обеих очень дурно. Быть может, я не так виновата и лучше, чем даю вам основание подозревать меня, но я не смею ни оправдываться, ни объясняться, ни сказать вам правду, ни бросить вам хотя бы намек. Видимость против меня. Вы никогда не узнаете нашего общего с Лалою секрета. И не советую вам искать его. Потому что, если даже какой-нибудь... сверхъестественный, разве... случай поможет вам найти разгадку, то с вами случится великое несчастье... как случилось бы со мною, если бы я нарушила обет: пошла за вас замуж или рассказала бы вам нашу тайну. Потому что вы правы: между мною и Лалицею есть обет и есть тайна. Умоляю вас: откажитесь от меня, позабудьте предложение, которое вы мне сделали, и оставьте намерение проникнуть в наши отношения... Они темны – и пусть будут темны!

– Ни за что! – резко отозвался Дебрянский.

Зоица опустила голову с видом покорного отчаяния.

– В таком случае, – коротко сказала она, – и мне, и вам... обоим надо готовиться...

– К чему?

– К скорой смерти...

– Зоица?!

– Я больше не скажу вам ни слова... Не могу, не имею права сказать... И без того уже вы знаете слишком много... больше, чем кто-либо другой о нас знает... и не должен – никто не должен знать!

– Зоица! Да поймите же, что этою загадкою...

– Я не хочу больше слушать!

– Вы взводите какую-то таинственную клевету на самое себя, заставляете меня бог знает какие страсти предполагать, ужасы воображать и дикие разгадки строить...

– Тссс... тише... мы подходим к площадке, где ждут нас тетушки... Умоляю вас, молчите! Ни слова!

66

V

Дебрянский чувствовал себя очень нехорошо. И не только потому, что Зоица отказала ему в своей руке. Это его огорчало, но не тревожило. Во-первых, он видел, что Зоица его любит и, стало быть, отказ ее – плод какого-то недоразумения, дело условное и преходящее. Он знал, что со свадьбою как-нибудь "образуется". Во-вторых, если бы даже и впрямь между ним и Зоицею стояли какие-либо непреоборимые препятствия, то хотя девушка ему и очень нравилась, однако не настолько, чтобы он не мог отказаться от нее без трагедии. Его расстраивали, таким образом, не самые препятствия, но их странный характер: суеверный страх Зоицы перед Лалою, которую она, видимо, считала существом почти сверхъестественным... Дебрянский негодовал:

– Какою дурочкою надо быть, чтобы так прочно отдаться в руки хитрой и грубой проходимке! Загипнотизировала ее, что ли, ведьма эта, с ее поганым ужом? Не угодно ли? Верит, что Лала может слышать ее на расстоянии и понимать по-французски, не зная французского языка.

Он вспомнил случаи завладевания чужою волею через гипноз, о которых приходилось ему читать в книгах в период своих оккультических увлечений:

– Что же? – думал он. – Бродяга Кастеллан, осужденный в 1865 году, "сын бога", о котором рассказывает Дэпин, был вряд ли высшего уровня, чем эта Лала, – извращенный двадцатилетний мальчишка, чудовище физическое и нравственное. Однако он с первого же свидания околдовал двадцатишестилетнюю девушку, усыпив ее какими-то жестами, изнасиловал, увез из родительского дома, таскал ее за собой, как собаку, несмотря на ее отвращение к нему, и всячески надругался, чтобы показать посторонним людям степень своей власти над нею. Михайловский – из позитивистов позитивист, однако нисколько не отрицает возможности "злого влияния", которого примеры рассказывала Блаватская в своих повестях об индийских "загадочных племенах" – о тоддах и курумбах. Свирепым чудесам последних он дает совершенно естественное логическое объяснение гипнотического фокуса – того же самого, который отдает птицу или кролика во власть смотрящей на них змеи, которым венгерец Баласса укрощал диких лошадей, которым парижский баритон Массоль создал себе репутацию "дурного глаза", убийственного для людей, имевших несчастие попасть в поле его зрения. "Моноидеизм" Брэда – не фантастика какая-нибудь, но блестящая научная теория, ему нельзя не верить. Человек легковерный, слишком богатый фантазией, замкнутый в узком кругу интересов, поддается гипнозу не только через усыпление, но очень часто и в бодрственном состоянии. Психическое наваждение до такой степени помрачает разум и волю некоторых людей, что они отдаются в безусловное управление другим человеком, действуют в его распоряжении как марионетки и только по его воле и под его руководством видят, слышат, ощущают, чувствуют, ходят. Брэд считал повелительное наклонение пережитком гипнотической формулы, призывающей к "моноидеизму"... Жаль, нет дома графа Гичовского – посоветоваться бы с ним, поговорить... Он, наверное, знаток по этой части и в загадках гипнотического обаяния чувствует себя, как рыба в воде "Це дило треба розжуваты", как говорят хохлы. Надо изучить и – где известен яд, там, обыкновенно, находят и противоядие.

Но, раздумывая и рассуждая, Дебрянский время от времени чувствовал, как по телу его пробегает самая странная мистическая дрожь, что в Москве предсказывала ему галлюцинации и обморок, выгоняла его из дома и заставляла обращать ночь в день, скитаться бог весть где "человеком толпы", прося у столицы общества и шумов жизни, как милостыни. Он невольно заражался чувствами Зоицы, переполнялся знакомою тоскою и предчувствием панического ужаса:

– Неужели я опять запутан во что-нибудь этакое? – думал он. – Значит, опять придется бежать... Да куда бежать? И так уже бросил дом, все, забрел на край света, сижу на этом проклятом острове, чтоб ему пусто было, вот уж, именно, как старик Горбунов говаривал, ни земли, ни воды, одна зыбь поднебесная... Нет же! Дудки! Ребячество! Будь что будет, а никуда я не поеду и от Зоицы не откажусь! Если я в самом деле склонен к сумасшествию, как намекал московский доктор, то от сумасшествия не отбегаешь, от навязчивых идей надо не убегать, а бороться с ними.

В Алексее Леонидовиче проснулось то грозное и гордое чувство самообороны, с каким, прижатый в безвыходном овраге, волк внезапно оборачивается к гончим и, ляскнув зубами, садится на задние лапы. И храбрые псы, что до сих пор, не жалея ни ног, ни шкуры, налегали на бегущего зверя – только бы скорее и первому доспеть его, вдруг смущенно оседают вокруг утомленного, запыхавшегося врага, который и дышит тяжело, и язык высунул, и только стеклянный взгляд его красноречиво говорит:

– Здесь я буду околевать... Ну-ка, суньтесь! Кто первый?

К Вучичам он заходил несколько раз, но Зоицу ему удавалось видеть только при других и то мельком – очевидно, она его избегала. А вид имела тоже печальный и неспокойный. Однажды Алексей Леонидович расхрабрился.

– А что, – подумал он, сидя у Вучичей за обедом, – если я сейчас встану и торжественно попрошу у старика руку Зоицы? Он согласится, будет рад, Зоица меня любит, а тут подоспеет родительское благословение... растеряется и не посмеет покривить душой – не откажет мне: а тогда, разумеется, и этой толстой негодяйке останется только поздравить нас скрепя сердце... Махну-ка, право, махну!.. Смелым, сказывают, бог владеет...

Ему так хотелось это сделать, что казалось, будто в уши ему кто-то нашептывает веселый совет:

– Валяй, брат, право валяй...

Внятно, бойко – и голос словно бы знакомый.

В ту сторону стола, где сидела Лала, Дебрянский не решался взглянуть прямо и только косился. Он почему-то боялся, что она угадывает его намерения и вся насторожилась.

— Черт ее знает, — соображал он, — ишь как хмурится и глаза, точно у тигрицы: сейчас прыгнет. Ну как вместо того, чтобы поздравить — она выпалит в меня из револьвера или хватит меня, как Делиановича, этой шпилькой своей?

Но голос все подталкивал и подзуживал... и... Дебрянский даже не столько в задоре страсти, сколько в задоре неодолимого любопытства, что из этого выйдет, сделал, как хотел.

С огромным усилием над собой он встал и произнес коротенькую речь, в которой благодарил Вучича за оказанное ему гостеприимство.

— Я человек одинокий, — говорил он, — и привык жить одиноко, по-холостому. От близости родных я отвык, обаяние семейной жизни мне совсем незнакомо. Благодаря вашей доброте, я теперь, на чужой стороне, узнал, на сколько мне недоставало до сих пор света и тепла домашнего очага и как печальна жизнь без них. Я искренно привязался к вашей семье и желал бы никогда не расставаться с нею.

— Да и я, господин Дебрянский, не радостно закурю сигару в тот день, когда вы нас покинете, — отозвался старик, надвигая кустистые брови на увлажненные глаза.

— Так не лучше ли, господин Вучич, — продолжал Дебрянский, — сделать так, чтобы не расставаться нам вовсе? Я люблю вашу дочь и смею надеяться — сам ей не противен. Отдайте Зоицу за меня замуж, возьмите меня вместе с моим маленьким капиталом в компаньоны или приказчиком по вашему делу — и я ваш до конца дней своих.

Зоица вскрикнула, закрыла лицо руками и убежала из столовой, а Вучич приподнялся и развел руками, да так и остался статуей седого изумления, очень приятного, однако, судя по улыбке, медленно разливавшейся по его широкому лицу. Дебрянский начинал речь, весь похолодев, а теперь ему было жарко — точно его окунули в кипяток. В конце речи он торопился и летел вперед карьером наездника, задавшегося мыслью во что бы то ни стало перескочить барьер, — и перескочил-таки и тотчас же почувствовал себя лучше, отлегло! Даже голос, который раньше советовал и подгонял — не робей, брат, валяй, право, валяй! — теперь твердил другое: ай, молодец! право, молодец, хоть куда!

Однако голос оказался не внутри Дебрянского, как казалось ему, а живой и из внешнего мира: это просто хохотал опамятовавшийся старик Вучич и, хлопая по плечу желанного зятя, без перерыва частил:

— Молодец: настоящий юнак! Против всех правил, не по обычаю, а молодец! Люблю! Так их и надо, девок — врасплох, как громом, чтобы и жеманиться не успела! Обними меня, милый: я очень рад, очень! И девка рада... уж я знаю, что рада!

Огромные глаза морского орла замигали, и на усах заблестела совсем не привычная им роса.

Взор старика упал на посинелое лицо Лалы, с померкшими

глазами, она машинально водила ножом по скатерти и пропорола в ней уже немалую дырку. Старик рассердился.

— Лала! Что это значит? — прикрикнул он на своем родном языке. — Нельзя ли хоть сегодня обойтись без фокусов? У нас такая радость, а ты — словно тебя сейчас кладут в гроб. Поздравь жениха и поди отыщи и приведи к нам Зоицу... А, впрочем, нет! Я сам пойду. У тебя такие унылые глаза, что ты еще расстроишь ее своим юродством!

Вучич похлопал Дебрянского по плечу и погладил по голове, погрозил пальцем Лале и вышел. Два врага обменялись взглядами смертельной ненависти. В глазах Лалы Дебрянский прочел еще и насмешку:

— Ты думаешь, что сделал очень удачный шаг? Что уже победил меня и Зоицу завоевал, как отца ее? Ладно! Еще померяемся!

— Ну, и померяемся! — стучал голос в уме Дебрянского ответным вызовом, удалым и тоже непримиримо злобным. — И померяемся. Только не поддаваться, не раскисать духом, а то — не больно и ты страшна мне с ужом своим!..

Эта гневная переглядка не повела бы ни к чему доброму, если бы враги были одни, но присутствие двух линялых дальних родственниц послужило спасительным громоотводом. Одна из этих родственниц, которая выглядела более линялою, обратилась к Лале с жеманным выговором. Лала сперва не поняла ее, потом презрительно захохотала и встала из-за стола. Цмок, который клубился у ног ее, взвился по ней и повис через плечо, точно понимал бурю, вскипевшую в сердце своей хозяйки. Глаза его стали, как рубины, и жало черною вилкою шевелилось в воздухе. В дверях Лала столкнулась с Вучичем и Зоицею и молча, не глядя, дала им дорогу. Зоица была очень взволнована...

— Ну, скажи же ему ответ сама, ну, скажи, — торопил счастливый старик.

Зоица искала Лалу глазами... Лалы уже не было... Смущение девушки дошло до крайних пределов: она дышала трудно, щеки пошли красными пятнами. Вучич дал Дебрянскому знак приблизиться, а сам отошел в сторону, покручивая длинный сивый ус.

— Все-таки настояли на своем, — сказала Зоица жениху с тоскливым упреком.

— Я не люблю отказываться от задуманной цели, не испытав всех средств достигнуть ее.

— Ведь я же говорила вам, что это невозможно... что из этого выйдут одни ужасы... За что вы не поверили мне?

— За то, — улыбнулся Алексей Леонидович, — что я вас люблю, и у вас фантастическая головка; а ужасов я не боюсь. И себя, и вас уберегу я от ужасов вашего воображения. Вы видели: я не из робких.

Зоица смотрела ему в глаза.

— Все, что я говорила вам, правда: я не имею права выходить замуж, и предложение ваше грозит большою бедою и мне, и вам! Быть может, даже смертью!

Дебрянский сказал:

– Ну и пускай грозит... А мы не испугаемся.

– Вы все думаете, что я брежу! Зоица со скорбью покачала головой.

– Объясните, в чем дело, – не буду думать.

– Не могу.

– И я не могу. Но – бредите ли вы, нет ли – я не хочу знать и буду защищать наше счастье от ваших страшных фантазий своею грудью... больше: буду защищать вас даже от вас самой, потому что, чем больше думаю, тем больше убеждаюсь, что настоящий-то ваш враг не... ну, вы запретили мне называть ее имя, – но вы сами... Вы отравили себя ею, загипнотизировали. А я вас от нее спасу и гипноз этот разрушу.

Зоица покраснела, уронила голову на грудь Дебрянскому и пролепетала:

– Хорошо же... пусть исполнится судьба... А если мы погибнем, то умереть с тобой вместе теперь легче, чем жить без тебя одной... Если бы ты знал... если бы мог подозревать... Я так несчастна!..

– Так я сделаю тебя счастливою...

Вучич, аплодируя, прибежал из своего угла и сразу обнял жениха и невесту своими могучими узловатыми руками.

Поздно вечером, уже к полуночи, расстался Алексей Леонидович с невестою и, отказавшись от экипажа, лениво побрел пешком по набережной. Ему надо было освежить голову, полную впечатлений, и успокоить нервы, слишком приподнятые волнениями дня.

– Вот я и жених! – думал он, щелкая каблуками по плитам. – И как все легко и просто делается...

При мыслях этих он не испытал особенно сильной, захватывающей радости, но ему было спокойно и хорошо. Неприятно было только, что немножко кружилась голова и как будто знобило.

– Должно быть, в дополнение к законному браку схватил маленькую лихорадку. А вернее – нервная реакция после возбуждения. Напряжение было сильное. Чувствую себя совсем разбитым.

Огоньки Эспланады мерцали еще далеко-далеко впереди, а между тем Алексей Леонидович успел уже устать – мочи нет... Долго двигался он, лениво переставляя ноги и как-то не имея ни одной мысли в голове, будто ее вдруг ветром выдуло, – споткнулся о камень, вздрогнул, опамятовался.

– Кой черт? Неужели я уснул на ходу? Фу ты! Хорош жених! Рот разодрало зевотой!

Он присел на стенку набережной, и его сей же час согнуло и потянуло ко сну. Но едва дремота качнула его, как он почувствовал острый удар в сердце – такой внезапный и сильный, что он подпрыгнул и очнулся. Сердце уже не болело, зато неприятно ныла правая сторона груди, теснило под ребрами и откликалось колотьем в спину.

– Эге! Печень шалит! – подумал Дебрянский. – Что мудреного? Переволновался же я!

Ночь была свежая, и холодный, сырой камень набережной награждал его вместо отдыха неприятными мурашками по телу. Поднявшись на Эспланаду, к памятнику Капо д'Истрия, он зашел в придорожный кабачок и спросил себе стакан крепкой мастики.

— Здравствуйте! — окликнул его знакомый голос. Он поднял голову: пред ним стоял и скалил лошадиные зубы, весь рыжий под цилиндром, знакомый англичанин, бывший лейб-медик императрицы Елизаветы доктор Моллок.

— Ах, доктор!

Врач смотрел на него со странным выражением лица.

— Вы не больны?

— Нет... а что?

— У вас было лицо человека, теряющего сознание... Я дважды звал вас.

— Я слышал только один раз.

— Крепко задумались.

— Да... но...

Алексей Леонидович проверил себя и обратился к врачу с большим недоумением, почти испугом.

— Представьте, доктор: я решительно не помню теперь, о чем я думал...

— Забыли, о чем думали?

— Да... Только чувствую, что моя дума страшно меня утомила.

Взор Моллока обратился было на стакан с мастикою, но Дебрянский даже обиделся.

— Помилуйте! Я еще не пил.

— Вы лунатизмом не страдали?

— В детстве, говорят, вскакивал с постели по ночам... Взрослым — нет.

— Ага! А то у лунатиков часты подобная забывчивость и рассеянность мысли... Мое почтение.

— Покойной ночи.

Выпитая мастика подбодрила Дебрянского.

— Мосье не желает закусить? — почтительно кланяясь, спросил швейцар отеля Saint Georges, где Дебрянский занимал две комнаты. Но мосье чувствовал такую усталость, его так тянуло ко сну, что даже не ответил.

Пройдя к себе, Дебрянский опустился в кресло, чтобы перевести дух, и начал медленно раздеваться, борясь со сном, который то откидывал его голову назад, то свешивал ее на грудь... В это время дверь скрипнула, в комнату вошел и сел за стол прямо против Дебрянского мужчина; улыбающееся лицо его показалось Алексею Леонидовичу знакомым. Ну, конечно, он! Шишки и комья отечной кожи, бессмысленный, разбросанный взгляд.

— Петров! Откуда ты взялся?

Алексей Леонидович открыл глаза, разбуженный звуком своего голоса, и понял, что он бредил: в комнате не было никакого Петрова, а на столе смердела, догорая в медном шандале, свеча, которой, когда

Алексей Леонидович взял ее у portier[35], оставалась еще добрая половина.

– Вот ясно привиделся, – подумал Дебрянский. – Фу, однако, как кружится голова... и глаза режет, будто кто под веки песку насыпал... Напрасно я пил эту мастику!

Но едва Алексей Леонидович погасил огонь и нырнул под одеяло, едва он стал забываться в том состоянии, что Мори так остроумно называл вожатаем сна – гипнагогическим, Петров снова выплыл из тьмы и снова сел пред Алексеем Леонидовичем, полуосвещенный желто-красным мутным огнем – как почти всегда озаряет кровь кошмарного видения. Он сидел, молчал и кивал, и раздражал Дебрянского своим киванием.

– Что тебе надо? Зачем пришел? – сердито спросил Алексей Леонидович, – ты, пожалуйста, не мечтай, что я тебя боюсь: я отлично сознаю, что вижу тебя во сне и что ты совсем не сам Петров, но моя ложная идея...

– Это хорошо, что ты сознаешь, брат, хорошо, – отозвался Петров.

– То-то... ты, брат, не лицо... ты – мастика!

– Превосходно! Не поддавайся! Не поддавайся! Воюй! Крепись!

Черты Петрова расплылись в воздухе. Заходили зеленые круги, а из них стали прыгать друг через друга необыкновенно прыткие козы, но вместо рогов у них росли растрепанные большие банные веники, а вместо хвостов вились и кружились длинные, пестро-мраморные, с черными вилкообразными жалами, Цмоки.

– Алексей Леонидович! – шептал голос Петрова над левым ухом Дебрянского. – Ты меня слышишь, понимаешь?

– Ну... что ж? Понимаю... – снисходительно отзывался Алексей Леонидович. – Вот только козы зачем?... Эх, напрасно я пил эту мастику!

А Петров шептал:

– Это не козы, а Лалы, они шпионят за нами, но ты их не бойся: граф Гичовский выучит их воздухоплаванию, и они улетят...

Лихорадочный кошмар мучил Дебрянского целую ночь, и целую ночь Петров нашептывал ему странные и глупые слова. К утру он представился Алексею Леонидовичу всего живее:

– Прощай, брат, – говорил он, надевая шляпу Дебрянского. – Мне пора.

> Тра-ра-ра!
> Мне пора!
> Со двора –
> Все гусары со двора
> Ура!

– Ты, стало быть, из больницы-то вышел? – спрашивал Алексей Леонидович.

---

[35] Портье.

– Вышел, брат. Я теперь совсем здоров и свободен.

– Анна больше тебя не мучит?

– Анна тлен. Я сам Анна. Тра-ра-ра! Вот так дыра! Тля тлит тлен. Дотлею до тла и буду Анна.

– Да, бишь... позволь... я и забыл: ведь ты умер.

– Умер, голубчик. А ты ко мне на похороны не пришел? Свинство, брат.

– Откуда же ты, мертвый, узнал, что я здесь?

– Тра-ра-ра! Я теперь знаю все, что меня интересует.

– А почему я тебя интересую?

– Я тебя полюбил. Ты парень хороший. Я тебя стану беречь. Ах, Алексей Леонидович! Ты молодец, ты как себя показал, что молодец, я тебе и вчера за обедом, когда ты сделал предложение Зоице, шептал, что ты молодец...

– Так это ты меня хвалил и подбодрял?

– Тур-тур-тур... Тра-тра-ра... За здоровье жениха и невесты! Мое вам почтение! Ура!

– Ну, спасибо тебе, Петров, право, спасибо, товарищ...

– Но остерегайся, брат! Рискуешь ты, ох как рискуешь! Не тлит ли тлен сребра и злата? Против тебя, брат, сила собрана... большая... все гусары... тра-ра-ра... со двора. В замок... Рэтлер со двора.

– Стой! Вот ты узнал, где я, пришел...

– Ну?

– Да ведь ты – мертвый?

– Ну, мертвый?

– Значит, мертвый всегда может проследить и постигнуть живого?

– Ну может.

– Если так, то Анна... значит, тоже знает, где я... куда сбежал от нее?..

– Надо полагать, что знает.

– Отчего же она не преследует меня?

– Преследовала бы, кабы могла.

– Значит, не может.

– Как же ты-то можешь?

– Чудак ты! Да ведь я же не существо, а твое сновидение. А как существо я спокойненько лежу в Москве на Ваганьковском кладбище и разлагаюсь. Вот как совсем разложусь, перестану быть сном и опять стану существо!

– Врешь, лопух из тебя вырастет!

– Сам врешь! Лопух по-твоему не существо?

– Если ты не существо, как же я с тобою говорю?

– Да ты совсем не со мною, а с самим собою... сам же давеча сказал... Лопоухий!

– За что же ты ругаешься?

Но Петров вместо ответа сделал страшную гримасу, отрастил по обеим сторонам длинные ослиные уши и забормотал:

– Лопать... лопасть... лопата... Лопе де Вега... Клоп... салоп....

остолоп... Не иде в холопе... берегись! не попадись! холоп! хлоп! хлоп! хлоп!

– Отвяжись!

– Князь Вяземский дрался саблею, а Митька ослопом...

– Да мне-то что?

– Берегись: тебя слопать хотят... Лопари у финнов и шведов имеют славу самых злобных колдунов...

– Ну, это, брат, из географии. Залопотал!

– Я лопочу, я хлопочу... Лопни глаза, вывернись лопатка!.. Злые люди – злые силы... Злые силы – злые люди... Не зевать, хлопотать... хлопок скупать... галоп танцевать... А то рекрут будешь! Лоб! Хлоп! Хлоп! Иеронимус Амалия фон Курцгалоп!

Ночной бред свалил вместе с лихорадкой уже засветло, и Алексей Леонидович заснул было наконец крепко и сладко, но ненадолго. Кто-то забарабанил в дверь его номера. Дебрянский открыл глаза, удивленный яркостью белого дня, смотревшего в окна синими очами своими, и еще имея в голове остатнюю бредовую мысль:

– Евдокия Лопухина была первая жена Петра Великого, а невесту Михаила Федоровича звали Марьей Хлоповой...

– Тук! Тук! Тук! – звала дверь.

– Что это? Все еще во сне или наяву?

"Oh, ma charmante, Ecoute, écoute ainsi L'amant, qui chante. Et pleure aussi!36" – запел за дверью хорошо знакомый голос.

– Граф Валерий!..

VII

Граф Валерий Гичовский, обменявшись с Дебрянским новостями и принеся ему свои поздравления, поспешил с визитом к Вучичам. Старика он встретил на дороге, но Вучич настоял, чтобы Гичовский ехал на виллу, к Зоице, обещая вернуться очень скоро. Графу было нечего делать, он продолжал свой путь. Случилось так, что, кроме грума, отвесившего ему низкий поклон на крыльце, он никого не встретил в первых комнатах виллы. Хорошо знакомый с расположением дома, граф направился искать Зоицу на морской террасе. Но и здесь никого не было, кроме солнца, несносно палящего даже сквозь узор густо повисших виноградных лоз. Граф опустился в качалку – ожидать, пока появится какая-нибудь живая душа и доложит о нем хозяйке. Где-то вблизи он услышал гул разговора: спорили два женских голоса. Один как будто плакал, другой был резок и гневен. Гичовский вспомнил, что как раз у террасы, сбоку, в нижнем этаже находится комната Лалы. Он кашлянул раз, другой, но

---

36 "О, моя очаровательная, слушай, слушай любовника, который поет и плачет" (франц.).

75

его не слыхали, разговор не прекращался, а, наоборот, все крепчал, становился все громче и резче. Гичовский невольно уловил несколько фраз, после которых он вдруг переменил свое намерение скромно удалиться, чтобы не стать непрошеным свидетелем чужих тайн, положил шляпу под качалку, притаился и насторожил уши...

— Нет, нет, нет! — говорил резкий голос. Гичовский едва признал его за голос Лалы. — Этого не будет никогда! Не валяйся у моих ног: это напрасно. Я не могу тебя простить, если бы и хотела; ты это знаешь. Зачем же эти просьбы и слезы? Все на ветер! Все на ветер!

Слов Зоицы Гичовский не расслышал. Злой хохот Лалы был на них ответом.

— Любишь! — вскричала она. — Ты его любишь! Какое мне дело до твоей любви? Как ты смеешь любить? Как ты смеешь говорить мне о твоей дрянной любви?

Опять невнятно пробормотала Зоица.

— Ты сошла с ума! — с холодным, презрительным гневом оборвала ее Лала. — Жених? Как достает у тебя дерзости произносить такие слова? Скажи еще: семья, муж, дети... Ты — обреченная девственница! В твоем уме подобная мечта, в твоих устах подобные слова — преступление...

— Да что я — не человек, что ли? — вскрикнула Зоица, поднимая голос. — Мне восемнадцать лет. Еще немного, и по здешним понятиям я буду уже старая дева. Мои подруги давно замужем.

— Они не давали обетов, — сдержанно возразила Лала. — Они не посвящали себя тайнам. Земные твари достанутся земным тварям, но твоим женихом и супругом будет только тот, кому ты клялась и присягнула... Он от своих прав никогда не отказывается, Зоица. Он испепелит тебя, но не отдаст...

Зоица молчала. Затем раздался ее голос, в котором звучали недоверие, нетерпение, почти насмешка:

— Если я так нужна ему, таинственному жениху моему, если он такой безотказный и могучий, зачем же он попустил меня в ту беду, что теперь нас окружила? Зачем он так долго ждет и не приходит? До каких пор мне увядать — невестою без жениха или женою без мужа? Когда же будет наконец — этот наш удивительный, чудесный брак?

— Никогда, если ты посмеешь продолжать таким тоном. Зоица воркнула что-то, понятое Гичовским как:

— Очень рада.

— Как смеешь ты предписывать законы и сроки стихии?

— Твое дело — молчать, терпеть и ждать. Его воля — высшая... что могу знать о ней я? Да, да! Даже я, потому что и я — раба, заключенная в темнице глухого и слепого человеческого тела. Быть может, это случится сейчас, сегодня в ночь, завтра, послезавтра... Быть может, когда Он удостоит тебя ложа своего, ты будешь уже дряхлою восьмидесятилетнею старухою, но в огненных кольцах объятий Его ты возродишься и станешь — как женщина в расцвете юности и зачнешь чудо, принесешь обетованный плод — великое божественное Яйцо, через которое возродится Он — новый Змей, надежда, опора и спаситель мира. Я открыла тебе возможность быть царицей вселенной, некогда всякая тварь назовет тебя своею госпожою и матерью, а ты... Опомнись! Береги себя, зорко блюди честь свою во всемирную славу ее, храни свое святое будущее, Зоица!..

— Я не могу и не хочу жить неведомым, будущим, Лала, – я молодая, меня настоящее зовет, я не способна состариться в упованиях и мечтах, похожих на бреды.

— Ты нетерпелива? Молись Ему, свершай священные обряды, зови Его, думай о Нем, тяни Его к себе мыслью сердца и желанием тела своего... Ты ленивая и небрежная. Я ли не молила, я ли не просила, чтобы ты разрешила мне украсить тебя священными начертаниями?

— Не начинай об этом. Ни за что! Ты дала мне слово оставить это до моего совершеннолетия.

— Не я дала слово, а ты вынудила его у меня.

— Все равно. Вопрос покончен, и я не желаю к нему возвращаться.

— Как же ты хочешь, чтобы Он ускорил свои пути к тебе, если ты сама засорила дорогу Его? Начертаний ты не хочешь, вещих слов не произносишь, обрядов не исполняешь, ни одного заклинания не умеешь повторить правильно, сколько я тебя не учу, ни единой жертвы ты ему не заколола, а теперь даже Цмока, Его живой образ, разлюбила и перестала ласкать...

— Что же мне делать? Я не могу выносить, когда его холодные кольца вьются по моему телу...

— Ага! А прежде могла?

— Я была девочка, и ручной уж забавлял меня, как всякая живая тварь в доме, как игрушка. С тех пор я выросла, узнала многих людей, получила образование, читала много книг...

Лала перебила:

— Очень нужны все они той, которая со временем будет знать все прошедшее, настоящее и будущее без учения и трудов, одним откровением супруга своего Великого Змея!

Зоица продолжала, не отвлекаясь на ее замечания:

— И теперь, конечно, я не в состоянии относиться к Цмоку с тем суеверным баловством, как ты его ласкаешь, как ты от меня требовала и меня выучила. Ласки, которыми ты его осыпаешь, кажутся мне противными и стыдными... Боюсь я, Лалица, что ты вовлекла меня в нехорошие подражания и выучила грязным делам.

Тяжелою злобною скорбью прозвучал ответ Лалы:

— И это говорит – так осмеливается говорить – будущая возрожденная Эвга, супруга Великого Змея, та, в которую должно войти вдохновение праматери человечества!.. Быть может, Зоица, и я уже противна тебе?

— Обидно так упрекать, Лала, – отозвался нерешительно возмущенный голос Зоицы, – ты сама столько же, как я, знаешь, что ты мой лучший друг, самое дорогое для меня существо на свете...

— Была – да... Но теперь? Не лги, Зоица, нельзя лгать перед тою, которая читает мысли, как писанные слова. Ты изменила мне, Зоица.

— Это неправда.

– Не телом, нет. Твоя мысль ушла от меня, твое нежное желание отвернулось от меня... С того вечера, как мы были в театре, погасли между нами священные ласки, которыми я сохранила тебя – чистую – от мужских соблазнов для грядущего супруга твоего, чтобы повторилось от века бывшее и через века реченное: чтобы непорочную и девственную – не тронутую нечистыми устами грешного раба Адама – принял в свои объятья свободную новую Эвгу Великий Змей Саммаэль... Может быть, и я уже не нужна тебе? Может быть, и мои ласки стали тебе в тягость?

Зоица долго молчала. Потом затаивший дыхание Гичовский едва расслышал ее лепет:

– Да, Лалица... Не сердись на меня... Я люблю тебя нисколько не меньше прежнего, но обряды эти... Ты взрослая женщина, и я уже не ребенок... Я устала насиловать свой стыд и краснеть за себя... Времена языческой совести давно минули... Я не хочу больше быть игрушкой прошлых веков – не надо мне, прости, не буду я больше участвовать в обрядах...

Глухой крик, стону подобный, вырвался из груди Лалы:

– Предательница! Неблагодарная! Так всему конец? Все – долой? Вся жизнь забыта? Несчастная! Вспомни ночи в горах Дубровника, вспомни ущелье, где ты над священным костром клялась мне, живой, и тетке Диве, мертвой, не знать земной любви? Где я представила тебя великим силам воздуха как мою наследницу и преемницу, которая станет их жрицею, когда придет мое время окончить жизнь в земной оболочке и соединиться со стихией? И рады были тебе великие силы воздуха, и нарекли тебя достойною, чтобы воплотилась в тебе не умирающая могучая Эвга и была бы, через тело твое, вновь супругою Великого Змея и возродила бы омраченную жизнь тварей в плоде Яйца, в котором будет новый Змей, борец и спаситель природы. Ага! Посмеешь ты снова сказать, мне, что любишь земного червя, северного чужеземца? Берегись, Зоица! Силы грозны и могущественны. Кто идет против них, погибает беспощадно. Твой посягатель обречен нами, он умрет, но тебя спасти еще можно. Мне жаль тебя. Откажись от него, чтобы он не увлек тебя в пропасть вместе с собою!

Зоица молчала. Потом раздался ее голос:

– Лалица, прости меня, я больше не верю во все это...

Лала вскрикнула, точно раненая.

– Не веришь? Но разве мало я показала тебе могучих тайн и грозных знамений? Чем же мне тебя уверить? Чудес тебе надо? Новых чудес?

– Лала, я не сомневаюсь, что ты можешь творить чудеса, на которые не способны другие люди...

– Слушай! Хочешь, я не скажу тебе больше ни слова – буду молчать, но с тобою заговорит человеческим голосом Цмок? Он повторит тебе все мои слова, увещания и угрозы...

– Это лишнее, Лала. Граф Гичовский не имеет твоих

сверхъестественных даров, однако еще недавно заставлял говорить бутылку на столе и ножку стула, и ручку у двери, и часы на стене...

— Жалкое существо! Ты уже подозреваешь меня, что я фокусница, что мне равен может быть какой-нибудь чревовещатель!.. Хочешь, я обращу Цмока в палку, как когда-то еврей Моисей? Хочешь, день померкнет в твоих глазах, море взбесится и польется на террасу? Хочешь, вот эти столы и стулья будут плясать и кружиться пред твоими глазами? Хочешь, я буду говорить на языках, которых не знаю, и отвечать на вопросы, которых не слышу ушами и не вижу глазами?

— Лалица, это излишне. Я знаю силу твоего наваждения. Я испытывала его десятки раз.

— Все знаешь, все помнишь, со всеми согласна и — ничему не веришь?

— Лалица, порою мне кажется, что все, что было между нами, осталось во сне...

— Это он тебя уверил! Это его влияние! — с ненавистью прервала Лала. — Так знай же: лжет он — и сама себя не обманывай! Да, ты во сне, потому что вся земная жизнь — сон! Но этот сон и сейчас окружает тебя, и ты принадлежишь ему, и ты сама — сновидение для других, и вся явь, длящаяся для нас, долгая таинственная греза! Умри! Разрушь сон жизни — тогда ты будешь права. А до тех пор — не заблуждайся: не во сне, а наяву ты отдала мне во власть свою волю, чтобы я сделала тебя жрицею таинственной пятой стихии, разлитой между всеми стихиями, в которую со временем уйдем все мы.

Зоица остановила ее.

— А если не во сне, то страшно мне твоих тайн. Ты неудачно сделала свой выбор: я плохая ученица и не гожусь тебе в преемницы. Я слишком робка и слаба. Я не хочу их знать... я жить хочу, наслаждаться. Меня к земле тянет, к людям.

— Есть пути, с которых не бывает поворота, — сурово отозвалась Лала. — Кто взвалил себе на плечи непосильную ношу — тот надрывается под нею. Это закон. Ты, самоуверенная девчонка, просила у меня великой ноши. Я тебе ее дала. Неси же и умри под нею, если она тебя гнет к земле, но сбросить ее нельзя! Я предупреждала тебя в свое время.

— Что я могла понимать! — в свою очередь раздраженно воскликнула Зоица. — Мне не было и двенадцати лет... ты увлекла меня своими сказками о звездах, об огненных и воздушных людях, змеях, дивах воды и пламени. Разве я владела своим умом, когда бросилась за тобой в эту демонскую пучину? А с тех пор как отдаю сама себе отчет в своих поступках, верь мне: наш договор ничего не дал мне, кроме страха и стыда... Отпусти меня. Я хочу быть обыкновенною, мирною женщиною, я не гожусь в вещие и не буду больше ни участницей, ни орудием твоего колдовства. Лала холодно возразила:

— Если ты называешь колдовством желание, право и возможность смотреть в тайны природы глубже и более сознательно, чем в состоянии другие люди, пусть это будет колдовство, и я, конечно, колдунья. В таком случае и наш друг граф Гичовский, которого ты только что помянула, тоже колдун, только неудачный, потому что он все ищет, но не находит, а я нашла. Пускай колдунья! Слово не меняет дела и не мешает ему. Жрица Великого Змея выше оскорблений бедного человеческого языка. До сих пор ты не видела, чтобы мое колдовство принесло кому-нибудь зло или вред.

— Но теперь ты хочешь сделать зло ужасное! И кому же? Человеку, которого я люблю!

— Я уже сказала тебе, чтобы ты не смела произносить этого слова. Оно для тебя запретное. Берегись, Зоица! Я не одна тебя слышу... Смотри, как гневно поднял голову чуткий Цмок, как грозно устремлены на тебя его вещие глаза, как заклубились его сверкающие кольца.

— Если я не боюсь тебя, то тем более не испугаюсь бессмысленной и бессловесной твари... Лала! Оставь! Перестань! Не трави меня, уйми Цмока! Я не люблю, когда он бросается, злой, — я буду защищаться и могу его убить...

— Глупая девчонка! Ты кощунствуешь, угрожая посланнику Великого Змея...

— Этих посланников — сколько угодно под любым придорожным камнем.

— Да? Вот как? Вот уж до чего дошло дело? Так-то развратили тебя? И ты еще смеешь просить, чтобы я пощадила Дебрянского? Не я хочу сделать ему зло. Он сам идет к тому и вынуждает меня истребить его. Есть обстоятельства, при которых я теряю волю и обращаюсь в слепое орудие силы, живущей вокруг меня и мною повелевающей.

— Пожалей его, Лала! нашею вечною дружбой заклинаю тебя, прости!

— Откажись от него, — глухо сказала Лала после долгого молчания, — может быть, тогда я сумею как-нибудь успокоить оскорбленную стихию и отведу от чужеземца охватившую его беду...

— А он? — горько засмеялась Зоица. — Разве он откажется?

— Заставь его!

— Чем? Он знает, что я его люблю.

— Скажи, что разлюбила.

— Он не поверит и будет прав.

— Зоица!

— Что же ты кричишь? Вот ты сейчас предлагала мне испытать тебя чудесами... Ну, сделай так, чтобы я ненавидела и презирала его? Чтобы он ко мне сделался враждебен или равнодушен? Вот то-то и есть! Есть в человеке область, над которою твоя мудрость не властна... Убить ты можешь, но отнять любовь никогда.

Лала мрачно молчала. Зоица продолжала:

— Если бы я могла объяснить ему, кто ты, кто мы обе...

— Да. Недоставало только того, чтобы ты окончательно погубила себя — открыла ему таинства!

— А теперь он смеется над моими суеверными страхами. Он

80

ненавидит тебя, он так озлоблен, что способен добиваться меня только затем, чтобы удалить меня от твоей власти. А власть твою надо мною он чувствует, хоть и не понимает, откуда она.

– Земной червяк! Прах двуногий! – еще глуше и ниже произнесла гневная Лала – Когда он появился у нас в доме, меня душил запах трупа... За ним следят чьи-то мертвые глаза, его ждут чьи-то объятия... но не твои!.. Нет, не твои!.. Погоди! Дай созреть новому месяцу: в полнолуние я совершу вещий обряд и буду знать о нем все...

Молчание было ответом.

VIII

– Вот вы где! – весело заговорил, входя на террасу, Вучич и заставил вздрогнуть задумавшегося Гичовского. – И почему-то в одиночестве! Где же Зоица?

– Этого не могу вам сказать, – равнодушно ответил граф. – Знаю только, что добрых пять минут брожу по вилле, как по заколдованному замку, и не встречаю ни души.

– Как – только пять минут? Неужели вы ходите так медленно? Я думал, что вы давным-давно меня ждете?..

– Я застоялся у моря, – спокойно солгал граф, – смотрел, как рыбаки вытягивали сеть.

– В такое жаркое время?! Вот странно... Разумеется, ничего не взяли?

– Ни даже малого краба, – невозмутимо продолжал граф, не унывая, что в первый раз он соврал не очень удачно.

Вучич, извинившись, вышел позвать дочь, а Гичовский прошелся раза два по террасе, с волнением потирая руки. Коричневые глаза его горели любопытством.

"Это надо расследовать, и мы расследуем. Дело, конечно, шло о нашем женихе... А я – "наш друг". Вот как? Великий Змей – в Европе? Праматерь Эвга – в Средиземном бассейне? Змеиный культ Оби – у двух славянок на греческом Корфу? Странно, чрезвычайно странно!" – думал он.

Вучич вернулся и сконфуженно развел руками.

– Простите, мой друг, приходится принимать вас без женского элемента. Зоица лежит в постели: мигрень; тетки с утра в городе, а эта сумасшедшая Лала дьявольски не в духе и на моих глазах уплыла в море... Вон... поблескивает веслами... Чем вас угощать?

– Кроме содовой воды – ни на что не согласен. Я знаю вашу манеру заливать людей шампанским с раннего утра.

– Ошибаетесь: эта мода уже брошена. От шампанского слишком жарко. Теперь у нас в ходу крюшоны из Vino Capri[37], и вы сейчас

---

[37] Каприйское вино - (итал.).

попробуете. Оно легкое, кисленькое, унимает жар и не тяготит голову... Вот, кстати, Ламбро и несет уже... За ваше здоровье, граф!

Осушили по стакану, поговорили о делах, о хлопке, об опере... Граф понемногу навел Вучича на разговор о Лале.

— Скажите, пожалуйста, что она, собственно, за существо и как она — кроме наглядных отношений к вашей семье, всем понятных, — вам приходится?

Вучич вытер усы.

— Лала, то есть Евлалия Дубович, — моя двоюродная племянница. Ведь наша фамилия двойная: Вучич-Дубович...

— Вот как! Я не знал.

— Я-то пишу себя только Вучичем, потому что к Дубовичам я принадлежу по женской линии, "по прялке", как говорят поляки. А Лала — самая чистая Дубовичка, так прямо — по поколениям — и упирается в первого Дубовича, который звался Само и жил в Галиции в баснословные времена, когда грибы воевали и текли молочные реки в кисельных берегах. Вы никогда не слыхали легенду о происхождении этого рода?

— Нет, не случалось.

— О? Надо вас познакомить с нею. Стоит: она оригинальна. Если хотите, я прочту вам ее. У меня есть тетрадка. Как-то, давно уже, Лала импровизировала нам — и Зоица имела терпение записать. Угодно?

— Пожалуйста.

— Ламбро! Принеси мне из кабинета, с письменного стола красную тетрадь, что в сафьяне...

— Смешнее всего, — продолжал Вучич, — что сама Лала дословно верит всему, что говорится в легенде... Фантастическая девка.

— Да, — протяжно сказал граф, — в ней есть что-то дикое, таинственное... что, признаюсь вам, сильно меня интересует... Она — как ребус без ключа.

Вучич махнул рукой.

— Таинственное! Разве вы один это находите? Здесь, слава богу, ничего, но когда мы два года тому назад жили в Амальфи, то у нас из-за нее не уживалась больше недели ни одна прислуга.

— Что так?

— Суеверны они там. Лала казалась им чем-то вроде ведьмы, что ли, или одержимой. Если бы мы не уехали, ее, пожалуй, еще убили бы. Особенно после того, как одна из моих домашних дур, тетушек Зоицы, разболтала эту нелепую историю с проткнутым животом Делиановича. Вообще, для Лалы большое счастие, что она живет в конце XIX, а не XVII века... Иначе не миновать бы ей костра. Знаете, толпа — что море, топит и убивает молвой, как волной.

— На чем же строилась эта антипатия?

— А решительно на всем: на наружности, напоминающей Сивиллу, на сросшихся бровях, на ее уже, который всюду следует за нею, как собака, на ее чудном голосе, на импровизациях, обмороках, эпилептических припадках, одиноких ночных поездках далеко в море или прогулках в самые глухие и дикие пустыри гор... Амальфитанцы уверены были, что она по ночам, при луне, заклинает Гекату и других злых духов. Ведь там все языческие суеверия Великой Греции держатся еще крепко и даже не всегда в новых формах. Тем более, что по церквам Лала ходить не охотница, а неаполитанцы – ярые католики, ханжи. Для врача Лала просто стареющая без замужества, ожирелая и истерическая женщина; мужик же думает, что тут дело нечисто. Один парень, который к ней целоваться было полез, вроде Делиановича, клялся мне, что видел, как из-под бровей разгневанной Лалы вылетела огромная черная бабочка – та самая, говорит, бабочка, которая убивает людей, выпивая из них кровь... "Да разве есть такая бабочка? – А то нет? Как же! – Кто же ее, кроме тебя, видел? – Никто не видал. – Почему же ты знаешь, что она именно такая, а не другая? – Ну вот! Да уж знаю! – Да почему? – Потому, что другой такой нет".

Так меня заинтересовал, что я даже выписал из Неаполя атлас бабочек пусть покажет, какую именно разводить под бровями оказывается способна наша милейшая Лала...

– Что же? Показал?

– Представьте: показал. Так и ткнул пальцем в Acherontia Medor[38]

– Позвольте! Откуда же могла взяться в Амальфи Acherontia Medor? Вы, вероятно, ошиблись: Acherontia Atropos. Acherontia Medor водится только в Центральной Америке, мексиканский тип.

– Ну, а вот представьте. Всего же курьезнее, что парень-то оказался прав.

– То есть?

– Из бровей Лалы Acherontia Medor, конечно, не вылетела, но парень ее, действительно, видел, На другой день прислуга нашла мертвую Acherontia Medor в нашем саду... огромнейшая бабочка... сперва, по виду, ее за дохлую летучую мышь приняли...

– Вы, наверное, смешали. Не Medor, а Atropos. Все эти "мертвые головы" схожи.

– Помилуйте! Я ее в Неаполь на зоологическую станцию посылал, чтобы проверить свое определение. Там тоже признали за Медора.

– Курьезно!

– Очевидно, какой-то шальной экземпляр-одиночка умудрился как-то перебраться чрез океан, чтобы на Салернском берегу погибнуть в холостом отшельничестве.

– Моряки могли завезти с пароходами. Между Неаполем и Мексикою постоянные рейсы, а с Неаполитанского залива на Саленрский – путь недалек.

– То есть вы думаете, что какой-нибудь моряк привез да упустил?

– Нет, просто когда освещенный пароход стоял в мексиканском порту, сумеречная бабочка влетела в какую-либо каюту или трюм, покружилась до света, обессилела, прицепилась где-нибудь незаметно... знаете, как они инстинктивно приспособляются днем к темным углам, которые не выдают их цвета?.. Пароход двинулся и

---

[38] Крупные бабочки вида "мертвая голова".

увез ее с собою... Так и добралась... Тем легче, что улететь от парохода она уже не могла: его ночные огни должны были удерживать ее без всякого соперничества, покуда не зажглись другие, более яркие, на твердой земле... Но все-таки странно и – совпадение вышло эффектное. Впрочем, бабочкам удаются иногда путешествия удивительные. Наш русский писатель Сергей Аксаков поймал однажды близ Казани бабочку, которая водится только в Южной Америке... А затем – я жду легенды.

– А вот и Ламбро с тетрадью. Слушайте.

* * *

Жил-был в Карпатах граф. Жил он в круглой серой башне, на крутом обрыве каменной скалы. Под обрывом спало озеро, тихое и прозрачное, точно голубой глазок. Рыбаки с озера, когда привозили рыбу к графскому столу, легко различали из своих челнов, какого цвета пояса и шаровары у часовых, стоящих на сторожевой вышке башни. Но без подъемной лестницы, которую спускали графские люди, рыбакам, чтобы попасть в башню, пришлось бы взять на три дня окольного пути по дремучим лесам, узкою, сбивчивою тропою в однокон: так уединенно поселился граф, отрезав себя лесами и озером от враждебных соседей.

В графских лесах росли многие тысячи матерых и кудрявых дубов, но всех краше, был старый дуб, возвышавшийся на кустистой поляне пред воротами башни; лесная тропа к башне бежала под тенью дуба, и он был первым деревом дремучей чащи для всадников, ехавших от графа, и последним – для всадников, ехавших к графу. Разлапистый, толстый и дуплистый, он стоял под зеленым шатром своим, словно вождь всего леса. Аист свил гнездо на макушке дуба. Гуцулы, крепостные графа, думали, что в старом дереве живет тайная благодетельная сила. В Радуницу и Семик они вешали на ветви дуба венки и полотенца – в жертву родителям. Потому что в те времена еще верили, будто души предков летают по лесам, отдыхают на сучьях тенистых деревьев и любят, когда внуки приносят им дары и поклон от живых.

Граф был суровый дикарь-охотник, бражник-насильник, но христианин. Он жестоко гнал последних язычников, еще гнездившихся в карпатских трущобах, и беспощадно истреблял остатки и памятники старинных суеверий: разметывал жертвенники, отнимал амулеты, рубил и жег священные деревья, казнил волхвов и знахарок. Но на свой старый дуб он только косился, а тронуть его не смел. Дуб значился в гербовом щите графа, и ему было совестно посягать на ветхое дерево, словно на родного.

Никто из жителей башни не любил тень старого дуба больше, чем графская дочь, – восемнадцатилетняя красавица, белая, как молоко, румяная, как заря; ее черные косы падали до пят, а васильки, когда графиня рвала их себе на венок, улыбались ее глазам, как родным братьям.

Графская дочь была весела и кротка. Она никого не любила и покорно ждала, когда отец прикажет ей идти замуж за жениха, с которым ее помолвили заочно, по седьмому году, и которого она никогда не видала, хотя и носила на мизинце золотое обручальное кольцо: оно было сделано про запас, на большой палец, но пока девочка росла, пропутешествовало через указательный, средний, четвертый до мизинца, а теперь было уже тесно и мизинцу. Поэтому девушка часто снимала неудобное кольцо с руки — и, в конце концов, его потеряла.

Графские латники исползали на животах всю поляну вокруг старого дуба, потому что, сидя под дубом, графиня потеряла кольцо, — но кольца не нашли. Они перерыли мох, облегавший дубовые корни, лазили с фонарем в дупло, но кольца не нашли. А когда латники с неудачею вернулись в замок — граф раздел их всех донага и обшарил собственноручно их тела и одежду, так как был уверен, что кольцо найдено, но утаено кем-либо из его верных слуг, которых он всех почитал — и небезосновательно — за разбойников и мошенников. Однако и он ничего не нашел. Обругавшись, как прилично доброму католику, граф дал дочери несколько пощечин и ускакал на охоту.

Потеря кольца была тем неприятнее, что вскоре пришли известия о женихе графини. Он уже пять лет пропадал в Святой Земле, рубясь с сарацинами, и теперь ехал из Палестины в Карпаты, чтобы жениться на скорую руку и на другое утро после свадьбы опять уехать в Палестину, ибо он был очень храбрый и знаменитый рыцарь. Его собственный меч принес ему много добычи и славы, но сарацинский отрубил ему левое ухо и выколол правый глаз, что, впрочем, по тому времени считалось очень к лицу мужчине.

Рыцаря ждали к осени. Граф все время травил зверье, дочка вышивала шелками попону для своего жениха, а в свободное время — его у нее было двадцать четыре часа в сутки — раздумывала, какова будет ее замужняя жизнь за человеком, у которого очень много славы и денег, но только один глаз и одно ухо, и которого она, вдобавок, знает не больше, чем индейского попа Ивана. Смущало графиню также малоутешительное намерение жениха оставить ее соломенною вдовою на другой день после свадьбы. Однажды около полудня в таких грустных мыслях она оглядела родную башню, лес, озеро, любимый старый дуб, и ей стало так жаль своей девичьей свободы, так досадно на будущее рабство, что слезы росою выступили из ее васильковых глаз.

— Будь моя воля, — сказала она, — никогда бы ни для какого рыцаря я не рассталась с тобою, мой милый старый дуб!

Ветер ходил в старой листве старого дуба, и она, величаво шатаясь, прошумела:

— Так и оставайся с нами, графская дочка!

Белые цветы на тоненьких ножках, топорщившие свои головки-звездочки из мохнатого дерна, поцеловали красные башмачки графини и зазвенели:

— Оставайся с нами!

Через поляну к лесу проскакал заяц и, став столбиком на пенек, подмигивал:

– Оставайся-ка, друг-графиня, с нами!

– Ох, кажется, я задремала, – подумала графская дочь, качаясь, потому что ветер, пропитанный запахом болиголова и дикой мяты, баюкал ее, как в колыбели... И вот ей стало сладко, сладко... И в дремотной истоме ей чудилось, будто старый дуб наклоняет к ней свою шумную голову, тянется к ней узловатыми ветвями и на одном, самом крошечном сучке блестит ее потерянное кольцо. Графская дочь хотела его схватить, но ветви обняли ее крепко... только это уже не ветви, а руки – бурые, в зеленых рукавах, и кольцо блестит на мизинце... Величавый старик в венке из дубовых листьев и желудей, с серебряной бородой по колена склонился с поцелуем к алым устам графской дочери... и вокруг стало темнеть, и ей показалось, будто она медленно-медленно погружается в недра земли.

– Кто ты?

И она услышала ответ, подобный шелесту листьев.

– Я тот, с кем решилась ты никогда не расставаться. Я дух, оживляющий твой любимый дуб, а ты моя жена. Четыреста лет прожил я одиноким, но, когда ты стала приходить ко мне со своими девичьими мечтами, я так же полюбил тебя, как ты меня полюбила, я обручился с тобою и взял тебя женой...

– Где мы?

– Под моими корнями...

Граф, вернувшись с охоты, искал дочь так же долго и напрасно, как раньше пропавшее кольцо. Сперва он предположил, что она убежала с любовником, приказал латникам расстрелять из луков старую няньку графини и перепорол в конюшне всех горничных. Потом, надумав, что дочь украдена кем-то из недругов-соседей, стал ходить на них, по очереди, войною и вешать их на воротах их собственных замков, пока не нашелся удалец, который сам пошел войною на графа и, взяв башню, самого графа повесил на ее воротах. Удалец этот был не кто иной, как вернувшийся из Святой Земли жених пропавшей графини. Он страшно обиделся, что понапрасну приехал из такого далека, не поверил, что его невесту украли, ни что ее съели волки, и почел свою честь восстановленной, только увидев нареченного тестя в петле. Башня ему понравилась, и он стал в ней жить, наняв себе латников покойного графа.

А графская дочка, довольная и спокойная, покоилась на ложе из мха и прошлогодних листьев, оцепенелая в долгом сне любви, потому что в это время над землею трещали морозы, а зимою деревья, вместе с духами, дающими им жизнь, спят, как сурки и медведи...

Пришла весна, и с первым криком грачей стал оживать старый дуб; медленно-медленно просыпался он; отшумели снежные ручьи, сошли подснежники, соловей защелкал в листьях березы, уже с зеленый грош величиною, – тогда прокатился первый гром. Заквакали над озером первые лягушки, и старый дуб развернул первый новый лист... И в тот же миг оцепенелый дух приподнялся на

86

своей подземной постели – и радостными помолодевшими глазами переглянулся с проснувшейся женой.

В синие майские ночи графская дочь поднималась на поверхность земли и, как русалка, качалась на ветвях своего дуба, играя туманом и лунным лучом. Она чуяла, как листья наливаются соками, как корни, подобно насосам, тянут влагу из земли, как медленно всасывается она в старые жесткие поры ствола и сучьев. Черемуха, рябина и дикая яблоня дышали навстречу ее радостному, свободному дыханию. Соловей на березе свистал, урчал и злился, что, как ни старается, не может перепеть соседа в ближайшем ореховом кусте. Бывало иной раз так тихо, что графская дочь слышала плеск весел внизу на озере и с дальнего берега тягучие песни рыбаков, чьи костры дрожали двойными красными звездочками – в ночи и в озере. Гудели хрущи, гремел лягушачий хор; рогач летел высоко и стоймя, как маленький дьявол. Все шумело и пело о новой жизни, и новой жизни улыбались сверху помолодевшие звезды... Белая женщина в ветвях дуба слушала, смотрела, обоняла, и ей было хорошо и полно, – и она чувствовала себя одною душою с весенней природой, потому что и внутри себя она чувствовала трепет нарождающейся, новой жизни...

Два всадника мчались лесной тропою. Один был новый владелец башни. Другой – его капеллан, угрюмый босой монах в коричневой рясе. Он презрительно смотрел на расцветшую природу. Ее радость казалась ему грехом и соблазном. Он не понимал хвалы богу в цветении трав, в пении птиц, в солнечном луче, в голубой синеве неба – он умел славить его только сталью, красною от крови еретиков, и смрадом костров, на которых жарились живые язычники. Взгляд, капеллана скользнул по кудрявой шапке старого дуба и омрачился. Монах сказал:

– Вот еще один из кумиров невежества. Господин! Давно пора положить конец суеверному почтению, какое оказывают этому языческому дереву твои поданные, оскорбляя тем церковь и добрые нравы. Подари мне этот дуб – я его уничтожу!

– Возьми, – сказал рыцарь, – мой предшественник, граф, повешенный мною на воротах башни, дорожил этим дубом, потому что дуб значился у него на гербовом щите. Но у меня нет дуба на гербе и мне столько же дела до этого дерева, как до прошлогоднего снега.

И, привстав на стременах, он хватил боевой секирой по суку, растопырившему над дорогой лапы-листья.

В этот вечер муж явился к графине без кисти на обрубленной левой руке. Он сказал:

– Судьба велит нам расстаться. Мы – духи лесов – живем, пока живут наши деревья. Деревья живут, пока мы живем. Сегодня меня тяжело ранил твой бывший жених. Завтра меня вовсе срубят, распилят и сожгут. Я умру. Но ты не должна погибнуть. Вместе с утреннею зарею оставь меня и иди в лес навстречу солнцу. Ничего не бойся. Я буду смотреть на тебя через деревья, потому что я выше всего леса. Но когда ты оглянешься и не увидишь меня – значит, меня уже не будет на свете. На опушке леса ты найдешь хату угольщика, его семья чтит меня и приносит мне дары. Скажи этим людям, что уходят из мира древние боги, умер старый дуб и завещает им хранить свою жену и своего ребенка...

Напрасно графская дочь плакала, умоляла мужа, чтобы он позволил ей остаться и разделить его судьбу. С утреннею зарею он указал ей звериную тропку, по которой ей надо было пробираться. Она шла и все оборачивалась, и все видела над лесом могучий лиственный купол старого дуба. Видела его в розовых заревых красках, в золотом блеске полдня... он стоял круглый, неподвижный... Потом он вдруг как будто скривился набок... Графиня прошла еще несколько сажен – сердце ее крепко билось – оглянулась: нет, это только так странно видно – дуб живет!.. Оглянулась еще раз: лиственного купола уже не было над лесом – а дубрава глухо ахнула в ответ падению векового богатыря...

Угольщик подобрал в лесу бесчувственную женщину и с удивлением узнал в ней без вести пропавшую графскую дочь. В его хижине она разрешилась от бремени мальчиком и умерла. На груди ребенка было странное родимое пятно – в виде дубовой ветки с гроздью желудей. По этому знаку и по предсмертным признаниям его матери мальчика прозвали Дубовичем. Это и был Само Дубович, первый из рода Дубовичей, до сих пор могучих, богатых и славных – одни живут в Галиции, другие на далеком Далматском побережье.

* * *

– Вот вам и легенда, – сказал Вучич, откладывая тетрадь в сторону. – А по истории, скажу вам, что Дубовичи действительно выходцы с Карпат и что у моря появились они то ли в XIV веке, то ли в XV веке, как эмигранты, после вековой борьбы за свою самобытность, так как они очутились в тисках между народами: с одной стороны подобрались к ним поляки, а с другой – мадьяры, и оставалось им на выбор – либо быть расплющенными между молотом и наковальней, либо выселиться и бежать. Любопытно, что странный знак дубовой ветки носили на теле многие из их рода, между прочим и Лала. Я помню, как ее девочкой купали в корыте. На левой лопатке. Совсем – три листа и желудь бледно-бронзового цвета... Чистая, родовитая Дубовичка.

Вучич глотнул вина.

Вучичи породнились с Дубовичами в XVII веке – в самый разгар ускочества, которое для Адриатики было такою же грозою, как ваше Запорожье для Анатолийского берега. Это были бравые и смелые морские разбойники. Они били одинаково турок и христиан и умирали то на колу в Стамбуле, то под секирою палача на Пьяцетте в Венеции. Один из Дубовичей – Янко – лет двести тому назад слыл и был самым опасным морским пиратом на всем Средиземном море. Хотя официально он, как Отелло, числился на службе Венецианской республики, но в действительности был сам себе господин, некоронованный морской царь, и если грабил по преимуществу мусульман, то только потому, что те были богаче. На самом же деле были ему безразличны и Христос, и Магомет, да, я думаю, и бог, и дьявол. Грабил он сирийские берега, Алжир, забирался в Нильскую дельту... и даже, говорят, ходил за Гибралтар, в Атлантический океан, к островам Азорским, к Тенерифу, к Зеленому мысу... Оттуда ли, из Египта ли он вывез себе жену – негритянку? мулатку? цыганку? феллашку? коптку? – кто ее знает, только оставила память, что была темнолицая, красивая Лала пра-пра и еще столько-то раз правнучка этой четы. С феллашкой приехала в Венецию ее сестра, еще более красивая, хотя и была она цвета чуть ли не эбенового дерева. Несмотря на то, в нее влюблялись принцы, кардиналы, к ней сватались нобили. Но она пожелала остаться старою девою. Замужнюю сестру звали Дивою, эту Лалою – так два имени эти потом и повторялись бесконечно у рода Дубовичей. Одну из Лал вы сами знаете, а последняя Дива умерла семь лет тому назад. Она была тетка нашей Лалице, сестра ее матери. С легкой руки древней Лалы, старые девы, почти небывалые в роду Вучичей, почти не переводятся в роду Дубовичей. Лала – с ее курьезною ненавистью к мужчинам и замужеству – тоже поддерживает эту фамильную традицию. Семейные предания гласят, будто черные женщины, привезенные Янком, и потомство их – старые-то девы, весталки-то черномазые – остались некрещеными, и хотя соблюдали для видимости церковные обряды, но держались втайне особой темной веры, которую привезли с далекой родины их родоначальницы, жена могучего Янка и ее сестра, и передали в следующие женские поколения рода... И потому будто бы в семье Дубовичей никогда не умирает какой-то грозный и значительный ведовской секрет. Легенд и сказок вокруг разных Дубовичек, бабок и прабабок, наплетено множество. Даже эту последнюю Диву, тетку-то Лалицы, – она умерла в деревне близ Дубровника – крестьяне совершенно откровенно считали ведьмою, и когда она умерла, мне стоило большого труда отстоять ее могилу, потому-что горцы желали непременно отрубить покойнице голову, пробить ей сердце осиновым колом и затем сжечь ее на костре.

– А то, – говорят, – мы знаем, какая она: повампирится и пойдет шастать по деревне, покуда всех нас не уморит...

Дикий бред – однако он чрезвычайно много повредил бедной Лале. Из Дубровника ее пришлось убрать именно из-за этой чуши. Все население ее ненавидело, потому что воображало, будто покойная Дива, умирая, передала ей свои чары, и теперь из девочки должна, дескать, вы расти ведьма еще страшнее той. А девочка была, как нарочно, угрюмая, странная, припадочная, лунатичка... Хорошо еще, что неробкого характера и силы богатырской, а то заклевали бы ее суеверы глупые. Поговорите с моими родственницами по душе: они не смеют говорить, я выучил их держать язык за зубами, но тоже уверены втайне, что в Лале живет-таки наследственное языческое знахарство. Когда я взял ее в дом – вы даже представить себе не можете, с каким негодованием взглянули на это все бабы в нашем роде. А она еще вдобавок – неуступчивая, спорщица, властная,

89

супротивница... черт не черт, а есть-таки полчертенка во плоти! Надо быть таким свободомыслящим человеком, как ваш покорный слуга, чтобы выдержать поднятую против нее бурю бабьих наговоров и предрассудков. Даже покойная жена, кротчайшая женщина в свете и послушная мне, как овца, и та попробовала было ворчать, и та была недовольна. Однако, как видите, живем и уживаемся. И вообще, – Вучич засмеялся, – если до сих пор в Дубовичах сидел какой-нибудь бес, то ему пора бы подумать о новой квартире. Лала – последняя в роде Дубовичей по мужской линии, а забираться в линию женскую, к нам, окупеченным Вучичам-Дубовичам, пожалуй, такому старинному и аристократическому бесу даже унизительно... все равно, что из дворца – в магазин!

IX

Дебрянский болел уже неделю, с той ночи, как привязалась к нему лихорадка. Он каждый день показывался на даче у Вучичей, но все на короткие сроки. После получасового разговора он ослабевал, мысли становились тяжелые, начинался шум в ушах, тело будто облегал каучуковый панцирь или корсет, появлялось ощущение давящего обруча вокруг головы... В воскресенье он вовсе не пришел к Вучичам, а вместо него приехал с извинением Гичовский – смущенный, расстроенный, заметно с заднею мыслью на уме и во взгляде, скользящем, беспокойном и ищущем.

– Мой друг совсем расхворался... Я пригласил к нему мистера Моллока, – сказал он.

– Что с ним? – встревожился Вучич.

– Да преудивительная вещь: Моллок определил, во-первых, острое неврастеническое состояние – ну, в этом ничего особенного нет, и раньше бывало, – но причиною-то тому, представьте, он полагает – ну, как бы вы думали, что?! Нашел у Дебрянского все признаки жесточайшей малярии...

– Малярия на острове Корфу? Полно, граф, вы шутите! Откуда здесь быть малярии: камень и вода – вот и весь Корфу. Малярия бывает только там, где почва отравлена болотом, гнилою водою.

– А вот подите же... Моллок руками развел: первый случай за всю его корфиотскую практику.

– Что же он рекомендует?

– Сесть на пароход и ехать в Монако.

– Это зачем?

– Современная медицина знает только два места во всей Европе, где малярия проходит без лечения, сама собой: Ханге в Финляндии и Монако. О Финляндии Алексей Леонидович не хочет и слышать: у него безотчетное отвращение к северу. Значит, надо ехать в Монако.

– Боже мой! Вот уж истина, что радость не бывает без печалей... Как же быть теперь со свадьбой?

– Дебрянский думает, что если вы и Зоица согласны, то лучше всего будет обвенчаться немедленно, затем соединить полезное с приятным: и свадебную поездку совершить, и малярию путешествием уничтожить...

– Что же? Я нахожу это решение благоразумным. К свадьбе мы готовы. Не знаю, что скажет Зоица.

Позвали Зоицу. Узнав о болезни жениха, она перепугалась еще больше, чем можно было ожидать.

– Малярия? Но ее никогда здесь не бывало! – вскричала она вопросительно, устремляя сверкающий взгляд на Лалу, которая ее сопровождала. Лала спокойно выдержала этот взгляд и пожала плечами. Лицо у не было угрюмое, постаревшее, между бровями лежала тяжелая жирная складка... Когда Лала услыхала о непременном намерении Дебрянского немедленно венчаться, по хмурым чертам ее скользнула презрительная улыбка, никем не замеченная, кроме графа Валерия. Он, как только Лала вошла, впился в нее любопытными глазами и следил за нею, как сыщик... Она заметила это внимание, взмахнула на графа тяжелыми ресницами и несколько секунд держала его под суровым взором.

– Тебе-то чего еще надо? Ты-то куда лезешь? – безмолвно спрашивала она.

Гичовский уличил минуту, чтобы подойти к ней.

– Лала, я хотел бы поговорить с вами...

Лала кивнула головой и вышла. Гичовский последовал за нею.

– Хотите в сад или пойдем ко мне? – предложила Лала.

– Нет, уж лучше в сад, – сказал Гичовский, – у меня к вам есть секрет, а из вашей комнаты все слышно на террасе.

Лала быстро взглянула ему в глаза и нахмурилась еще больше.

– Вот как! Я не замечала.

– А я замечал, – значительно повторил Гичовский. Лала побледнела. Верхняя губа ее задрожала под усиками.

– Что прикажете? – спросила она, усаживаясь в олеандровой тени. – Говорите смело. Здесь нас никто не услышит, кроме синего моря.

Глаза ее были теперь спокойны, а голос звучал ровно и почти небрежно.

Гичовский взял ее за руку и прямо в глаза ей устремил пристальный взгляд своих ярких коричневых глаз. Лала улыбнулась с шутливым превосходством.

– Если вы намерены меня магнетизировать – не советую, – сказала она, – я сильнее вас, и вы заснете первый...

Но граф на шутку ее даже не улыбнулся.

– Лала, – серьезно сказал он, – Дебрянский очень трудно болен.

– Да, я слышала: малярия, – равнодушно возразила она.

– Лала, – голос графа звучал еще строже, – малярии на Корфу не бывает.

– Что же с ним в таком случае?

– Я предполагаю, что он отравлен. Лала отшатнулась.

– Позвольте, граф... вы шутите...

– Мне, право не до шуток, Лала. Я не хотел говорить старику. Моллок объявил Дебрянского почти безнадежным. Если болезнь пойдет тем же быстрым маршем, он дает больному две недели срока покончить свои жизненные расчеты: его съест последовательное истощение. И такой исход Моллок считает еще счастливым, потому что он боится, что перед смертью Дебрянскому суждено испытать ужасное бедствие... На своей родине он страдал нервною болезнью. Ну, теперь она, по-видимому, возвратилась... Моллок опасается за его рассудок...

Лала сказала:

– Так. Но откуда же вы взяли, что он отравлен?

– Прежде всего из слов Моллока: это либо малярийное помешательство, либо действие какого-нибудь яда.

– Так и Моллок думает?

– Нет, он покуда держится за малярию и только изумляется, откуда она могла взяться, да еще в такой жестокой форме.

– По-моему, он совершенно прав.

– Нет, Лала. Я молчу – никому еще не намекнул ни словом – но видал я на своем веку малярийных-то больных. Это то, да не то. Да и Моллок-то, кажется мне, схватился за малярию только потому, что эта болезнь так широка и разнообразна в своих проявлениях, что под нее можно подогнать все, чего при диагнозе не понимаешь. Тот тип изнурительной лихорадки, как болеет Дебрянский, я наблюдал только однажды, в Африке, на болотах Гвинеи, о которых я когда-то вам рассказывал, и вам нравилось... помните, Лала?

– Да, помню, – сдержанно сказала она. – Так в болотах же. Где же и быть малярии, если не в болотах?

– Да, но, видите ли, эта форма и там казалась исключительною и неестественною. Негр, которого убивала эта странная малярия, оскорбил местное божество и был проклят его жрицами... Так что цветные в один голос говорили, что никогда не видали ничего подобного, и считали болезнь своего товарища божественным насылом; ну, а мы, белые, предполагали более вероятное: что жрицы несчастного кощунника не только прокляли, но и успели отравить.

Лала слушала графа, не меняясь ни в цвете, ни в выражении лица, и только сросшиеся брови ее, сжавшись к переносице, расположились на бледно-желтом лбу как-то так, что Гичовский невольно подумал: "И впрямь, точно крылья раскинула. Не диво, если бедному амальфитанскому парню почудилось, будто Лала спустила на него грозную "мертвую голову" из-под этаких черных бровей".

– Странное, знаете ли, местечко этот уголок Гвинеи, о котором я вам говорю, – продолжал он с видом равнодушным и голосом беззаботным. Населен он племенем, называемым Уйдахи. Не слышали? Они вам очень понравились бы, потому что у вас с ними есть общее пристрастие. Они страстные любители змей и держат их в домах своих ручными, совершенно так же, как вы своего Цмока...

Лала быстро взглянула на Гичовского, хотела что-то сказать, но удержалась, закусив губу.

– По словам Уйдахов, – ровно говорил граф, делая вид, будто не замечает ее движения, – все эти ручные змеи – потомки или родственники одного Великого Змея, живущего в храме близ города Шаби. Не знаю, существует ли он действительно, но, по рассказам туземцев, он – величины невероятной, чудовищной, исполинской, "с верблюда", и живет при храме уже несколько сот лет: с тех пор как вверился Уйдахам, покинув для них племя Арда, и стал их единым и всемогущим божеством. Впрочем, негры говорят, что божество-то, собственно, не сам он, змей, но некий дух, в нем живущий, и змей храма Шаби только излюбленное из тел, в которые вселяется истинный Великий Змей, поклоняемый ими, мудрый друг людей и будущий хозяин мира. Сам же он – дух великой тайны и не может быть виден никем, за исключением жрецов и жриц своих, кроме немногих избранниц, которым является он видением при особых обстоятельствах – я объясню вам потом... Вы не устали слушать меня?

– Говорите, – отвечала Лала, – отчего же не послушать человека, который знает так много?

В двусмысленной фразе Лалы прозвучала насмешка. Граф проглотил пилюлю.

– Змея я не видал, зато был свидетелем, как жрицы его – их зовут "бетами", – старые, по большей части, и пречудовищные, надо им отдать справедливость, бабищи, вербовали на службу ему будущих новых "бет". Вооруженные дубинами и факелами, черные вакханки, как шайка демонов каких-нибудь, метались по деревне, где мы стояли ночлегом, врывались в хижины, хватали и уводили всех девочек в возрасте от десяти до двенадцати лет. Никто им не сопротивлялся, напротив, все родители падали перед ними ниц, как пред богинями, с выражениями высшей признательности и счастья. Уводя избранниц, во все горло вопили какую-нибудь победную песнь, в которой часто и явственно повторялись слова: "Ева", "Эваа", "Эвга", "Эва". Это меня заинтересовало, потому что напомнило мне вопли античных вакханок, и, кромс того, я читал, что такие крики раздаются на молитвенных собраниях одной русской религиозной секты, называемой хлыстами. Я спросил у своих приятелей-негров, что значит это слово. Они очень охотно отвечали мне, что Евга, Евве, Еваа или Евге значит на их древнем языке "Самка Змея".

– Вот странно, – сказал я, – а у нас Ева – имя первой женщины, праматери человечества!

Но негры одобрительно защелкали языками и заявили мне, что и по-ихнему оно точно так же выходит: Эвга, "самка змея", есть в то же время Ева, праматерь рода человеческого. Ибо, прежде чем стать женой первого человека, по-нашему Адама, она любила Великого Змея. И он из любви к ней намеревался чрез нее открыть будущим людям мудрость мира, сделать всех их прекрасными, мудрыми, счастливыми и подобными богам. Но грозный Дух, вечный и непримиримый враг Великого Змея и соперник его за обладание землей и человечеством, победил Змея в жестокой борьбе, отнял у него Еву и покорил ее рабу своему, первому человеку, за то, что он изменил Змею и признал власть Духа. Поэтому женщины на земле, как побежденный пол, стоят ниже мужчин и должны творить их волю. Но будет некогда день, в который среди девственниц земли Великий Змей изберет новую Еву, и она зачнет от него и родит чудо: великое священное Яйцо, из которого выйдет новый, юный Змей. Он объявит войну старому Духу, владеющему миром, и победит его, и заточит в темницу, и тогда для людей снова настанет счастливый и беззаботный век, который знали они в предвечные времена Великого Змея... И так как неизвестно, ни когда, ни какую девственницу удостоит Великий Змей взять, как новую Еву, то существует у них, Уйдахов, обычай посвящать ему возможно большее количество девочек, входящих в брачный возраст – обряд этого девичьего набора мы и застали в деревне.

Жрицы уводят девочек в храм, вокруг которого разбросан целый монастырь хижин, и дают им воспитание, необходимое для культа Великого Змея. Обращаются с ними очень хорошо, учат их пению, танцам, священным обрядам, но налагают на них "знак Змея", то есть подвергают их очень сложной татуировке, изображающей змей, символических животных, таинственные цветы. Кроме того, совершаются в монастыре этом какие-то особые женские таинства. Говорить о них воспрещается строжайше – под страхом, что виновную Великий Змей сожжет своим огненным дыханием. Угроза, к удивлению, оказывается настолько действительною, что никогда ни одна из кандидаток в Евы не проболталась о секретах жизни своей у жриц – дальше дозволенных пределов. Однажды ночью старухи неожиданно возвращают девочек в свои семьи, откуда их взяли. Родители должны щедро заплатить за их пребывание в монастыре и принести Змею богатые дары и жертвы в благодарность за честь, которую он оказал их роду, а "невеста Змея" остается в доме почетным лицом на положении как бы святой. Года два-три спустя, между 13 и 15 годами, "невесты Змея" возвращаются в храм для того, чтобы превратиться в "жен Змея". Как и что при этом происходит, уж не могу вам изъяснить, но обряд великолепен и пышен, в городе бывает тогда великий и радостный праздник. Назавтра после "свадьбы" со Змеем мнимую молодую возвращают в дом родительский, где ее принимают с таким почетом, как будто бы она была живая богиня. Когда приносят общественные жертвы, то часть их поступает в пользу этих змеиных супруг. Большинство из них остается безмужними всю жизнь, но некоторые с разрешения жриц выходят замуж. Супругам их нельзя позавидовать: муж обязан быть безусловным рабом своей освященной "знаком Змеи" жены и даже не смеет говорить с нею иначе, как стоя на коленях... Тот больной негр, о котором я начал вам говорить по поводу Дебрянского, имел несчастье обладать такой священной супругой. Так как он много водился с арабами-мусульманами и европейцами, то оказался несколько вольнодумцем и оказывал жене меньше почтения, чем она требовала.

Она пожаловалась старостам – и черного вольтерианца жесточайше выдрали на деревенской сходке. Он обозлился и в отместку однажды вымазал божественную супругу свою, сонною, зловоннейшей грязью без всякой пощады к сокровенным святыням ее таинственной татуировки и потом, зная, что за это его живым сожгут, убежал в колонию к немецким миссионерам. Здесь его очень берегли, боясь, чтобы черные не отомстили ему, тем более что все они смотрели на него с ужасом и отвращением, и он сам денно и нощно ждал, что его зарежут или отравят. Очевидно, последнее и удалось какому-нибудь фанатику, по тому что в скором времени бедняга заболел злокачественною лихорадкою самого подозрительного свойства и умер в страшнейших галлюцинациях, причем тело его еще заживо стало разлагаться и падать лоскутами, будто труп умершего от укуса ядовитой змеи. Там, конечно, никто не говорил о малярии, но все славили гнев и мщение Великого Змея. У Дебрянского за неимением другой гипотезы определяют малярию, но я говорю вам: это заблуждение, ошибка, ложь. Он на моих глазах проходит те же фазисы умирания, что тот гвинейский негр. О малярии тут и речи быть не может. Следовательно, остается предположить яд.

– Какой именно? – спросила Лала, оживляясь мрачным любопытством. Всю повесть Гичовского она прослушала с каменным недвижным лицом, с бесстрастными, лишенными всякого выражения глазами.

– То-то вот, что не знаю.

Лала презрительно усмехнулась.

– Разве ваша наука не располагает средствами узнавать яды?

Граф покачал головой.

– Располагает, но не для всех ядов... Слыхали вы об agua tofana[39] Лала?

Девушка равнодушно возразила:

– Нет... откуда мне слышать?

– Так уж не поскучайте, позвольте вас просветить. Этот яд носит название по имени своей предполагаемой изобретательницы Тофании, которая жила, по одним преданиям, в XV, по другим – в XVII веке, а итальянский историк Венерати утверждает, будто эта великая отравительница казнена только в 1730 году. Равным образом честь быть ее родиною оспаривают Рим, Неаполь и Палермо. Нам все это безразлично. Главное же в том, что agua tofana или aguetta или "манна святого Николая", являет собою яд, не уловимый ни на вкус, ни на запах: тот и другой присущи ему не в большей мере, чем хорошей ключевой воде, – он так же чист и прозрачен. Таким образом, о приемах аквы тофаны может знать только тот, кто отравляет, а никак ни тот, кого отравляют, – его дело умирать и ничего не понимать, потому что память решительно ничего не подсказывает ему, чтобы он съел или выпил что-либо зловредное. Вторая важная особенность аквы тофаны, что яд действовал

одинаково убийственно, каким бы способом ни вводили его в организм: через пищу – в желудок, через порез или царапину – в кровь, через дыхание – в легкие. Его можно было дать отравляемому каплями в воде, вине или супе, порошком в соде или макаронах, в нюхательном табаке, в аромате цветов, в соке яблока, в горении свечи, через укол отравленным кольцом или ключом, а об одной французской принцессе существует легенда, будто ее отравили аквою тофаною в мощах, к которым она прикладывалась с надеждою исцелиться от старческих своих недугов. Третья особенность – что по смерти отравленного яд не оставляет обличающих признаков, за исключением, как говорят некоторые, чересчур быстрого разложения трупа, которое иногда будто бы начиналось даже еще заживо. Это любопытная подробность. Вспомните моего негра. Поэтому полагаю, что аквой тофаною усиленно пользовались для политических и корыстных целей своих разные злодеи в коронах и тиарах, которыми так богаты XV, XVI и XVII века. Думают, что аква тофана был ядом домов Борджиа и Медичей. Вместе с Екатериной Медичи она перебралась во Францию и здесь усердно служила злодействам и интригам последних Валуа, покуда не обратилась на них самих. Большинство из них умерло при подозрительных обстоятельствах, в которых отравление чувствовалось всеобщим убеждением, но не могло быть доказано. Король Карл IX, говорят, был отравлен листами книги, которую он читал и послюнивал пальцы, чтобы переворачивать страницы. Способ, известный еще из сказок "Тысяча и одной ночи". Франсуа Алансонский умер от румяного яблока, в сочном золоте которого даже такой прожженный политический жулик, как этот принц, не мог заподозрить отравы, а по другим рассказам, он вдохнул яд в боевой своей палатке из масла в ночнике. Любопытно, что люди, прибегавшие к аква тофана, в конце концов, непременно сами от нее погибали. Так было с несколькими Валуа, так было с папой Александром VI Борджиа, который, думая отравить сына, отравился сам. Об этом Александре VI есть легенда, будто он, желая воспользоваться богатствами кого-либо из своих кардиналов, послал обреченного отпирать дверь с очень тугим замком. Когда кардинал нажимал ключ, кольцо его чуть-чуть кололо ему пальцы, аква тофана поступала из кольца в укол, и кардиналу будто бы оставалось времени жить на земле ровно столько, сколько надо, чтобы написать завещание в пользу папы и принять от него отпущение грехов. Поэт и художник Джулио Мости подарил своей неверной любовнице перстень, она надела кольцо на палец – и умерла в тот же час.

– Зачем вы рассказываете мне все это? – прервала Лала.

– Позвольте мне докончить...

– Я хотела бы знать, какое отношение... – Гичовский перебил:

– Четвертая способность яда аква тофана была та, что им можно было убивать и на скорую руку, как в приведенных мною случаях с Борджиа и Джулио Мости, и можно было рассчитать и регулировать прием так, что он, начав действовать дня через четыре, даже больше,

96

затем растягивал действие свое, по востребованию, на недели, месяцы, даже будто бы годы. Французский король Карл IX, о котором я упоминал, проглотил умертвивший его яд Рене Флорентинца за два месяца перед тем, как слег в смертную постель... Этот второй вид отравления, с ядом, действующим, так сказать, на расстоянии, интересовал меня в особенности. Изучив десятки подозрительных смертей, описанных в истории, где можно предполагать отравление через аква тофана, я открыл в них известное единство признаков и пришел к такому заключению: что бы ни представлял собой этот таинственный яд и из каких бы составных частей он ни соединялся, действие аквы тофаны, когда ее давали не в моментально убивающих дозах, состояло в том, что она развивала в отравленном организме с невероятной быстротой и силой припадки малярийного типа. Выражались они, как всегда в малярии, тем, что болезнь, работая по линии наименьшего сопротивления, жестоко обрушивалась на слабые, худо защищенные, так сказать, предрасположенные к ней органы и именно их разрушала с ужасающей быстротой. Известно, что малярия, помимо своих чисто лихорадочных проявлений, способна скрываться с одинаковым удобством в форме страданий желудка, кишок, печени, сердца, нервных и мозговых. И в последних двух случаях малярия – естественного ли, отравного ли происхождения – весьма обычно завершается безумием и смертью...

Лала сказала, закусив губу:

– Сколько я понимаю, вы ведете речь к тому, что раз на Корфу нет малярийной лихорадки, то, следовательно, есть аква тофана, о которой, должна сознаться в своем невежестве, я впервые слышу.

– Это неудивительно. Секрет ее считается потерянным уже более ста лет.

Лала искусственно засмеялась.

– И вы предполагаете, что Дебрянский отравлен потерянным ядом? Это смешно!

– Я не сказал, что яд потерян; я только сказал, что он считается потерянным. Яд был известен слишком многим, чтобы он исчез из мира бесследно, тем более что в таком яде, снимающем с убийцы всякую ответственность, людская злоба постоянно нуждается. Есть подозрение, что еще сто лет тому назад секрет аква тофана был хорошо знаком некоторым коронованным особам, прибегавшим к старой и, быть может, усовершенствованной в новых веках благодаря химии отраве Медичей и Борджиа для своих государственных целей. Католические авторы, наоборот, утверждают, будто аква тофана искони была в ходу у тайных религиозных обществ – у тамплиеров, розенкрейцеров, потому что некоторые жертвы, ими обреченные на смерть, умирали с признаками отравления, однородного с теми, когда в XV и XVI веке работала несомненная и откровенная аква тофана. Признаки эти: лихорадка того же типа, как при туберкулезе легких, с высокими градусами температуры, сопровождаема неутолимой жаждой, непобедимое отвращение ко всякой пище, упадок духа и глубокое равнодушие, даже ненависть к жизни. Все это, к слову сказать, у нашего бедного Дебрянского налицо. Тайные религиозные общества никогда не умирали, следовательно, нет данных особенно настаивать на том, чтобы умирали и их секреты. Тем более что секрет аква тофана, быть может, и не так уж мудрен, как обещает историческая таинственность. Некоторые исследователи, в том числе венский ученый-медик Иосиф Франк, имевший возможность лично наблюдать случаи очень подозрительных отравлений, полагают, что основным элементом аквы тофаны был мышьяк. Дерптский профессор Драгендорф думает, что она извлекалась из шпанских мушек. Затем существуют мнения, представляющие ее соединением кантаридина с опиумом или, точнее, с каким-либо из алколоидов, входящих в состав опиума – кодеином или наркотином. Наконец возможно, что аква тофана была животного происхождения: какая-нибудь обработка змеиного яда. Этой гипотезе соответствует время, когда в Европе возникла легенда об аква тофана: эпоха великих морских путешествий в змеиные царства – в Индию и на Дальний Восток, первые исследования Америки, появление европейцев в Мексике, Перу, на Амазонке, во Флориде...

– Я не знаю, где это, и мне все равно, – холодно остановила его Лала. – Это все пустые для меня имена. Я не училась географии.

– Виноват, увлекся, – извинился граф. – Впрочем, довольно... Мой анекдот кончен.

– Итак, Дебрянский отравлен, – сказала Лала с недоверчивой улыбкой. – Кого же вы подозреваете в этом странном отравлении?

– Вас, Лала, – просто и спокойно возразил Гичовский.

– Меня?

Лала вскочила со скалы и посмотрела на графа широко раскрытыми глазами...

– Вас, – продолжал граф. – Неделю тому назад, сидя вон там на террасе, я слышал ваш разговор с Зоицей. Вы грозили Дебрянскому смертью. И вот он, здоровый человек, почти богатырь, вдруг, ни с того ни с сего начинает умирать, с очевидными признаками медленного отравления. Естественное первое предположение, что отравили его вы. Тем более что вы принадлежите к тайной и грозной секте, которая владеет ядами богато и, во враждах своих, пускает их в ход артистически.

Страшный крик вырвался из груди Лалы. Она схватилась за голову:

– Ты сам умрешь, если посмеешь разгласить это! – взвизгнула она, краснея от гнева.

– Лала!

Граф встал и принял оборонительное положение, по тому, что Лала инстинктивным движением взялась за шпильку, торчавшую в ее косе, и ему вспомнилась смерть Делиановича.

– Я ничего не намерен разглашать, Лала; я только предупреждаю вас, что вы легко можете подвергнуться подозрению в отравлении...

– Я ничего не давала вашему Дебрянскому!

– Однако – если бы вы слышали его бред...

– А он уже бредит? – быстро спросила Лала.

– Уже, – подчеркнул Гичовский. – И не только бредит – галлюцинирует. Он все видит своего одного московского приятеля... недавно умершего. И со слов этого мертвого приятеля уверяет, что он испорчен и испорчен вами.

Лала молчала.

– Ну, а если бы и так? – сказала она, наконец, поднимая голову с гордым вызовом, и продолжала:

– Вы слышали наш разговор с Зоицей и знаете, что Дебрянский осужден на погибель не мною, а силами высшими, чем я...

– Эта проповедь будет не по адресу, Лала, – сухо возразил граф. – Я не верю в существование сил, высших человеческого разума и воли. А если вы в них верите, то поступок ваш с Дебрянским – плохое доказательство их могущества. Если сила – высшая, то она не должна, постыдно ей нуждаться в яде. Это преступное шарлатанство, Лала!

Лала протянула вперед обе руки с видом торжественным и вдохновенным.

– Будь они – эти силы, убивающие вашего друга, – свидетелями, что я не отравляла Дебрянского... До настоящего дня я даже не знала, что такое аква тофана, о которой вы говорили. Я не нуждаюсь в ней, чтобы его наказать. Он приехал сюда, уже осужденный ими... Они искали его, но были безвластны его схватить... Но я позвала их, и они приблизились к нему... Позову еще, и он будет весь в их власти... Моллок лжет, что он безнадежен. Пусть откажется от Зоицы, пусть бежит отсюда – я пощажу его. Мне будет очень трудно сделать это. Я сама рискую собой, но я сделаю так... Не для него – он ничтожество – но для Зоицы, которая имела безумие его полюбить, и я не хочу, чтобы она отравила свою жизнь слезами о его погибели...

– Скажите, Лала, – я имею право это спросить – вы против брака Зоицы только с Дебрянским или против всякого?

– Всякий брак – могила для Зоицы и ее избранника, – мрачно отвечала Лала. – Она не имеет права выйти замуж. Она рождена для другой цели, высшей, чем обнимать мужа и родить детей.

Лала опомнилась от первого смущения и вызывающе глядела на графа.

– Да! Я – жрица Великого Змея, Арве Мирде, ибо таково имя его в народе его, тайна которого коснулась вас на гвинейском берегу. Жрица Великого Змея и царства мертвых, которыми повелевает он, изгнанный от живых неназываемым Духом-Победителем. Я ношу знаки его на теле своем. Вы узнали в Шаби живой символ моего бога. Но есть другой символ его на земле – излюбленная им великая северная водная змея, могучая мать – Обь, родина вдохновенных шаманов, святая река, от которой мы, поклонники Змея, берем название своей веры, той веры, которую вы, русские, называете черной. Есть Змей – земной образ Змея, и есть Великий Змей, познаваемый духом. Есть образ Оби в Сибири и есть незримая Обь – эфирный океан смерти, разлитой между землею и звездами. Да! Я верую в великую Обь и в силы, ей покорные. Верует в нее и Зоица.

Когда я умру, она похоронит меня по обряду сибирских жрецов, мой дух войдет в нее, и я буду жить в ней, как во мне живет дух покойной моей тетки Дивы, которая спит в ущелье близ Дубровника. Ее могилою Зоица присягнула остаться девственной служительницей таинственного слияния любви и смерти, обожаемого нами в слове "Обь"... Теперь вы, граф Валерий, знаете, с кем имеете дело. Триста лет живет тайна Матери Оби в недрах великого рода Дубовичей. Триста лет обрекают женщины нашего рода одну из среды своей девственному жречеству перед алтарем Великого Змея. Триста лет – от древней черной Лалы, которую некогда вывез Янко Лубович с тех самых африканских берегов, где были вы, и до меня, последней Лалы, – ждем мы исполнения обетовании: нисшествия Великого Змея в возрожденной Еве... Черная Лала никогда не умирала: она здесь, в груди моей, она была – она, потом она была – другие, потом – тетка Дива, и теперь она – я.

Мы ждали, ждем, но не могли и не можем дождаться, потому что есть откровение, и раз вы знаете так много об Арва Мирде, то должны знать и его обетование: возрожденною Евою будет белая девушка без капли черной крови. Та очевидность, что я оставалась последняя в роде Дубовичей и некому – не то что в родне, но даже в свойстве – передать мне силы свои ближе, чем Зоице, это – не простой случай, но указание святой Оби. Мы, отслужившие срок свой черные жрицы, не нужны более Великому Змею. Времена исполняются. Он нашел свою избранницу. Вещие сны и гадания открыли мне его нареченную – эту белую девушку без капли черной крови, возрожденную Эвгу, радостную отречься от Адама для Самаэля – будущую мать нового Змея-Победителя, который победит зависть Духа и станет счастьем земли, и сделает людей – как боги.

– Особа, которой вы предсказываете столь блестящую карьеру, сколько я могу понять, Зоица Вучич?

– Да, Зоица Вучич.

– Я знаю это уже целую неделю, но, признаюсь, худо сам себе верил. Встретить культ Оби в Европе, среди цивилизованного общества – неожиданный и маловероятный сюрприз.

– Слуги Оби разбросаны всюду. Во льдах Азии, под пальмами Африки, в Америке, за синим океаном. Всюду слышит детей своих могучая Обь и, покорная их зову, помогает им в беде. И теперь, когда ее будущая жрица, невеста Великого Змея, забыла свое признание и собралась совершить великое преступление, мать-Обь спасает свое заблудшее дитя и устраняет причину ее греха...

– Если мать-Обь так сильна, – возразил граф, – зачем она допустила их встречу? Она могла бы поразить Дебрянского заранее, по предвидению, на севере...

– Она и поразила его, – гордо сказала Лала. – Обь – царица мертвых. Она послала к Дебрянскому прекрасную мертвую женщину, которая полюбила его и залюбила бы до смерти, если бы он не бежал... Но он не уйдет от нее, не уйдет... Она – здесь; я чую ее, разлитую в воздухе над Корфу; и это она – малярия, убивающая вашего друга! А вы говорите об аква тофана!

Она приблизилась к графу и положила руку на его плечо.

– И ты погибнешь, если не сойдешь с нашей дороги... Берегись! Мне было бы жаль тебя... Не отнимай у Оби ее добычу; оставь мертвое мертвым: иначе они возьмут тебя самого... Прощай! Я извиняю тебе угрозы, которыми ты начал, потому что ты не знал силы той, с кем говоришь. Но искренно говорю тебе: отойди, не надо больше. Потому что слова, летая в воздухе, образуют формы, и силы, зрящие формы, не забывают слов. И оскорбляясь словами, мстят за них. Не накликай на себя мести сил. Они слепые и неудержные: только движут и не рассуждают. Свершиться должно – свершится! Прощай!

Она исчезла, как призрак. Гичовский рассердился, покраснел и топнул ногою.

– К черту все! – проворчал он. – С ума можно сойти! Далматские плутни и негритянские бредни. Гностическая отрыжка и путаница из Кабалы. Однако и соперника же удостоился бедный мой Алексей Леонидович. Если ему удастся выпутаться из когтей малярии, то посмеемся мы со временем... В самом деле, mésalliance[40] невообразимый, и я отчасти понимаю аристократическое негодование Лалицы Дубович. Девушке предстоит получить в мужья райского Змея-искусителя, то есть самого Сатану, и подарить миру что-то вроде Антихриста, а она упирается и желает замуж за москвича из какого-то Купеческого, что ли, или Волжско-Камского банка...

Он вошел в виллу с твердым намерением рассказать все Вучичу, но уже не нашел старика: во время разговора графа с Лалой Вучич, обеспокоенный болезнью нареченного зятя, укатил со свойственной ему подвижностью проведать больного в отель.

Гичовский подумал и нашел, что оно, пожалуй, к лучшему:

– Ну как этот пират в отставке, узнав, в какую игру затянула Лала его любимую дочку, возьмет да и расшибет злополучной Лале череп? Я не согласен. Девка любопытная, фантастическая. Я должен ее изучить. Это клад мне в руки дается.

Он тоже направился в город. Пешая дорога дала ему время раздуматься и рядом одиноких мыслей разожгла в нем обычное любопытство к неизведанному. Он рассуждал:

– Лала говорила сейчас совершенно искренно. Если она обистка, то клятва Обью – для нее великая сила: под Обью слуги Оби не лгут. Поэтому словам ее, что она ничего не давала Дебрянскому, можно верить. В возможность погубить человека внушением "дурного глаза" я вполне верю, и если бы Дебрянский, подготовленный и предрасположенный к нервной болезни еще с Москвы, заболел или даже умер от злобного гипноза Лалы, как умирали суеверные люди от взгляда певца Массоля, я нисколь не удивился бы. Внушение смерти не раз приводило смерть. Человеку объявляют, что он будет

---

[40] Мезальянс, неравный брак (франц.).

обезглавлен. Завязывают ему глаза, заставляют его подложить голову на плаху и – с размаха бьют по шее мокрым полотенцем. – Вставай!.. Но обезглавленный не шевелится: он покойник. В 1750 году в Копенгагене врачи уверили одного приговоренного к смерти, что он будет казнен через выпускание крови из артерии. Ему завязали глаза, прикрепили его к оперативному столу, сделали ему не значительный укол на шее, а затем поставили у головы его сифон с водою так, чтобы ему на шею непрерывно лилась струйка воды и с легким журчанием стекала в таз на полу. Осужденный слабел по мере того, как вытекала мнимая кровь и, наконец, лишился чувств, и – убежденный, что из него выпустили, по крайней мере, восемь фунтов крови – умер от страха. Рише сообщает о больном, которому отец его должен был сделать операцию камнесечения, и больной на оперативном столе умер от страха в тот самый момент, когда хирург еще намечал ногтем на коже линию будущего разреза. Наконец, вот случай ложного яда, оглашенный в "Lancet". Молодая девушка, желая покончить с жизнью, съедает некоторое количество безвредного порошка в уверенности, что это стрихнин, ложится в постель и несколько минут спустя ее находят мертвой. Но никаким внушением нельзя вызвать симптомов совершенно определенного и точного отравления в человеке, который не знает, каким именно ядом считать себя отравленным ему внушено. Разве что поверить Жюлю Буа, который уверяет, будто "злой маг" Станислав Гюайта, живя в Париже, отравил "доброго мага" аббата Иоанна Буллана, жившего в Лионе, через расстояние, "приведя яд в летучее состояние и направив его в пространство". Но ведь это же – магия из парижского кабаре, шарлатанство в маске угрюмого шутовства, наследие жулика Вентра. С другой стороны, если возможно перенести на расстояние мысль и электрическое действие, почему нельзя сделать того же с любою атомистическою силою? Я не верю тому, чтобы Гюайта и Пеладан колотили Гюисманса флюидическими кулаками и чтобы черные маги наносили Ионну Буллану удары в сердце и печень из-за трехсот верст, потому что вся эта компания друзей-врагов – наполовину полоумные, наполовину плуты, задавшиеся целью переврать правды, которые они слышали одним краем уха, притом не весьма умного. Но принципиально я не решусь отказаться от возможности удара на расстоянии уже потому, что это значило бы отказаться от принципиальной возможности телеграфа без проволоки, который мы не сегодня-завтра иметь будем. Врач Рекамье, близ Бордо, видел кузнеца, умиравшего от бессонницы, потому что котельник, живший в полуверсте и за которого он отказался выдать свою дочь, из мести мешал ему спать, колотя всю ночь по своим котлам. – Зачем ты колотишь ночью в котел? – спрашивает Рекамье. – Чтобы не давать спать Николаю. – Как может слышать тебя Николай на таком дальнем расстоянии? – Однако вы же знаете, что он слышит. – Почему? – Потому, что я хочу, чтобы он слышал. Доктор Макарио лечил крестьянина, каждую ночь видевшего привидение, напущенное на него, по его убеждению, соседом по усадьбе, в километре расстояния. На допросе сосед сознался, что каждую ночь он у себя в доме одевается в белую простыню и ходит по комнате, говоря те самые страшные слова и делая движения, которые – у себя в доме – видит и слышит его гонимый враг. Видит и слышит тоже потому, что сосед хочет, чтобы он видел и слышал. Легенды об ударе на расстоянии были во все века и крепко живут и держатся у всех народов. Это – головня Мелеагра, это – магическое зеркало и выстрел в портрет, которым будто бы масоны убивали своих изменников, восковые фигурки Екатерины Медичи...

Он застал Вучича у постели Дебрянского. Последний прилег было, одетый, отдохнуть и тотчас забылся, стал бредить и с совершенно как будто разумным взглядом говорил непонятные фразы о Петрове, об Анне, о Зоице и Лале... Моллок – рыжий, длинный, зубастый Джон Буль – с холодным любопытством наблюдал больного.

– Его нельзя оставить одного, без присмотра, – волновался Вучич. – Какой здесь уход? Надо перевести его к нам... Не правда ли, мистер Моллок?

Англичанин кивнул головой:

– Отлично. У вас много моря. Если это малярия, он будет чувствовать себя легче.

Когда пароксизм кончился, Алексею Леонидовичу предложили перебраться на виллу. К удивлению доктора и Вучича, он заупрямился. Вучич даже рассердился.

– Почему же нет? Почему? – почти кричал он. – Чужой вы мне, что ли? Боитесь компрометировать Зоицу? Так ведь вы же жених ее. Сыграем свадьбу, как только поправитесь.

– Любезный тесть, – возразил Алексей Леонидович с тревожным блеском в глазах, – я знаю, что не могу противопоставить вашему желанию ни одной разумной причины. Но у меня есть свои доводы, нелепые, может быть, но очень сильные... Выйдите на минуту в коридор. Я посоветуюсь с графом Валерием: как он скажет, так тому и быть...

Моллок и Вучич вышли.

– Вы знаете, о чем я хочу говорить? – спросил Дебрянский. Граф на его внимательный взгляд ответил таким же внимательным.

– Кажется, догадываюсь.

– Граф, меня никто не разуверит в том, что я гибну жертвой Лалы.

– Гибну – сильное слово, – возразил граф, – но госпожи этой, я не стану разуверять вас, вам, действительно, надо опасаться, так как – черт ее возьми совсем – она бешено зла на вас и, по дикому невежеству и суеверию своему, в самом деле, вполне способна устроить вам какую-нибудь большую гнусность.

– Вы говорили с ней? Узнали что-нибудь? – быстро прервал его больной.

– Да... как вам сказать... Говорил, да. Она странная особа, очень опасная и вредная во всяком случае... Или фантастка дикая, фанатическая, или отчаянная и мрачная шарлатанка... Каюсь, я было заподозрил даже, что она подсыпала вам чего-нибудь в вино или воду.

Дебрянский качал головой:

– Нет, нет, нет... я испорчен, не отравлен... я чувствую себя снова, как в Москве, под влиянием...

Он остановился, бросив на Гичовского подозрительный взгляд.

– Будьте откровенны, Дебрянский, – сказал Гичовский, – это очень важно.

Алексей Леонидович молчал и только смотрел жалко-жалко...

– Эта ведьма... Лала... – сказал он, наконец, – я боюсь ее, Гичовский, до ужаса боюсь. Из-за нее не хочу переезжать на виллу. Пусть вся ее власть надо мною – один бред расстроенного воображения, пусть она такая же, как все мы, может быть, даже лучше нас. Но раз я уверен, что она приносит мне вред, неужели вы думаете, что вблизи ее я буду чувствовать себя спокойно и могу поправиться?

– О нет. Конечно, вы правы. Но какую же приличную причину отказа мы скажем Вучичу?

– Ах, да скажите прямо настоящую! Что тут церемониться? У меня смерть в груди! – с досадою утомления, задыхаясь, произнес больной и закрыл глаза.

Но Вучича было трудно переупрямить. Узнав, что вся остановка из-за Лалы он только нахмурился косматыми бровями и головою кивнул:

– Ну, мы все это оборудуем.

И не заходя обратно в номер к Дебрянскому, сел в свою коляску – и умчался.

Гичовский сел возле дремлющего больного, вынул из кармана газету и с полчаса читал о выборах во Франции.

– Граф, – услыхал он голос Дебрянского, – помните ли вы: при первой нашей встрече я обещал вам рассказать странную галлюцинацию, жертвою которой я был в Москве.

Гичовский кивнул головою.

– Если вы расположены слушать, я хотел бы исполнить свое обещание.

– Я-то, конечно, расположен, Алексей Леонидович, но вас-то, я боюсь, эти воспоминания утомят и взволнуют, не повредили бы вы себе...

– Нет, ничего, да если бы и так, должен же я посоветоваться и разрешить свои сомнения... Наедине с ними в тоске болезни этой я хуже себя убиваю... Я очень боюсь сойти с ума, дорогой друг мой, а иногда мне кажется, что я уже сошел. Выслушайте меня, проверьте болезнь моего мозга – я доверяюсь вам, потому что вы можете тонко чувствовать и разберете в бреде моем, что было внутри меня, что – извне... Этот рыжий доктор туп и прямолинеен, он ничего не смыслит, кроме своей латинской кухни. Рассказать Вучичу я не решаюсь, потому что Зоица суеверна, и я боюсь ее перепугать... Хотя... быть может... вот, выслушайте и дайте мне совет: возможно, что мозг мой уже в таком плачевном состоянии, что мне следует лучше отказаться от Зоицы? Не погублю ли я девушку за собою? Гожусь ли я для брака и потомства? Не создам ли я какую-либо чудовищную наследственность? Обрекать девушку быть женою сумасшедшего – преступление, плодить психических выродков – тоже... Помогите мне. Я постараюсь быть как можно спокойнее. Слушайте. Вот – тот секрет, который загнал меня на Корфу...

Долог был рассказ больного, и, когда он кончил, Гичовский долго сидел смущенный, молча. В уме встали – вызывающим совпадением – недавние слова Лалы о мер твой женщине, которой силы Оби будто бы отдали Дебрянского в жертву.

– Почему вы молчите? – задыхаясь спросил больной.

– Потому что я должен обмыслить фантастику вашего рассказа в естественную систему и найти к нему логический ключ. Я не принадлежу к числу тех, кто отделывается от подобных историй легким словом "галлюцинация". Больной со страхом уставился на него.

– Вы верите в реальность этой... Анны?

– Нисколько.

– Этого не могло быть?

– Никак.

– Тогда – почему же вас смущает, зачем не хотите вы определить ее появление моей галлюцинацией?

– Напротив. Я именно так ее определяю, но ложные представления имеют свою логику: это те же сновидения, только наяву. Приблизительные сновидения можно фабриковать по заказу. Альфред Мори делал по этой части опыты изумительные. Логика сновидения идет кривыми или даже зигзагами извращения мысли, но все-таки остается логикою, и если ее не всегда удается проследить, то лишь по лени нашей слишком внимательно и пристально рыться в бесчисленных мелочах нашей дробной бодрственной жизни, дающей нашим снам наводящие отражения. Что человек смутно чувствует в снах присутствие логической основы, тому доказательство – извечное существование сонников. Все они – не что иное, как попытки своего рода научной классификации, желание найти в зыбкости грез закономерность, устойчивость и предсказательное постоянство. Всякий сонник, начиная с Oneirokritikon[41] Артемидора Эфесского, делившего вещие сны на теорематические и аллегорические, даже, пожалуй, начиная с Гомера, в стихах которого о белых воротах слоновой кости для снов, не имеющих значения, и о других, роговых, для вещих сновидений, Шопенгауэр усматривал намек на белое и серое вещество мозга, – так всякий сонник, говорю я, есть изыскание бредовой причинности, только обращенное вперед, а не назад, от себя, а не к себе. Причинная связь вашей московской галлюцинации обнаруживается легко. Этот врач Прядильников был совершенно прав, предостерегая вас от визитов к Петрову. Его бред упал на подготовленную почву нервного расстройства, в вас назревавшего, и

---

[41] "Толкование снов" др. – (греч.).

которому навстречу вы сами шли с тем легким кокетством, что свойственно почти всем неврастеникам: пока нет невроза – почти обидно, зачем его нет, что, мол, я за грубая натура такая, что лишен его интересной чуткости? А нажил невроз – ан, и не знаешь, куда его деть, только дрожишь, как бы он не перешел в психоз? Не правда ли?

Дебрянский согласно склонил голову. Гичовский продолжал.

– Вы занималались оккультизмом. Скверно занимались. Любительски, дилетантски, в полувере, поисками "интересного", способного жутко пощекотать нервы и смутить чувства, такого, чтобы получить сильное ощущение и чтобы мороз подрал по коже. Это опять-таки кокетство с собственною нервною системою. Кто подходит к оккультическому ведению не во всеоружии "ума холодных наблюдений", кто не прочь соприкоснуться с ним чувством и полуверою фантазии и любопытства, тот никогда не будет господином оккультизма, но непременно станет его рабом или, по крайней мере, временно обязанным. Ваше мистическое чтение, ваши сеансы подготовили, так сказать, воздух для материализации бреда, который вы усвоили себе от Петрова, и достаточно было вам получить толчок от его безумного завещания, чтобы – на почве нервного расстройства и в воздухе поверхностной мистики – заразная галлюцинация вылепилась в самом деле, как какой-то "пузырь земли"... Знаете, о "лепком воздухе" – это у него, вашего Петрова, вышло выразительно. Это мне напоминает немца, который высчитал, что в пространство одной кубической мили может войти до ста тысяч миллионов умерших душ.

Дебрянский остановил его.

– Я нисколько не сомневаюсь, что вы правы в объяснении происхождения моей первой галлюцинации. Но не забудьте, что она была не минутная, но длящаяся, и повторилась несколько раз.

Гичовский пожал плечами.

– Относительно длительности галлюцинаций ни вы, ни я – не судьи. Знаете, почему бессмысленны на сцене и никогда не осмыслятся, как бы красиво их не ставили и хорошо ни играли, явления Духа в "Гамлете"? Потому что надо пересказать "мгновение" – даже не столько, сколько надо, чтобы сосчитать до ста, как уверяет Марцелло, а именно-таки мгновение. Мгновение во сне может быть полно действия на часы и даже на дни, но рассказать и показать действие мгновения в течение часа – скука, неестественность, чепуха страшная. Поэтому-то рассказывать сны справедливо почитается занятием довольно праздным, потерею времени. Сон очень слабо считается с идеей пространства и вовсе не считается с идеей времени, которое он заставляет работать в истинно бешеном темпе, с быстротою молнии. Мори однажды, в лихорадке, как вы, видел во сне Великую французскую революцию: террор, уличные убийства, конвент, революционный трибунал, Робеспьера, Марата, Фукье Тенвиля, вел с ними дебаты, был арестован, схвачен, судим, приговорен к смерти; вот его везут на колеснице при огромном стечении народа на площадь Революции, вот он входит на эшафот, палач привязывает его к роковой доске, раскачивает ее, и топор падает. Мори чувствует, что его голова отделилась от туловища, просыпается в страшной тоске и видит, что у него на шее стрелка от кровати, которая неожиданно оторвалась и упала ему на шейные позвонки, как нож гильотины. По словам его матери, это случилось в ту же минуту, как Мори проснулся, а между тем это внешнее впечатление послужило исходною точкою для сложнейшего сновидения, успевшего охватить целую историческую эпоху. Так точно один больной доктора Реха, приняв гашиш, прожил в течение одного часа три тысячи лет. Я наблюдал в России читальщиков псалтыря над покойниками. Эти усталые люди иногда охватываются быстро преходящим сном — на точке, на красной строке, на повороте страницы, причем засыпание и пробуждение так быстро следуют одно за другим, что, слушая их чтение, посторонний человек не замечает этих сонных интервалов. Между тем, сам спящий чувствует их отлично — вдруг ни с того, ни с сего обращается к вам со сконфуженным вопросом: я, кажется, вздремнул? — и если вы начнете его расспрашивать, то окажется, что он успел видеть длинный и интересный сон. Сновидение — это вечность в мгновении. То же самое и с галлюцинациями. Вы не убедите меня, что видели эту Анну часами. Страшная галлюцинация Лаваллета, когда мимо него прошла армия мертвецов, для него длилась пять часов, а для мира, по его же, Лаваллета, потом счету, десять минут, в действительности же, ровно столько секунд, сколько скрипели, выпуская мнимых мертвецов, разбудившие Лаваллета крепостные ворота. Это вы переживали мгновение Анны часами, а самая галлюцинация длилась не долее, чем удар стрелки по шее Мори, чем сонный интервал на повороте страницы у читальщика псалтыря. Да, я докажу вам это. О первом вашем обмороке вы полагаете, что он длился часами. О втором — вам достоверно известно, что ваш человек стал приводить вас в чувство немедленно после того, как вы упали в обморок. Между тем, ваши впечатления — видение и переживания — в обоих обмороках совершенно тождественны, одинаково подробны и, значит, одинаково длительны. Значит, часов обморока для галлюцинации вашей совсем не надо — она превосходно укладывается в минуты, а всего вероятнее, что минуты сводятся к секундам, и разница была не в длительности обмороков, а в глубине их: первый был глубже второго, почему и показался вам дольше. Согласны помириться на этом компромиссе? Ну вот! — обрадовался он, видя, что лицо больного как будто проясняется.

— Что касается повторности, то, к сожалению, милый мой Дебрянский, у галлюцинаций, вследствие сильного впечатления, которым они поражают наши чувства, есть способность развивать в нас чрез эмоцию страха само внушение движений невольных и противоположных. Вы, конечно, наблюдали, что люди, страдающие tic douloureux[42], тем более кривляются лицом, чем сильнее стараются

---

[42] нервное подергивание мышц (франц., мед).

не выказывать своей болезни? Достаточно мысли о зевоте и даже именно о том, как бы не зевнуть, чтобы захотелось зевать. Истерические женщины сплошь и рядом в припадках своих говорят и делают именно то, чего не хотят говорить и делать. Дама идет со свечою по длинному, темному коридору. Ей приходит в голову: вот было бы страшно здесь, если бы свеча погасла, и я осталась в темноте. И едва эта мысль пришла ей в голову, как она задула свечу! Вот этакое-то противовольное самовнушение испуганного воображения и становится в нас орудием повторных галлюцинаций. Вальтер Скотт в своей "Демонологии" рассказывает со слов знаменитого доктора Грегори об одном больном, которого изо дня в день, аккуратно через час после обеда, посещал призрак старой колдуньи в красном платье и колотил его палкою так, что бедняга лишался чувств. Грегори предложил больному провести это опасное время вместе с ним. Они отлично пообедали вместе, и больной прозевал точный срок своего видения, но несколько минут спустя спохватился, противовольное внушение вошло в силу, и призрак оказался тут как тут: с криком – "Вот она, ведьма!" – больной упал в обморок. Это галлюцинация человека, расположенного к апоплексическому удару, который вскорости его и поразил. Ваше привидение, навеянное любовным бредом Петрова, "Коринфскою невестою", болтовнёю о ламиях, было эротического характера: поделом вам, не сидите чуть не до сорока лет в старых холостяках. Памятуйте, мой друг, великого плута Парацельса, который иногда, шарлатаня, говорил преумные обиняки: "магнит здоровых привлекается испорченным магнитом или хаосом больных; магнетическая сила женщин вся в матке, а мужчин – в семени". Половые аномалии и галлюцинаторное состояние – теснейшие соседи. Ваш психиатр поступил очень умно, что отправил вас путешествовать. История привидений доказывает, что они более всего ненавидят расставаться с местом и обстановкою, среди которых однажды появились. Это такие лежебоки и увальни, что иногда им лень перейти даже в одном доме из комнаты в комнату. Доктор Лелю в Бисетре достигал прекращения галлюцинаций у своих больных уже только тем, что переводил их из одной палаты в другую, в общество все новых и новых товарищей. Наоборот, если галлюцинат остается все в той же обстановке и среде, где началась его галлюцинация, где все наводит его на воспоминание о ней и на ожидание ее, она укрепляется, приходит и ярче, чище, становится, так сказать, фамильярнее и, наконец, может сделаться для больного более властною и действительною, чем явления реальной жизни. Тот же Вальтер Скотт рассказывает о больном, который все видел скелет в ногах своей постели. Медик, желавший убедить его в ошибке, стал между больным и тем местом, где было видение. Больной тогда начал утверждать, что, правда, скелета он более не видит, но череп еще торчит из-за плеча медика. Бывали примеры, что люди сживались со своим галлюцинациями именно фамильярно. Знаменитые духовиды-спиритуалисты XVIII века, как Николаи, либо Сведенборг, принимали ложные представления совершенно спокойно, как гостей из другого мира. Конечно, в спокойствии этом играло важную роль их мистическое миросозерцание, но если вы видели, как пьяница, не заботясь решительно ни о каком миросозерцании, гонит щелчком черта с рюмки, то вот вам пример, как галлюцинация, привычкою, может перейти из ужасного в обычное и даже комическое... Если бы вы остались в Москве, я нисколько не удивился бы, услыхав, что ваша прекрасная покойница принялась посещать вас каждую ночь. Но здесь, что хотите, надо вам о ней совершенно позабыть. И неоткуда ей взяться, и если бы что-нибудь даже померещилось, то владейте собою, черт возьми, не забывайте, что пред вами не существо, но ваша же ложная идея...

Дебрянский слушал его бодрую речь и все светлел лицом и глазами.

– И Лалицы не бойтесь. Признаюсь вам, сегодня утром я сам было струхнул за вас. Но с тех пор как она поклялась мне, что вы не отравлены, я спокоен. От малярии вас спасет путешествие, а в то, чтобы человек вашего сложения, образованный, с воспитанной волею, не устоял против самовнушения "дурного глаза" и был тяжко болен чрез воображение, в это я не верю, хотя вы и плачете, что испорчены. По крайней мере, такие болезни в России определяются как "не к смерти, но к славе божией". Когда Флобер описывал отравление Эммы Бовари, он имел во рту такой ясный вкус мышьяка, он сам был так отравлен, что выдержал одно за другим два жестоких несварения желудка, со рвотой и прочими выразительными симптомами, однако в конце концов воображаемый мышьяк убил только действующее лицо, но автор остался цел, здоров и невредим... Воле враждебного влияния противопоставляется воля сознательной самообороны, и рассудок должен поправить здоровье, расшатанное чрезмерною чуткостью или самообманом инстинкта.

– Ну, а вопрос о моей женитьбе... вы его замолчали, граф.

– С точки зрения наследственности я не могу вам ответить и не считаю себя вправе быть судьей, потому что родословия вашего не знаю и болезни вашей не изучал... Думаю, однако, что если бы все, кто имел в жизни своей несчастье стать жертвою ложных представлений, перестали жениться и рожать детей, то род человеческий значительно сократился бы.

– Притом, – раздумчиво произнес больной, – если бы я сейчас отказался от Зоицы, то, не говоря уже о мучительности этого переворота для меня, об оскорблении, которое я наношу Зоице и Вучичу, негодяйка Лала могла бы вообразить, что я ее струсил... Ну, нет. Этого торжества я ей не доставлю. Назло всем ее суеверным гадостям мы с Зоицей обвенчаемся в первый же день, когда я буду уверен, что смогу выстоять полчаса под венцом и ходить твердыми шагами вокруг аналоя... И вы будете моим шафером.

– И я буду вашим шафером.

В дверь постучали. Это вернулся Вучич – довольный, сияющий.

– Все устроено! – объявил он, потирая руки. – Я нанял для Лалы отдельную хижинку по другую сторону нашего залива, и она туда уже

109

перебралась со своим Цмоком. А мы едем к нам, едем без разговоров и немедленно!.. Э, голубчик! Да вы молодцом смотрите. Гораздо лучше, чем когда я вас оставил...

Дебрянского уложили в коляску – и увезли. Граф Гичовский под предлогом, что должен написать несколько важных и спешных писем, остался в городе.

– Все это, чем я утешил его, весьма прекрасно и справедливо, – размышлял он, бродя по Эспланаде, – и я очень рад, что мог его подбодрить и успокоить. Но в успокоение самому себе желал бы я понять и объяснить: каким же все-таки образом Лала узнала об этой его галлюцинации, если он никому здесь о ней не рассказывал раньше меня? Выходит ведь так, будто некто видит сон, а третье лицо этот сон со стороны наблюдает. Положим, Фламмарион – любовник мечты, и казусам его грош цена. Это логическая бессмыслица. Чужое ложное представление можно усвоить себе от субъекта под его влиянием и тогда разделить его с ним, что бывает при массовых галлюцинациях, но почувствовать ложное представление, которое субъект скрывает, угадать чужую галлюцинацию без наведения – такое чтение мыслей было бы, в самом деле, сверхъестественным. Уж скорее я допущу, что Лала – через расстояние – слышала те же бреды Дебрянского, которые слышал я, сидя у его постели. Эта женщина сама живет в хроническом бредовом состоянии, которое весьма часто связывается с обострениями слуха, почти чудотворными, почти похожими на то, что рассказывают о втором зрении. О слухе золотушных детей, когда им угрожают мозговые болезни, о слухе будущих паралитиков и некоторых сумасшедших накануне полного открытого помешательства я читал, помнится, вещи удивительнейшие. Один слышит, из верхнего этажа в нижний, тиканье карманных часов. Другой дословно слышит разговор шепотом, происходящий за несколько комнат, в отдаленной части большого дома. Доктор Руш знал двух слепых братьев в Филадельфии, которые, переходя улицу, слышали, что они приближаются к столбу вследствие того, что в соседстве столба для их слуха заметно менялся звук шага. Они называли по именам ручных голубей, с которыми играли в саду, узнавая их по звуку полета. Сензитивы Брэда под гипнозом слышали на 50 и даже 90 шагов дыхание человеческое, движение руки или веера... Больной доктора Шейна, будучи подвержен умственному помешательству в результате отравления, различал голоса на расстоянии километра.

X

Окруженный заботливыми попечениями Вучичей, Алексей Леонидович как будто начал поправляться. Моллок торжествовал:

– Теперь ясное дело, что вы малярик. Вас удалили с почвы,

110

переселили на камень, в соседство моря — и вы уже почти не лихорадите, совершенно не бредите, и галлюцинации от вас отступились.

Убежденный этими благоприятными переменами, Гичовский радовался про себя, что может окончательно отказаться от своих подозрений на Лалу.

Выбрав удобную минуту, он откровенно высказал это Зоице. Болезнь Дебрянского и постоянные совместные дежурства у его постели сблизили графа с девушкою. Он почел и неприличным, и неудобным, почти нечестным скрывать от Зоицы, что проник в ее секрет и знает о ее недавней принадлежности к культу матери-Оби. Разговор вышел не из приятных, но после него как-то расчистилась атмосфера: обоим стало легче и смелее смотреть друг другу в глаза. А то девушка страшно изменилась в последние дни. Лицо ее стало нехорошо и дико. То выражение робкой и нечистой тайны, которое было и раньше ей присуще и так портило ее красивые черты, теперь еще осложнялось застылым ужасом.

— Вам, Зоица, надо взять себя в руки и смотреть веселее, — убеждал граф. — С такими фатальными глазами нельзя ухаживать за нервным больным. В каждом вашем взгляде даже не изрекает свой приговор, а кричит его самая безнадежная обреченность.

Зоица отвечала.

— Мой взгляд отражает то, что чувствует моя душа. Разве я не знаю, что все напрасно? Алексей не встанет.

— Однако ему лучше.

— Да, можно тянуть время: сегодня лучше, завтра хуже, но ведь я знаю: Лала непримирима, силы ее могущественны, мы виноваты пред нею... Алексей умрет, и я последую за ним.

— Я нимало тому не удивлюсь, если вы будете систематически настраивать себя на подобные мысли. Слушайте, Зоица, стыдно. Образованная вы девушка, в Вене учились, Гейне читали, а...

Зоица остановила его:

— Чему все это мешает? Вы думаете, в Вене Лала не нашла себе подруг? О! И еще таких, которые верили в нее гораздо более, чем я. Я ее любимица из всех, но далеко не единственная и не лучшая ученица. И при чем тут Гейне? Что же в том, что он скептик? Однако он так написал "Стихийных духов", что и не разобрать: смеется он или верует, — и я читала их Лале вслух, и Лале нравилось... Вы, может быть, правы, убеждая меня выбросить бредни Лалы из головы, но я впитывала их восемь лет, с младенчества, и ум совершенно отравлен ими, отравлен навсегда. В меня вошло суеверие, сильнейшее рассудка. Я не верю больше в эту Обь, которую исповедует Лала, но боюсь ее. Ореол, которым была окружена в моих глазах Лала, погас, но я была свидетельницею грозных чудес ее психической силы, и когда я думаю, что теперь эта сила обращена против меня, сознание беззащитности гнет меня, как былинку.

— Что же именно показывала вам Лала? Скажите, Зоица, если можно знать.

111

Зоица задумалась.

– Знаете ли? Это – разно... Иногда, когда я вспоминаю, мне кажется, что было страшно много, а иногда – вот сейчас, например, – совсем пустая память, будто не было ничего... Когда Лала втянула меня в свои обряды мне еще не исполнилось двенадцати лет, а ей тогда было уже близко двадцати, пожалуй, что и все двадцать. Она казалась мне самым совершенным существом на свете, да и в самом деле была она прекрасна: сильная, красивая, вдохновенная, с тысячами таинственных песен и дивных рассказов на языке – никто не умел сказать слова нежнее, никто не мог приласкать теплее. Я была совершенно порабощена ее влиянием, я следовала за нею – вот как теперь ее Цмок – всюду, куда она приказывала и хотела. И повторяю вам: я была не одна такая. Ее всегда почему-то ненавидели мужчины и замужние дамы, но обожали девицы, и так как она всем своим подругам и поклонницам предпочитала меня, то я была необыкновенно горда тем и готова за Лалицу и для Лалицы – хоть в огонь и воду. Когда я спрашивала ее: – чем объяснить, кто дал тебе это, что ты такая прекрасная, умная и очаровательная? – она отвечала: – Всем, что во мне есть, я обязана той силе, которой служу. Ей служили в каждом поколении Дубовичей бабки и матери наши, и все они были – как я. Если ты хочешь быть, как я, посвяти себя той же силе, и ты будешь не только такою, как я, но в тысячу раз прекраснее, сильнее меня, я буду пред тобою, как навозная муха пред белой лебедью... И она слегка приоткрыла передо мною секрет Матери-Оби... Сперва я испугалась. Тайна показалась мне Кощунством, а сама Лала переодетою стригою. Вы знаете моего отца: он, как все образованные южные славяне, на словах большой вольнодумец, да и в самом деле, в конце концов, веротерпим и считает религиозные убеждения делом совести каждого. Но в глубине души он – такой же прочный и воинствующий христианин, как старинные крестовые рыцари. Неверный для него – собака, и самая большая гордость его родословной, что флаг Вучичей носил крест к Триполийским берегам, и предки наши рубились там с мусульманами уже в такие далекие времена, когда ни один католический миссионер еще и носа туда не показывал. Но Лалица успокоила меня, будто необъятное могущество Матери-Оби не может быть оскорблено такою мелочью, что я наружно буду исполнять христианские обряды. Это даже хорошо и нужно, так как отвлекает подозрение и способствует тому, чтобы тайна Матери-Оби жила в Обществе святою, нерушимою, под покрывалом безмолвия жриц. Тому, кто принял крещение Великого Змея, – говорила она, – все позволено: весь мир для него становится лишь представлением внешности, которую он меняет, как хочет, потому что совсем не в ней существо жизни. Все государства, общества, идеи, религии, церкви, находимые то бою в этой внешности, не более как скользящий сон, исчезающий в недрах Матери-Оби быстрее и с меньшим влиянием, чем песчинка, брошенная в океан. Потому что песчинка падает ко дну и увеличивает собою твердую землю, в недрах же Матери-Оби нет дна. Она –

вечный поток вещества, в непрерывном стремлении, без начала и конца, сам из себя изливающийся, в самого себя впадающий. Ты можешь чтить крест или полумесяц, целовать туфлю папы или руку цареградского патриарха, посещать храмы латинов или греков, мечеть или синагогу – Мать-Обь такая великая сила, что, в конце концов, как бы ты не молилась, ты – сама того не сознавая – все равно молишься ей. Этими словами она убедила меня. И вот в одну ночь, в августовское полнолуние, свершилось мое посвящение в жрицы Оби. Мы жили тогда в Дубровнике. Ночью Лала позвала меня, мы вылезли в окно и убежали садами в горы. Там, в неглубоком ущелье, Лала показала мне холм, над которым возвышался шест, обвитый сорочкою змеи, а на шесте – белый лошадиный череп.

– Это могила моей тетки Дивы, – сказала Лала. – Она была последнею жрицею Оби. Ею была я посвящена в познание истины, как теперь я посвящу тебя. Люди думают, что она умерла. Это неправда. Мы, верные Матери-Оби, не знаем смерти. Дух Дивы вошел в меня, и теперь, когда я стою пред Матерью-Обью, я не Лала, но Дива. Некогда и я отдам свое тело земле, но дух мой войдет в тебя, и тогда, становясь пред Матерью-Обью, ты тоже почувствуешь, что ты не Зоица, но Лала, и в Лале – Дива, и в Диве – все твои бабки и прабабки, святые девственницы Матери-Оби.

Она выбрала большой плоский камень, очертила его широким кругом, в который вписала пятиугольник, и разожгла на камне костер, распространявший прекрасный запах кипарисных дров. Пламя взвилось. Лалица время от времени то бросала в него порошок, то лила что-то из склянки – огонь странно менял свой цвет, был то голубой, то розовый, то красный, то желтый, и дышал то цветами, то ладаном, то серою. Простирая руки к костру, Лала говорила и пела что-то на непонятном языке, грубом, с гортанными взвизгиваниями, в горле у нее что-то щелкало, точно кость о кость или игрушка кри-кри. Отдыхая, в перерывах, она спрашивала меня – дрожащую, изумленную, смятенную:

– Чувствуешь ли веяние? Вихри слышат меня, сила слышит меня, сила идет. Видишь ли деву, качаемую на языках вещего пламени? То тень Дивы – дрожит в огне, приветствуя тебя, видишь: она зовет, она благословляет... Поклонись ей! Скажи ей:

– Радуйся, избранная из всех женщин земли, девственная мать моя!

Я не видела никакой Дивы, не чувствовала никакого веяния, но ущелье было так таинственно, ночь так мрачна и холодна, седые туманы надвигались такими мрачными клубами, пламя мигало по скалам такими причудливыми пятнами, что мало-помалу настроение Лалы покорило меня себе и совершенно захватило. Мне стали чудиться дальние голоса, за чертою круга скользили смутные видения, в холоде ветра как будто веяло и скользило что-то живое. Я взглянула на Лалу: мне показалось, что она уже не Лала, у нее другое лицо, много старше, прекрасное, мудрое и жестокое, я взглянула на могилу Дивы: мне показалось, что лошадиный череп скалит зубы и двигает челюстями, а змеиная кожа налилась телом, лоснится, вьется, отрастила голову и светит изумрудными глазами. Лала выла, кричала совой, каркала вороною, мяукала кошкою, лаяла собакою – ужас объял меня, ночь ожила, толпы диких фигур, кривоносых уродов заструились пред глазами моими, куда бы я ни отвернулась – на восток, на север, на запад, на юг – всюду вставали черные великаны, порывающиеся войти в круг... Я закричала не своим голосом и потеряла чувства... Очнулась я уже в своей постели. Сильная Лала на руках принесла меня домой... Вот, собственно говоря, и все чудеса, которые я видела. И – что тут было, чего не было – мне ли, двенадцатилетнему ребенку, было разбирать?

Все дети любят тайну, все дети любят игру. Фантастические рассказы Лалы, ее галлюцинации, ее талант к поэтической импровизации переплелись с моими собственными мечтами – я чувствовала себя гордо, что я не как все смертные, но совсем особенная девочка, знакомая с существами нездешнего мира. Было занимательно, жутко и весело участвовать в обрядах Матери-Оби, творя их, как таинственную игру, известную только нам с Лалою, было увлекательно воспринимать учение и легенды Матери-Оби, слушая их, как таинственную сказку, которой Лала, никому, кроме меня, не может рассказать. Когда игра утомила меня и стала мне надоедать, Лала снова подогрела меня откровением обо мне, будто бы ей бывшим, что я – избранница Великого Змея, будущая возрожденная Ева и мать таинственного нового бога из бездны, который возвратит блаженство земле и спасет вселенную. Мне в это время шел пятнадцатый год, я чувствовала себя взрослою, за мною уже начинали ухаживать, и я сама не без удовольствия мечтала, что вот еще года два – три и я буду замужем, хозяйка дома, самостоятельная дама. Лала, поймав мечты мои, пришла в бешенство и в очень горячей сцене напомнила мне, что я дала обет остаться девицею до самой смерти и никогда не думать о супружестве. Я ей отвечала со смехом, что мало ли какие важные обязанности призывают на себя в играх своих дети, это была игра! Она страшно побледнела.

– Как игра?

И вот тут-то она и пустила в ход свое откровение... Ну, и вы же знаете ее способность к импровизации и поэтическому захвату... Признаюсь, потрясла она меня страшно – и опять перед глазами моими как бы открылся новый какой-то, глубокий, бездонный мир.

Я спросила ее:

– Чем можешь ты уверить меня, что ты не ошибаешься, что Мать-Обь, действительно удостоила тебя откровения, и я – истинная избранница Великого Змея, возрожденная Ева, надежда людей?

Она решительно отвечала:

– Проси у меня знамения, какого хочешь!

Я не знала, что спросить. Тогда она сама предложила:

– Выбери любого из мертвых, кого хотела бы видеть живым: в

знамение моей правды и твоей будущей великой власти он сейчас явится и пройдет пред тобою.

Мне было любопытно. Я согласилась. Тогда Лалица устремила мне в глаза свой блестящий взгляд, и мне, как тогда в ущелье, лицо ее показалось чужим и старым.

– Зови же, кого ты избираешь! – сказала она, и голос ее – хриплый и далекий – был не ее голос.

В трепете я не могла остановить мысли своей ни на одном из близких мертвецов. Между тем, блестящие глаза Лалы как будто все расширялись, сделались, как звезды, как солнце, и вместе с тем сама Лала будто ушла от меня вдаль, и голос ее, который я услышала, прозвучал будто из-за многих стен, из глухого погреба:

– Зови же...

Той зимою мы только что перебрались на постоянное жительство в Триест и несколько раз посещали соседний замок Мирамаре, сказочный дворец императора Максимилиана, расстрелянного в Мексике... Его имя всплыло в моей памяти, и я прошептала:

– Максимилиан Габсбургский, император Мексиканский...

Лицо Лалы подалось ко мне, и голос стал ближе.

– Еще!

– Максимилиан Габсбургский, император Мексиканский...

Еще ближе лицо Лалы, и в глазах уже человеческий свет.

– Еще!

– Максимилиан Габсбургский, император Мексиканский...

Лала была теперь совсем со мной и такая же, как всегда, только утомленная до того, что на нее было страшно смотреть. Я тоже чувствовала себя разбитою.

– Теперь ты поверишь, – сказала она, свистящим голосом, обливаясь потом по лицу. Он уже здесь.

Я огляделась и пожала плечами.

– Комната пуста, – возразила я, – ты ошибаешься: я не вижу никакого Максимилиана...

– А это – кто? – вдруг спросила она спокойно, тихо, почти шепотом, но опять с тем страшным, нечеловеческим звездным взором, показывая рукою на двери через террасу, в цветник... Я взглянула, буквально чувствуя, что она ведет пальцем своим глаза мои, будто привязанные на веревке.

В аллее сада, между двух деревьев стоял, как в раме, высокий австрийский офицер, в белом мундире, с большим блестящим палашом... Сердце мое закружилось и упало... в ушах загудело... Я узнала пристальный утомленный взгляд, рыжую бороду, нос и сутуловатую фигуру Габсбурга. Император Максимилиан был предо мной такой, как я только что видела его на портрете в фамильной галерее в Мирамаре... И в тот же миг ужасный крик человека, которого душат, погасил видение, и точно туман сплыл с меня, а на полу предо мною бесчувственная Лала билась и исходила пеной изо рта в жестоком припадке падучей.

Зоица умолкла, взволнованная, и бросала на Гичовского испытующие взгляды исподлобья. Он молчал.

– Что скажете вы, граф, об этом случае? Клянусь вам: я не преувеличила ни одного штриха, не прикрасила ни одной тени... Все было так, точно так... Я видела императора Максимилиана так же ясно, как теперь вас вижу.

– Охотно верю, – произнес граф.

– Значит...

Но Гичовский не дал ей продолжить.

– Вас не удивляет, однако, что император Максимилиан успел на том свете переодеться и приобрести скромность, которой ему несколько недоставало на этом?

– То есть?

– То, что он расстрелян и похоронен был в черном гражданском сюртуке, а к вам явился в австрийском белом мундире, как вы видели его на портрете в Мирамаре? То, что вы звали мексиканского императора, а к вам, собственно говоря, явился лишь австрийский эрцгерцог и генерал, каким вы видели Максимилиана на портрете в Мирамаре?

– Что же из этого следует?.. Если духи могут являться вообще, то, мне кажется, они достаточно сильны, чтобы избрать тот вид, который им угоден.

Гичовский покачал головою.

– Не знаю, как духи, но картины, действительно, имеют способность оставаться в зрительной памяти такими, как вы их видели, и если Максимилиан явился к вам таким, как вы видели, то видели вы, конечно, не тень Максимилиана, а тень его портрета, который произвел на вас впечатление в Мирамаре – и даже в тех же цветах. Могли бы увидать и наоборот – в дополнительных. Это, милая Зоица, пустяки, и решительно ничего сверхъестественного в себе не заключают. Один из друзей Дарвина – из имени этого можете заключить, что не святоша какой-нибудь, – однажды очень внимательно рассматривал маленькую гравюру Святой Девы и Младенца Иисуса. Подняв голову, он, к удивлению своему, заметил в глубине комнаты фигуру женщины в натуральную величину с ребенком на руках и, только вглядевшись, понял источник иллюзии: фигура точно соответствовала той, которую он видел на гравюре. Тут если что и замечательно, то только нервная сила Лалы, оказавшаяся достаточною, чтобы заставить вашу зрительную память выделить из себя портрет Максимилиана и фиксировать в видении, хотя, по-видимому, бедной Лале это напряжение обошлось весьма недешево. Видите ли, с адептами Великой Оби я встречался в своих скитаниях немало. И на Конго, и в Ямайке, и у Ниагары, и у чукчей, и даже в таборах европейских кочевых цыган. Это – в диком ее состоянии – воистину "черная вера", как зовут ее сибиряки: шаманство, колдовская религия, сплетенная из экстатических самообманов, поддерживаемых и как бы оправдываемых истерическими эпидемиями, необычайно частыми и сильными среди племен, у которых она в силе. Чисто спиритических явлений, хотя они ими очень хвастают, я у обистов не видал вовсе; материализация, например, при мне решительно не удавалась, а вертеть бубен и заставлять стол прыгать – и европейские медиумы немалые мастера. Магнетические опыты были не сильнее, чем среди обыкновенных смертных, практикующих фокусы чтения мыслей, разыскивания спрятанных вещей, передачи воли на расстояние. Зато способность к гипнозу в широтах полярных и экваториальных гораздо сильнее, чем в поясе умеренном, сензитивы встречаются чаще – и вот гипнотическими-то внушениями особенно щеголяют служители Оби, выдавая их за медиумические. Они усыпляли предо мной своих пациентов с невероятной быстротой и передавали им свою волю с неодолимою силою и настойчивостью. Но я замечал, что обисты-гипнотизеры работают так успешно только над своими собратьями, суеверными, невежественными неграми, которые и на сеанс-то приходят полуживые от страха перед жрецом и живущим в нем божеством мертвых – Великою Обью. Против европейцев – в том числе и против меня самого – колдуны Оби оказывались бессильными, потому что встречали отпор своему влиянию в твердом и сознательном намерении ему не поддаваться и внимательно наблюдать за обрядами шаманской мороки. Знаете ли, ведь если человек с крепкою волею хорошенько упрется на своем, то его не так-то легко обратить в куклу. Буиссон исследовал молодого солдата, притворявшегося больным, чтобы увернуться от военной службы. Чтобы обнаружить симуляцию, его хлороформировали, но и под хлороформом он настолько владел собою, что ничего не высказал, способного его компрометировать. Если бы чудо Лалы застало вас не в новом скептическом настроении противодействия, а наоборот, в прежней готовности ей помочь, то, поверьте, ей не пришлось бы напрягаться до такого страшного потрясения. Гете было достаточно наклонить голову, чтобы вызвать видение идеального цвета или спектра. Многие умеют вызывать свой двойник. Бриер де Буамон сообщает о живописце, который, окончив сеанс с натуры, продолжал видеть призрак модели с такою ясностью, что часто принимал воображаемую фигуру за действительную. Шахматные игроки а l'aveugle[43] таким образом видят пред собою невидимую доску, против которой ведут партию. Словом, примеров я вам приведу сколько угодно. Вообще, что касается сверхъестественных способностей Лалицы, они не возбуждают во мне никакого чувства, кроме глубочайшей к ней жалости как к трудной и опасной истеричке. А что я так опасался мести средствами естественными, скрытыми non in verbis sed in herbis et lapidibus[44], то объясню вам, почему. Обизм – культ мрачный, жестокий. Его божество – совокупность мертвецов, эфирный океан, Великая Обь. Его символ – Великий Змей, низверженный черный бог, Сатана, Дьявол, Царь мертвых. Жизнь

---

[43] вслепую (франц.).
[44] Не в словах, в травах и камнях (лат.).

человеческая для обиста значит не много, потому что обист, считая себя трехсоставным, – тело, дух и то, что в новейшем оккультизме называется астральным телом, какой-то звездный, что ли, близнец души, – верует в свое всеобщее, если не совсем физическое, то полуфизическое, бессмертие. Таким образом, убийство для обиста является лишь насильственным перемещением человека как бы с одной квартиры, осязаемой, в другую, неосязаемую, но полную жизни столько же, как и первая. Обисты думают, что мертвый ест, пьет, даже женится и рождает детей, охотится, как живой, и может пребывать в обществе живых, сколько ему угодно, являясь им по первому их властному и умелому зову. Мертвый может поселиться в доме, в теле домашнего животного, перейти из своего тела в тело живого человека и распоряжаться им, как своим собственным. Смерти нет, а следовательно, нет и преступления в причинении смерти. Поэтому убийство и самоубийство – самые обычные явления в среде обистов. В особенности – именно посредством отравления. Они обладают множеством ядов, тонких, верных, еще не изученных, а потому не знающих противоядия. Обистка Лала могла отравить Дебрянского без всякого угрызения совести, даже с гордым сознанием выполненного долга и притом ядом, против которого в наших аптеках нет лекарств, как не было их против аква тофана, которая, должно быть, тоже была экзотического происхождения: не из Америки, так из Индии, не из Индии, так из Египта. Теперь, когда наш больной стал поправляться, я искренно доволен, что ошибся в своих предположениях. Я даже думаю посетить Лалу, извиниться пред нею за недавний неприятный разговор.

Зоица молчала.

– История вашего романа не кончена, – напомнил ей граф.

– Что же? – очнулась она. – Да... Вы хорошо понимаете, как должно было подействовать на меня видение Максимилиана. А Лала воспользовалась впечатлением и, подогревая его, довела меня саму до такой экзальтации, что я стала грезить наяву, воображая великие перспективы, которые она мне сулила... Года полтора потом, лет до шестнадцати, я была самою надменною и властной девчонкой, какую только можно себе вообразить, – и если бы кто мог угадать причину! Отец отправил меня учиться в Вену. Лала сопровождала меня и зорко следила, чтобы я не выбивалась из-под ее власти, не впала бы в ересь и бунт против Великой Оби. Но она не могла помешать мне читать и думать, и мало-помалу я, еще не теряя веры в культ, стала приходить в сомнения пред ним и в ужас... Притом... Вы мужчина и много не можете понять даже догадкой... Когда знакомство с культурною жизнью подняло во мне чувство стыда, я стала краснеть за многие стороны нашего культа, обрядности, символы, слова... Поняла, что иметь их не только в действии или речи, но даже в голове – значит, в условиях цивилизованной жизни быть испорченной, грязной девчонкой... Лала чувствовала, что я опять заколебалась, и всячески старалась закрепить мои цепи, чтобы не было поворота. Последняя наша ссора вышла из-за того, что я наотрез отказалась принять на свое тело священную татуировку. Всякая татуировка делает тело стыдным в странах и народах, носящих платье. Но если бы вы знали рисунки, которые мне предстояли, вы бы пришли в ужас. Даже намекнуть на их содержание пред мужчиною у меня не поворотится язык.

— Вполне вас понимаю, — протяжно сказал граф. — Если те же штучки, что я видал на жрицах Шаби, то украшения — среднего достоинства и сомнительной добродетели.

— Вот видите, — говорила пылающая лицом Зоица. — Я оттягивала эту операцию, как могла, а она нарочно спешила, потому что хорошо рассчитывала, что, приняв татуировку, я тем самым закреплю свой обет остаться в девицах, так как стыд за свое позорно разрисованное тело никогда не позволит мне выйти замуж... Всего за месяц до знакомства с Дебрянским между мною и Лалою вышла страшная ссора из-за этого... Я едва выпросила отсрочку на три года, до моего гражданского совершеннолетия. Но она продолжает дуться и делать сцены... Слишком много сцен! Утомила меня она ими! Пророчит, что я должна быть госпожою мира, а обратила меня в какую-то рабу. Чем больше я отдаляюсь от Лалы и ее культа, тем Лала делается ревнивее, подозрительнее и требовательнее. Она отчуждает меня даже от отца, оттолкнула от меня теток, лишила меня подруг, становится между мною и каждым новым явлением в нашей жизни, она окружила меня собою со всех сторон; сделалось так, что у меня не осталось ни мыслей, ни поступков, ни желаний, не известных Лале и ей не подчиненных. Пока встречные желания и стремления мои шли не слишком вразрез с волею Лалы, это нравственное рабство было иногда неприятно, но все же терпимо. Но пришла любовь и взбунтовала меня. Зоица умолкла в волнении.

— Вы не видитесь больше? — спросил Гичовский.

— Нет. Она с тех пор, как выселилась, не показывается на вилле. Отец был в ее хижине, но не застал ее. Слуги, которые возят ей обед, редко ее видят и на самое короткое время: выглянет из-за дверей циновки, примет судок и скроется, а то и вовсе не выглянет — только высунет руку...

— Сами к ней вы не собираетесь?

— Нет... Еще, если бы знать, как она меня примет... Зачем? Не надо... Наша дружба умерла.

— Вам тяжело это? — Зоица замялась.

— Не знаю, как вам сказать... Конечно, я очень ее люблю... детская привычка... Но с другой стороны, она стала такая страшная и жестокая... В последнее время она внушала мне ужас.

Гичовский возразил:

— А я так часто наблюдаю за нею в бинокль, через залив, как она в своем красном платке бродит под жарким солнцем по раскаленным горам и, карабкаясь все выше и выше, наконец исчезает за желтым лысым гребнем... Да и теперь вон — смотрите — красный платок качается в челноке едва заметною точкою на далеких волнах...

— Горы и море — это две ее страсти, — тихо сказала Зоица.

Солнце кровавило залив трепетно-умирающими лучами. Потянуло прохладою с моря, и воздушным течением донесло до террасы пение Лалы, протяжное, заунывное...

– Что это она затянула? – спросил вполголоса граф. Зоица и бледнела и краснела.

– Это ее обрядовая песнь, – молвила она, нервно вздрагивая плечами.

– Известно вам ее значение?

– Да.

– Можно узнать?

Зоица колебалась, потом кивнула головой.

– Все равно теперь! Можно. Она зовет к себе силы, которым повинуется ее душа, чтобы они помогли ей победить усилившихся врагов...

Оба замолкли. Солнце окунулось в воду...

– Какой удушливый вечер! – тихо заметила Зоица, – дышать нечем.

– Сирокко в воздухе, – подтвердил граф. – Сегодня удушье, завтра – задует этот бич божий. Да еще тоскливая песня уныние наводит на душу. Так что и удушье-то – словно от песни.

– От песни! – задумчиво повторила Зоица, устремляя взор на горы: оранжевый свет уже боролся на них с лиловыми тенями...

– Слышали вы это вытье когда-нибудь раньше? – спросил Гичовский.

– Да... при невеселых обстоятельствах... Когда Лалу оскорбил Делианович.

– И она проткнула ему бок своей проклятой шпилькой?

– Вот. Тогда она все пела совершенно так же, как сейчас.

– Что это за шпилька у нее?

– Из поколения в поколение в роде Дубовичей: восточная вещица.

– Вы не думаете, что она, может быть, отравлена? На Востоке – особенно в старину – это зауряд...

– Нет ничего невероятного...

Стало тихо и туманно, и замолчала задумавшаяся даль. Ночь ждала месяца. А Лала все пела.

XI

Больной проснулся и позвал к себе Зоицу. Осведомившись, что он чувствует себе не хуже, Гичовский простился с ним и с Вучичами, вышел из виллы и нанял лодочника переправить его через залив. Он приказал лодочнику причалить много выше хижины Лалицы, в тени старых платанов, и здесь ждать его возвращения. – Buona fortuna, signore![45] – сказал лодочник, весело оскалив зубы, – он вообразил, что граф идет на любовное свидание. А ночь падала – как раз подходящая... румяные тени поблекли, море задумалось, точно девушка с голубыми глазами, небо медленно темнело и углублялось по мере того, как загорались в его вышине золотые звезды...

– Вот скоро выглянет месяц, и все станет серебряным, – подумал граф, оглядываясь. В памяти его зазвучали старые стихи Щербины о греческой ночи – как "дикой воли полна, заходила волна, жемчугом убирая залив"... А она в самом деле заходила – еще невысоко и слабо, но все нарастая.

Хижина Лалицы висела на подмытом берегу, над самым морем. Волна мерно шлепала под нею, точно вальком по белью, и шурша убегала назад, сопровождаемая скрежетом увлеченных в море камешков намыва...

В хижине было темно. Граф постучал: Лала не отозвалась. Он толкнул дверь, вошел – нет никого.

– Куда бы она могла деваться?

Гичовский хотел было возвратиться к своей лодке, но потом подумал, что не целую же ночь будет скитаться Лала, и решил подождать ее. Челнок Лалы лежал, опрокинутый на берегу. Значит, Лала в горах, а не в море. Граф сел на камень у порога хижины и слушал море. Когда встала луна, она осветила ему узкую лощинку, убегавшую в горы. По стене лощинки вилась серебряною ниткою тропа. Так как тропа была одна, ведущая к хижине, то Гичовский сообразил, что иначе, как ею, Лале прийти неоткуда, и если он сам пойдет по ней, то непременно Лалу встретит; разминуться негде. Он встал и пошел. Но тропа, удобная в начале, вскоре запрыгала по головоломным крутизнам. Гичовскому пришлось перебраться, зашибая ноги о валуны, через русла нескольких ручьев, продираться сквозь вереск и шиповник, не раз обрываясь ногою со скользкой тропы. Так, уже порядком утомленный, добрался он до гребня, где тропа круто переламывалась вниз. Теперь Гичовский стоял на вершине невысокого, но крутого мыска, свиною мордою врезавшегося в море, которое, шумя все больше и больше над наплывом первых дуновений сирокко, налетала на гору, как на волнорез, высокою седою пеною. Глубоко внизу, у самого прибоя, Гичовский заметил яркую огненную точку... в то же время слуха его коснулось отдаленное пение: очевидно, Лала была там, у костра... Гичовский стал осторожно спускаться, трепеща, чтобы девушка не заметила его приближения, так как в уме его сверкнула надежда увидать какой-нибудь таинственный и, быть может, еще не знакомый ему обряд. Когда огненная точка выросла в пылающий костер и стало возможным различить с горы черную, блуждающую около него тень, граф свернул в густую чащу кустарников, прилепившихся к последнему скату тропы, и пополз сквозь них бесшумно, как ящерица, пока не очутился на краю обрыва, повисшего прямо над костром.

---

[45] Удачи, синьор! (итал.).

Когда граф осторожно выставил голову из стенки кустарников, он увидел Лалу, как зритель райка видит актрису на сцене: саженях в десяти ниже себя по отвесу и саженях в пяти от себя хордою по воздуху. И то, как он ее увидел, онемило его изумлением.

Костер Лалы был разведен на широком плоском камне, возвышенном над белым прибоем, который клокотал, меняя свой цвет соответственно цвету пламени, высоко извивавшегося острым и белым языком. Лала стояла на берегу совершенно нагая, если не считать ожерелий, браслетов, талисманов, обильно навешанных на тучную грудь – граф узнал в них гри-гри и ю-ю Антильских островов – и Цмока, перевивавшегося с плеча на плечо вокруг ее шеи свободным пестрым кольцом, с блестящею головкою под вспышками костра, будто золотым топазом в огромном перстне.

Графу показалось было, что вокруг бедер жрицы обвилась другая змея, – темнее, больше и толще Цмока. Но достав свой неразлучный маленький бинокль и вглядевшись, граф заметил, что эта змея не отражает света и недвижна на теле Лалы, между тем как Цмок волнуется, надувается, устремляет голову в воздух, шевелит и дрожит вилкообразным жалом. Он понял, что это – священная татуировка Лалы. Рисунок змеи, наколотый на коже ее, начинался с тонкого хвоста между лопатками, дважды обвивал тело и опускался головою с длинным жалом к низу живота. Рассматривая татуировку, Гичовский скоро заметил и другие символические изображения, виданные им у обистов Конго и Гаити. Особенно ярко бросались в глаза треугольник под правою грудью и круг под левою, а между грудями тот же треугольник был вписан в такой же круг, таинственным знаком соединения двух творческих начал человеческого рода... Гичовский вспомнил рассказ Зоицы о ссорах ее с Лалицею из-за отказов от татуировки и невольно улыбнулся:

– В самом деле, воображаю изумление супруга, получившего в брачную ночь молодую с такою зоологией и геометрией на теле!

Лала, свершая обряд свой, все время ходила по круговой линии – между костром и месяцем, остерегаясь стать спиной к которому-либо из них и потому держась и двигаясь, как скачет сорока, – боком; поэтому половина ее тела казалась, купаясь в лунных лучах, зеленовато-белою, а другая, под колеблющимся светом пламени, дрожала медно-красными, коричневыми тенями, будто тело индианки. В этом причудливом мерцании Лала стала как будто и выше ростом и еще массивнее, чем обыкновенно. Она с силою простирала мускулистые руки то к месяцу, то к огню, и волосы ее черной гривой трепались в две космы по спине ниже поясницы и через левое плечо до живота. Что она пела, Гичовский понять не мог: слова долетали обрывками слогов, и язык ему был неизвестен. Но выражение звуков было сурово и грозно... Сурово и грозно было лицо жрицы.

Придавленный тяжелым веянием наплывавшего сирокко, дым от костра стлался по ветру туманною пеленою, затягивая черным флером пространство между глазами Гичовского и морем, которое мало-помалу закипало между серебра чернью, обещавшею волнение. Дым был пахуч и едок. Граф должен был часто протирать глаза, чтобы не слезились, и с трудом удерживался, как бы не чихнуть. Впрочем, если бы и случился такой грех, вряд ли бы Лала услыхала. Она представлялась Гичовскому в состоянии экстаза, близкого к каталепсии.

Гимн ее становился, чем больше она пела, все более хриплым, обрывистым и бессмысленным. Руки напрягались все с большею энергией, точно хотели сокрушить свои собственные мышцы, разорвать свои собственные жилы – уже инстинктивно, а не произвольно. Было что-то во всей ее фигуре, точно отрывавшее ее от земли. Глядя на Лалу, Гичовский понял, что значит в полной силе своего смысла выражение "выйти из себя". Тело Лалы было здесь, пред глазами графа, но энергия тела напрягалась, чтобы вырваться из физических оков и улететь куда-то в неведомую даль... Горное эхо глухо повторяло вопли Лалы; чудилось, будто кто-то перекликается с нею загадочным и диким разговором сквозь дважды шумящий прибой.

Огонь краснел, а дымная пелена становилась все гуще. Казалось, она создает над морем тучу – в ответ небу, которое, между тем, седело от облаков, нагоняемых сирокко, чтобы вместе с ними нагнать и погасить ныряющий месяц. Вдруг Лала упала навзничь – так неожиданно и быстро, с таким острым и мучительным криком, что Гичовский невольно вскочил на ноги, готовый, позабыв про обрыв, броситься ей на помощь. Лала лежала, широко разбросав крестом руки и ноги; она не была в обмороке, как предположил было Гичовский: из губ ее вырывались свистящие стоны вперемешку с глухим бормотанием, истерическим смехом и взвизгиванием. Грудь и живот поднимало тяжелым дыханием – словно у лошади, проскакавшей без отдыха многоверстную дистанцию. Ее подкидывало частой и дробной эпилептическою тряскою снизу вверх, как трясет сильно лихорадочных. Цмок, крутясь вился, скользил и блестел по телу Лалы, как пестрая молния, и хвост его бил ее по бедрам, как плеть, между тем как голова была у рта, будто целуя отверстые губы. Ритуально эпилепсию граф Гичовский видал не раз и в разных культах, но в припадке Лалы было что-то ему еще не знакомое: обрядовая симуляция на глазах его переходила в настоящий припадок, но "черная болезнь" еще не накатила всем своим ужасом, и несчастное тело корчилось еще в фазисе эротической бессознательности – и страшное, и противное; в самом деле, души вовсе уже не осталось в этом живом мясе: на земле бился дикий зверь в бессмысленном трепете инстинктивного, немого и глухого экстаза.

Ветер всколыхнул дымный полог и разорвал его надвое, показав в просветах длинный столб яркого месячного блеска. Лала, лежавшая, как труп, приподнялась со стоном, глубоким, как вздох Лазаря, когда он вышел из гробовой пещеры. Графа смущало то странное обстоятельство, что сейчас она как будто приблизилась к нему. Он видел ее гораздо яснее и подробнее, чем раньше, мог даже ясно различить глаза ее: ужасные, остекленевшие, не Лалицы, мертвые и в то же время ярко блестящие глаза. Они казались больше лица, на котором помещались. Она уставила их в лунный просвет, и Гичовский тоже невольно повел глазами по направлению ее взора. Она простерла руки, и он вдруг поймал себя на том, что и он тянет руки к лунному столбу.

– Нет! Стой! Врешь! – спохватился он, – это уже начинается гипноз... морока... подражательные движения... я уже мерячу, как якутская истеричка... не поддамся! Ни за что!..

Месяц то исчезал, затемняемый проходящими облаками, то разгорался новым золотом, вдвое ярче после контраста недавнего сумрака. Лунный столб угасал и вновь светился чешуйчатым качанием вдаль к горизонту. Лала впилась вдаль его глазами, потянула ее к себе руками и бормотала, бормотала... Граф смотрел неотрывно, как она, и туда же, куда она. Ему замерещилась на светящемся горизонте темная точка, которая скользила по столбу и медленно росла по мере своего приближения.

– Лодка, что ли? – подумал он со странным содроганием где-то внутри мозга – и в ту же минуту сам себе суеверно возразил:

– Нет, брат, это не лодка!

И опять, спохватился, рассердился на себя и даже топнул ногою.

– Как заразительно безумие!.. Вот оно, наваждение-то: вспомнилось-таки, как Лала внушала, что столб месяца на воде – это дорога в царство мертвых...

А точка все росла. Гичовский видел ее уже крупным темным облаком в промежутке земли и неба, причем к ней тянулись, как будто лапами, и облака, и волны. Граф впился глазами в ее неясные очертания: в них чудилось что-то живое, почти человеческое... Замерло сердце... Черное пятно коснулось облака и волн, соединилось с ними, будто обнялось и летело к берегу, гигантское, длинное, извилистое, крутящееся исполинскою спиралью темного змея...

Радостный крик бешеного торжества вырвался из груди Лалы, и Гичовский зажмурил глаза, охваченный паническим страхом. Нервы его не выдержали... он не решился взглянуть на встречу облачного змея с землею и, упав в кустарнике, долго лежал, как слепой, между тем как на обрыв быстро оседал странный не то туман, не то дождь, промчавшийся так же стремительно, как налетел, будто он разбился о скалу... Дыхание ночи сразу захолодало... Почувствовав влагу на руках и на лице, Гичовский понял, в чем дело, и ему стало стыдно за свою минутную слабость. Он открыл глаза: на берегу не было никого, песня Лалы слышна была снова и очень близко, но уже на горной тропинке... и только угли костра еще шипели, дотлевая. Гичовскому было и досадно, и смешно, что, заразившись галлюцинацией полоумной обистки, он пропустил редкую возможность наблюсти так близко и до конца одно из самых красивых и внушительных чудес моря.

– Ну как было не сообразить, что в Средиземном море редкий сирокко обходится без маленьких безвредных смерчей, которые, где возникли, тут же и рассыпаются пылью?.. Вот смотрим свысока на суеверия дикарей, а пришлось самому оказаться ничуть не умнее Синбада Морехода, который искренно принимал смерчи за джинов, морских дьяволов с змеиными хвостами и прочими адскими атрибутами!

Граф сидел у себя в номере и заносил свое приключение в записную книжку, когда к нему вошел доктор Моллок.

– Простите, что так поздно.

– Прошу вас, пожалуйста.

– Дело очень важное. Я сейчас от вашего приятеля, моего больного. Меня внезапно вызвали к нему. В здоровье его произошла самая ужасная перемена.

– Боже мой? Но ведь с вечера я оставил его в наилучшем состоянии?

Моллок развел руками.

– Теперь я с уверенностью могу сказать: все надежды напрасны, он умрет.

– Да откуда же это ухудшение, доктор? Что случилось!

– Буквально ничего, граф... Расставшись с вами, больной опять прекрасно уснул. Вы понимаете, какое это счастье для него. Ни в каком состоянии организма не проявляет себя целительная сила природы, vis medicatrix naturae, действительнее, чем во сне. Я подал надежду. Вучичи в восторге были уверены, что сломан кризис болезни и с утра можно будет считать мистера Дебрянского в фазисе выздоровления. Вдруг среди ночи он начинает хрипеть, метаться, задыхаться, стонет раздирающим душу голосом – просыпается, вернее, приходит в чувство со страшным трудом, будто гору сбросил или из-под гробовой плиты вылез, никого не узнает: мисс Зою отталкивает от себя, кричит, что она хочет кровь его выпить... Старик Вучич сам прискакал ко мне верхом... Я застал больного уже несколько успокоившимся, но достаточно мне было взглянуть ему в глаза, чтобы понять, что дело кончено: болезнь вступила в мозг – он уже сумасшедший...

– Что вы говорите, мистер Моллок?!

– Он все жалуется мне, что внутри у него все ледяное, а кожу будто поливают кипятком. Я дал ему согревающее питье – он стал уверять, что оно замерзло у него в желудке... А потом вдруг вопит: – Ах, из меня выходит облако, и я обращаюсь в пар!.. И вот тут вскоре и началось это...

– Что это? Вы еще ничего не говорили мне, мистер Моллок!

Врач недоуменно пожимал плечами:

– Очень интересный и редкий больной ваш приятель, дорогой граф. Он продолжает озадачивать меня чудесами. Когда я оставил его, у него началось кровяное выпотение: одно из самых редких явлений, какие случается наблюдать врачу...

– Что же это значит?

– Значит-то понятно что! Вследствие бурного течения разрушительной болезни клетки эпидермы слишком раздрябли,

125

потеряли свою сдерживающую энергию, и открылось кровотечение через поры. Остановить его – вне средств медицины. Если оно не прекратится само собою, больной медленно, капля по капле, потеряет всю свою кровь и умрет... Надо благодарить бога за одно: это не слишком мучительная смерть, как раз та самая, что избирали стоики – Сенека, Тразея и другие, открывавшие себе жилы в ваннах.

Граф, поспешил послать за фаэтоном и вместе с Моллоком помчался к Вучичам.

– Нехорошо, совсем нехорошо... – встретил их осунувшийся старый Вучич.

– Послать бы за священником? – предложил Моллок.

Больной услышал.

– Разве я умираю? – тихо спросил он.

– Нет, но...

– В таком случае – оставьте меня в покое...

– Многие чувствуют себя легче, исполнив христианские обязанности.

Алексей Леонидович долго молчал. Потом сказал:

– Нет. Ей все равно – кто верит в крест или полумесяц, целует туфлю папы или руку цареградского патриарха, ходит в костел или в церковь, в мечеть или в синагогу... Мне это не поможет. Не хочу.

– Бредит, – шепнул Моллок.

Старый Вучич согласно кивнул головой, но граф Гичовский переглянулся с Зоицей, и она, страшно бледная вышла из комнаты, пошатнувшись в дверях...

Моллок приподнял одеяло и жестом пригласил графа Валерия взглянуть на постель больного. Гичовский едва стерпел, чтобы не ахнуть громко; на совершенно розовой простыне бессильно лежали исхудалые ноги Дебрянского, покрытые ярко-красными пятнами крови, неустанно выступавшими из тела, подобно росе...

– Это уже четвертую простыню мы меняем! – тихо сказал Вучич, с глазами, полными слез. Зоица возвратилась и стояла на коленях у кровати умирающего жениха, бессильно припав головою к железной перекладине...

– Все это ничего, – лепетал Алексей Леонидович, – но вот зачем она... она...

– Кто? – спрашивал, склонясь к больному, Гичовский.

– Она... Анна...

– Вы видите? – хмуро спрашивал Гичовский.

– Нет, я чувствую в воздухе... Мне душно от нее... Разве вы не слышите запаха трупа?.. Гичовский! Не позволяйте ей! Зачем она? Петров... Петров... где ты? Ведь ты мне обещал...

– Плохо дело, – безнадежно отнесся граф к Моллоку. – Хоть бы поддержать его настолько, чтобы умер-то не в безумии.

– Я выписал мускус и послал своего ассистента за кислородом... Если в доме есть шампанское, будем поить его шампанским... Необходимо спасти деятельность сердца...

Зоица бросилась к жениху – он отвел ее руки и в то же время, безнадежно глядя в пространство, твердил:

– Петров!.. Петров!.. Петров!.. Его нет, а она здесь... разве вы не слышите запаха трупа?..

– Неудивительно, если мы его и почувствуем, – сказал Моллок Гичовскому. – Нагнитесь к нему, понюхайте его дыхание: конечно, он уже слышит внутри себя какой-то гангренозный процесс...

Простыню под больным опять переменили. Напившись шампанского, Дебрянский задремал. Полчаса спустя Моллок снова заглянул под одеяло и подошел к Вучичу с несколько более светлым лицом.

– Как будто, наконец, хороший признак, – сказал он, – хотя я ни капли не надеюсь и ни за что не ручаюсь... Простыни чисты. Кровавое выпотение остановилось. Может быть, укрепляющие средства подействуют, и он еще выдержит чудом каким-нибудь эту страшную слабость... Богатый, сильный организм. Другой на его месте давно был бы покойник.

Дебрянский заснул. Моллок потребовал, чтобы от больного удалились все, оставив при нем лишь одного человека сиделкою и стражем. Первую очередь взял на себя Гичовский. Моллок на всякий случай оставил в доме своего ассистента и уехал. Когда он сходил с крыльца виллы к своему экипажу, навстречу ему вверх по крыльцу быстро поднималась дама, одетая в черное, маленького роста, с наклоненною головою под траурным вуалем. Моллок вежливо дотронулся до своего цилиндра, но дама не обратила никакого внимания и прошла своей дорогой. Ее невежливость удивила доктора, но еще больше походка: она шла странными, шаткими, точно у нее были ватные ноги, и уверенными в то же время, будто механическими, шагами, точно она не видела, где и куда шагает, но не могла бы ошибиться, ни одним шагом, ни короче, не шире, как живая машина, заведенная на определенное движение с рассчитанным расстоянием и ритмом.

– Любопытный образец ataxia locomotoris[46],– подумал врач.

Выехав на марину, он спросил своего кучера:

– Спиро, не знаете ли вы, кто была эта незнакомая дама, которую мы встретили, отъезжая от Вучичей?

– Я не заметил никакой дамы, господин.

– Ну вот – я раскланялся с нею на крыльце... В черном, под вуалем?

– Ах, в черном? Тогда это, наверное, монахиня из монастыря св. Константина. Они, как вороны, летят к постели каждого больного...

– На нее нельзя не обратить внимания. Она идет – будто у нее согнуты колени и колесики вместо ступни.

– Приседает? Ага! В таком случае, это сестра Августа из евангелической общины. Она волочит ногу и вечно жалуется на ревматизм...

---

[46] Атаксия моторная (лат., мед) – нарушение двигательных функций.

127

Гичовский, по уговору с Вучичем, должен был дежурить у постели Дебрянского два часа. Потом его сменяла Зоица.

Мерное шлепанье морского прибоя незаметно баюкало Гичовского: он устал, гоняясь за Лалою по горам, гораздо больше, чем думал сначала. Он долго боролся со сном и все-таки не одолел: его шатнуло два раза на стуле... перед глазами поплыла розовая мгла... мысли запрыгали в голове, не теряя еще связи с действительностью, но утратив всякую последовательность... всплыло два-три далеких воспоминания – настолько неожиданных, что Гичовский очень удивился, откуда они взялись, потому что он думал, что еще бодрствует, а на самом деле уже давно дремал...

Из дремотного тумана вышел и сел перед Гичовским незнакомый человек странной и печальной наружности: желтое комковатое лицо его было угрюмо, глаза – две блестящие коричневые точки – смотрели пристально и тревожно... Он качал головою и жалобно лепетал. Гичовский не слышал звуков голоса и тем не менее разбирал слова:

– Я предупреждал... я говорил... ах как дурно! Как дурно!

И графу Валерию было почему-то и досадно, и страшно слушать, хотя он не понимал, о чем лепечет незнакомый господин, когда и кого он предупреждал, что дурно.

– Какой тяжелый и проклятый сон! – думал Гичовский, придя, наконец, к убеждению, что он спит, а сон между тем бормотал:

– Я предупреждал, что я мог... а многого я не могу... тень против явлений...

– Ага! – с удовольствием соображал сонный граф, – я тебя поймал: ты дезертир, ты Петров, ты забежал в мою голову из головы Дебрянского...

– Я дезертир! Я "Троватор"! Vive le désert![47] Фелисьен Давид работы Микеланджело!

И вдруг он вытянулся и закружился дымною спиралью, на вершине которой беспорядочно шаталась его голова с испуганными глазами:

– Проснитесь, граф Манрико! – болтал он, шевеля далеко перед собою в воздухе необычайно длинным и тонким языком. – Я сон... только сон... сон пустыни... le désert, le désert[48]... Филистимляне близко... Вставай, Давид!

Но граф спал и думал:

– Вот чудак дезертир... завел себе винт вместо тела?

– Близко... близко... здесь! – взвизгнул сон, шатаясь, точно маятник, саженными размахами. Спираль переломилась, лицо неизвестного, сверзившись с высоты, очутилось у сапога Гичовского и быстро поползло в сторону глазастою сороконожкою...

– Она здесь, она здесь... а я – что же?.. Deserto sulla terra[49] ... я сон,

---

[47] Да здравствует пустыня! (франц.).
[48] Пустыня, пустыня (франц.).
[49] Вся земля – пустыня (итал.).

только сон, – слышалось Гичовскому, между тем как сороконожка медленно, лапка по лапке, превращалась в клубы дымчатых паров. И все потемнело – и не стало больше никаких видений. Сон тяжелым свинцовым грузом навалился на грудь графа.

Его разбудил неистовый вопль... Оглядевшись мутными глазами, граф не сразу сообразил, где он и зачем... Вид постели с распростертым на ней больным возвратил Гичовского к действительности.

– Боже мой! – зашептал он в стыде и смущении, между тем как его еще шатало сном и глаза его слипались, и предметы в зрении его смешивались и сливались очертаниями и красками.

– Я проспал... Зоица! Вы уже здесь... извините, ради бога... зачем вы меня не разбудили?

Зоица, в платке с черною косынкою на голове, стояла на коленях у постели, как давеча, опустив низко голову свою к лицу больного, и не шевельнулась, не отозвалась, когда Гичовский ее окликнул. А Дебрянский кричал без слов, дикими короткими взвываниями, громовою икотою, будто ревом ягуара из огромной, пещерно пустой груди...

– Это агония! Последний смертный вопль! – как молния озарило графа и стряхнуло с него шатающее опьянение сна. Обойдя Зоицу, он стал на колени с другой стороны кровати и нагнулся к Алексею Леонидовичу: теперь больной только хрипел и вздрагивал, глаза его, мутные и ясные в то же время, как бутылочное стекло, были ужасны... они смотрели и не видели... Кровь лила ручьями... он тонул в крови.

– Но он кончается! Зоица! Будьте здесь! Я побегу за Моллоком! – закричал Гичовский.

Ответа не было, а Гичовский, оглядевшись, увидел, что он ошибся: то, что со сна он принял за коленопреклоненную Зоицу, было тенью от вешалки с халатом, за которую поставлен был ночник, чтобы свет не беспокоил больного. В комнате, кроме него, никого не было, только хрипел, вздрагивал, как рыба на песке, и истекал кровью несчастный Дебрянский. Трупный запах внутренней гангрены невыносимо вырывался теперь с каждым его вздохом. Граф взял Алексея Леонидовича за руку и с ужасом увидал, что его пальцы оставили на вялой коже больного вдавленный зеленоватый след.

– Но это именно то, что было у того негра в Гвинее! – вспомнил он. – Тело, умирающее заживо... оно распадется хлопьями, едва он испустит дух...

На крик графа Валерия сбежались все Вучичи и доктор. Алексей Леонидович никого не узнал и умер на их глазах.

Назавтра к вечеру его похоронили.

Возвратясь с похорон, – тяжелых и жалких, потому что старый богатырь Вучич, не стыдясь, быком ревел, а Зоица, в пришибленном состоянии полуобморока, была страшнее самого покойника, мертво-прекрасного и как-то особенно, гордо и грозно, хмурого в своем дорогом парчовом гробу, – граф Валерий медленно шел с кладбища домой в гостиницу с твердым намерением немедленно уложить свои вещи и с первым пароходом уплыть, куда глаза глядят, от этих опечаленных мест, где судьба бросила его свидетелем в такую тяжелую трагедию.

Он шел вдоль околицы королевской образцовой фермы – к громадной дикой маслине, которая, зелено возвышаясь над седыми головами культивированных маслин, указывала ему поворот к дому. Когда граф поравнялся с дикою маслиною, от корявого ствола ее отделилась темная фигура, покрытая с головою красным платком, и тихий голос произнес:

– Не удивляйтесь... это я...

– Лала?!

– Да... что вы так смотрите на меня? Живая Лала, не тень...

Граф махнул рукою.

– А! Я столько бредил и грезил в эти дни на Корфу, что тени вашей удивился бы, кажется, даже меньше, чем вам самой... Я чувствую себя в Петрониевых временах, когда на дороге легче было встретить бога, чем порядочного человека.

– Мне надо говорить с вами, – тихо сказала Лала, оставляя без внимания его сердитые, насмешливые слова.

– К вашим услугам, – очень сухо ответил Гичовский, опускаясь на придорожный столбик.

– Вы видели сегодня Зоицу, – сказала Лалица после долгого молчания, в трудных усилиях спросить, так что кровавыми пятнами пошло ее лицо. – Какова она?

– Если ваша великая Мать-Обь добивалась непременно убить два невинные существа, то она может быть спокойна: месть ее удовлетворена. Зоица еще жива, но так же хорошо убита вами, как и похороненный Дебрянский.

Лала выслушала упрек Гичовского, не дрогнув ни одним мускулом бесстрастного, широкого, каменного лица – тяжелого, зловещего лица скифской богини на степном кургане или архаической жрицы тех веков, когда боги пили еще человеческую кровь и на алтарях их сжигались закланные пленники.

– Девичьи слезы – роса, – сказала она. – Взойдет новое солнце и высушит росу. Вы не знаете Зоицу, а я знаю давно. Всегда знала – теперь совсем узнала...

Горькая улыбка осветила ее суровые черты.

– Я не могу увидаться с Зоицей. Старик Вучич свирепствует против меня...

– Да, он страшно возбужден, и я не советую вам, Лала, попадаться ему на глаза. Он нравом бешен и на руку тяжел...

Лала отвечала с презрением:

– Я нисколько не боюсь его. Что он может мне сделать? Я дуну на его руку, и она упадет свинцом. Я не хочу встречаться с ним из страха не за себя, но за него. Он хороший человек, я его люблю и не хотела бы заплатить злом за его хлеб-соль и все добро ко мне. Если он меня увидит, то оскорбит, а оскорбить жрицу Оби – значит написать себе смертный приговор...

– Для нас, трехсоставных, – гордо говорила она, – не существует замков и запоров. Если бы я хотела, то послала бы к Зоице душу мою, и душа моя говорила бы с нею за меня. Если бы я хотела, то послала бы к Зоице звездного близнеца моего, и звездный близнец говорил бы за меня. Но Зоица сейчас вне себя. Если я или нечто мое заговорим с нею, она не выслушает, потому что огорчена, зачем я умертвила ее жениха. Что же? Пускай так. Вы знаете, я не отрицаю. Убила.

Вызывающе глядя на Гичовского, она смачивала языком пересохшие губы. Гичовский молчал.

– Но ее... ее, хотя изменила мне и столько же достойна казни, как тот, ее сообщник, – я убить не могу... Я слишком ее любила и люблю... я вымолила ей пощаду у таинственных сил Матери-Оби. Пусть она живет. И пусть не заботится больше об истине, которую она должна была познать, но отвергла, о величии, которое должна была стяжать, но для которого оказалась слишком ничтожна, о любви и подвиге, который должна была свершить во спасение всех людей, но который променяла на взгляды и нравы белых дураков, живущих в проклятых городах, проклятою, не знающею радостных правд жизнью. Пусть забудет она все: что было между нами. Ей от этого не станет ни лучше, ни хуже. Мне... Да ей все равно, каково мне, и, стало быть, что же обо мне говорить? Не стоит. Не для нее, но для вас скажу я только одно: недешево и тяжко досталось мне выкупить ее от мести мертвых богов... Смотрите.

Она сдернула красный платок с головы своей, и Гичовский с изумлением увидал, что волосы ее, еще три дня тому назад черные как смоль, стали совершенно седы.

– Это – печать горя и ужаса, которыми я наказана за ошибку свою в Зоице. Целые столетия дух девственниц рода Дубовичей повелевал силами стихий. Теперь, чрез меня, он порабощен им, как недостойный. Я – униженная жрица, разжалованный воин, вещая, с которой снято ее достоинство. Отныне я должна повиноваться тем, кому повелевала. Я поклялась, что больше никогда не увижу Зоицу. Силы посылают меня в долгое и страшное путешествие, в далекие, безвестные страны. Я обречена блуждать, пока я не найду другую белую девушку без капли черной крови, подобную Зоице, но мужественную, достойную и способную осениться восторгом и увенчаться подвигом возрожденной Евы... Я найду ее, и тогда вина моя отпустится мне. А Зоице скажите, что она свободна. Пусть

131

выкинет память обо мне из жизни своей и забудет меня, как ночной бред. Прощайте.

Она встала.

– Зачем же не освободили вы ее раньше? – горько упрекнул Гичовский. – Зачем надо было умереть Дебрянскому?

Она холодно улыбнулась.

– Зачем сожигает огонь? Зачем разложение трупов отравляет людей заразою смерти? Зачем из отравленной людьми земли поднимаются ядовитые газы? Зачем тайна дышит смертью, и стремиться в тайну значит спешить к смерти? Зачем человек отверг древо жизни, лишь бы отведать плодов древа познания добра и зла? Зачем Дух унизил Материю и заключил ее в темницу? Зачем мир так оскорблен и мрачен, и царь его – побежденный раб? Зачем на главе Великого Змея пятно от пяты, ее поправшей? Зачем мертвое и живое стало враждебно и розно? Чтобы соединить их, нужно новое творение; чтобы было новое творение, нужен новый бог-победитель; чтобы был новый бог-победитель, должна возродиться Ева, какова была она, когда ее, не оскверненную человеком, обнял кольцами добра и зла Великий Змей Саммаэль...

– Это и не ответ, и старые сказки, Лала.

– Думайте, как знаете, – мне все равно. Если вас не убедило все происшедшее, то не убедят и никакие чудеса. Вас мне жаль, граф, очень жаль. Вы нечаянно замешались в тайны Оби и враждовали против нее. Я не сержусь на вас, потому что вы не понимали, что делаете, но придет и ваш черед поплатиться за неосторожность. Когда, как – не знаю и не могу предсказать. Я предвижу только тучу, но грома предсказать не могу. Остерегайтесь встреч с мертвым миром: он ловит вас. Берегитесь и – до свидания... хотела бы сказать: прощайте! – потому что свидание наше не может быть радостным. А между тем... Я вас очень люблю – вашу беспокойную душу, вашу пытливую голову, ваш сильный и холодный характер, ваши неугомонные поиски новизны, знания, истины. Вы нашли многое и дастся вам еще больше, но – никогда все. Никогда – хотя вы могли бы и достойны найти и взять все. Но вы на ложной дороге, потому что сами положили себе предел в слабых силах человеческого ума, хотите работать только ими и без ключей от знания не приемлете ключей вдохновения и веры...

– Полно, Лала! – перебил граф. – Мы не поймем друг друга. Я убежден в вашей искренности, но убежден и в том, что вы несчастнейшая в мире женщина, погубившая фантастическою морокою, обращенною в хроническое, почти постоянное состояние организма, не только нескольких других горемычных, но и прежде всего самое себя. Я, действительно, человек пытливый, но, проверяя всю историю смерти Дебрянского, не вижу в ней теперь никакого намека на сверхъестественные тайны, знание которых и могущество вы себе приписываете. Болезнь моего друга записана Моллоком и мною с начала до конца. Ни один момент ее не нуждается в ином

132

объяснении, кроме причин совершенно осязательных и физических. Сперва, как вы знаете, я думал, что Дебрянский был отравлен, – раскаиваюсь в этом и извиняюсь пред вами. Теперь я полагаю, что к нам в Корфу он приехал, уже нося в себе злокачественную лихорадку, при по мощи которой развились в нем задатки скрытого безумия. Ему здесь под влиянием морского климата стало как будто лучше и легче; обманутый ложным улучшением здоровья, он расхрабрился, стал небрежничать собою – и при первой же простуде болезнь схватила его в свои когти с утроенною силою. Ваше фантастическое поведение и вражда к нему повлияли на его расстроенное воображение, испорченное бреднями оккультистов, возбудили суеверную подозрительность, которой начало положила еще московская галлюцинация и тяжкая смерть Петрова. Согласитесь, Лала, что о Петрове, например, вы в первый раз слышите? Ну, вот то-то! А он сыграл здесь роль и гораздо большую, чем мертвая любовница, которую вы так ловко отгадали вашим втором зрением или втором слухом. Сплелся узел гипнотизирующих совпадений. И все это отразилось в больном мозгу новыми галлюцинациями, на столько резкими и выразительными, что сила их отчасти заразила и нас самих, свидетелей его страданий... меня, даже Моллок смутился было... Вот и все.

Лала пожала плечами.

– Думайте, как хотите, – повторила она, – я пришла не убеждать вас, а проститься с вами и через вас с теми, кого я любила до сих пор больше, чем остальных людей мира. До свиданья. Будьте счастливы, если сможете. А я – ваш друг.

Часть вторая

Древо жизни

Дневник графа Валерия Гичовского

1 мая 1893 года

Вот я и на родине! Хороша моя дорогая Волынь! Тишь, гладь и божья благодать. Сейчас бродил по парку... Темь, глушь... дорожки густо заросли травою... Скитался, как в лесу: напролом, целиной, сквозь непроглядную заросль сирени, жимолости, розовых кустов, одичавших в шиповник, барбариса, молодого орешника. Еле продираешься между ними, унося царапины на лице и прорехи на платье. Из-под ног скачут зайцы, над головою звенит тысячеголосый птичий хор. Войдешь в это певучее зеленое царство – и точно отнят у остального мира. Ступил два шага от нашего ветхого палаца – и его уже закрыл зеленый лиственный полог. Кое-где в кустах попадаются обломки статуй – безносые головы, безрукие и безногие торсы. Гипс размок и почернел, мрамор оброс мхами; на плечах обезглавленной Цереры из перегноя прелых листьев поднялся бодрый малютка-дубок. Наш предок магнат, вельможный пан грабя[50] Петш Вавжинец Ботва Гичовский, полтораста лет тому назад превративший здановские рощи в парк, победил было лесную глушь. Но потомки зазевались – и глушь вырвалась из оков. Сперва она возвратила себе все, что люди у нее отняли, исправила по-своему все, чем мы ее – по-нашему – украсили, а по ее рассуждению, вероятно, обезобразили, и теперь идет войною уже на самый палац. Ступени террасы, подоконники, карнизы, балконы, черепичная крыша зелены, как и самый сад. На них растут мхи, травы, молодые древесные побеги. В моем кабинете нельзя отворить окна – мешают ветви старой сирени. От нее темно в комнате. Надо будет ее срубить, но – прежде пусть отцветет: а теперь она вся, как невеста под венцом, в кистях белых благоуханных звездочек... вчера вечером на ней пел соловей...

2 мая

Дышу... молчу... слушаю деревенскую тишь и сам себе не верю: неужели я, всесветный бродяга и авантюрист – наконец у пристани? В приюте тихом, прочном и долгом, откуда уже трудно убежать вдаль, опять на поиски нового, необыкновенного... Измаяли меня эти долгие поиски. Я начал их молодым, богатым, здоровым, а кончаю больным, полунищим, и хоть лет мне не так уж много – кто же назовет меня "еще молодым человеком"?

---

[50] Граф (польск.).

Прежде жажда новых ощущений увлекала меня в Южную Америку, в Среднюю Азию. Я видел пир людоедов в Африке и пускал бумеранг в казуара вместе с австралийскими дикарями. Теперь, если новому и необыкновенному угодно свести со мною знакомство, пусть оно само сюда пожалует: я не сделаю ни шага ему навстречу – мне и здесь хорошо. Спасибо брату, счастливому владельцу этих мест (о, где вы, Гичов, Дырянка, Лайцевицы, Грабово и все прочее родовое и наследственное, чего я был счастливый владелец?), что ему пришла в голову идея доверить мне управление Здановым, – идея довольно неосторожная, надо сознаться: в ней больше любви ко мне, чем практического благоразумия. Я ведь никогда ничем не управлял – ничем, не исключая самого себя... Между тем, я прослыл за человека с сильным характером.

Почему? Вероятно, потому что я – изволите ли видеть – стрелял львов в Африке и ходил один с ножом и рогатиною на медведя в Олонецкой губернии. Великие заслуги – нечего сказать! Как часто принимают люди за характер отсутствие в натуре человека способности к физическому страху... Еще в детстве, читая у Гримма сказку об удальце, который бродил по свету, напрасно стараясь узнать, что такое страх, я думал: – Вот я тоже такой! Всякая борьба дарила меня минутами высокого наслаждения; я не трусил никогда ни человека, ни зверя, ни черта. Я всегда делал только то, что мне хотелось, и чего мне хотелось, непременно достигал. Но я никогда не мог себя заставить сделать то, что было надо сделать, никогда не насиловал себя к отказу от того, чего не следовало делать. Разве это характер? Нет, упрямое прихотничество, не больше. Характер – в повиновении долгу. Сам хвастаюсь храбростью, да и никто не скажет, что я трус... а, между тем, семнадцать лет тому назад я заставил дядю купить мне рекрутскую квитанцию, чтобы избавиться от воинской повинности. Мне приятно драться с медведем, мне приятно стоять на дуэли под пулею бреттера – вот почему я без страха шел на медведя, принимал и сам делал вызовы на поединок. "Все, все, что гибелью грозит, для сердца смертного таит неизъяснимы наслажденья, блаженства, может быть, залог!" Я замешался волонтером в чилийскую революцию – и показал себя храбрым солдатом. А от воинской повинности все-таки сбежал – затем, что тут я должен был стать солдатом не по своей воле, но по приказанию закона. А хоть я и не дурак, закон для меня всю жизнь был не писан. Удрал от солдатчины, чтобы сделать не по-людски, а по-своему. Где же тут характер?

4 мая

Четвертый день дождь... От скуки разбираю библиотеку... Все больше мистические книги: коллекция моего прапрадеда по матери Никиты Афанасьевича Ладьина. Довольно общий закон: матери по наследственности передают свои свойства чаще сыновьям, чем дочерям, отцы – наоборот. Мы, Гичовские, и брат, и я, почти ничего

135

не унаследовали от отца, кроме его польского профиля, шляхетской удали и железного здоровья, но целиком восприняли в свои жилы кровь фантастической русской семьи Ладьиных, переданную нам матерью. Летопись ее фамилии – старинной, столбовой, с корнями родословного древа где-то во мраке баснословия, еще за Василием Темным, – полна чудес удивительных. Между моими предками по женской линии были странные люди. Вот, например, прадед Никита Афанасьевич, в чьей библиотеке я теперь роюсь. Чудак презамечательный! Богач-вельможа XVII века – и вольнодумец, и мистик: обычное смешение той эпохи! – он всю свою молодость возился с магами, заклинателями, дружил с Сен-Жерменом, Месмером, Калиостро, принадлежал к розенкрейцерской ложе, искал философского камня, думал делать золото и открыть жизненный эликсир. В самый разгар французской революции он, уже пожилой человек, очутился зачем-то в Париже, был принят за шпиона роялистов, попал в Консьержери и спасся от гильотины только чудом, освобожденный вместе с другими узниками благодаря никем не чаянному падению и смерти Робеспьера. В тюрьме он успел попасть под влияние одного созаключенника своего, аббата из Вандеи, едва ли не иезуита, который превратил его из вольномыслящего деиста в верующего католика. Видя в своем чудесном избавлении перст Провидения, Никита Афанасьевич бросил свое розенкрейцерство и ударился "искать бога": сперва в католичестве, потом, когда аббат оказался изрядным мошенником и бессовестным эксплуататором неофита своего, в простонародном православном мистицизме. Побывал в скитах, возился с людьми старой веры, сектантами, хлыстами. Кончил же жизнь в какой-то своей одинокой вере, ни с чьей другой ни во вражде, ни в союзе, отшельником без клобука, вдвоем – с глазу на глаз – с государыней-пустыней. Моя мать смутно помнила, как ее, пятилетнюю, няня водила на лесной пчельник, где старый-старый и как лунь белый дед, в армяке, лаптях и с медным образом на груди, угощал ее огурцами с медом. И ей говорили, что старец этот – ее прадед, бывший миллионер и владелец многих тысяч душ Никита Афанасьевич Ладьин, что ему больше ста лет, что уже сорок лет как он не выходит из своего пчельника, живет один с пчелами, с евангелием, с молитвою, всегда в веригах, всегда в труде. Он намного пережил своего единственного сына Ивана Никитича. Этот последний, ученый-ориенталист и страстный путешественник, провел свою молодость в скитаниях по азиатским землям. Ушел он в странствия свои, как беглец, от знатной, скучной и нелюбимой жены, с которою связало его не знавшее отказов сватовство императора Павла. А потом тайна мира обняла и захватила его и уже не выпустила из своих рук. Он вернулся в Россию полуфакиром, человеком не от мира сего – одаренный способностью ясновиденья и редкою магнетическою силою. Он умер 22 марта 1832 года в один день и час с Гете, которому был приятелем, и, говорят, предсказал это совпадение за день до кончины. Сын его, а мой дед, Димитрий Иванович, пошедший не в него, а в суровую, строго воспитанную и сдержанную умницу-мать из рода Апросимовых, человек с трезвым умом и положительным характером, имел, однако, важный психический изъян: он страдал галлюцинациями слуха и зрения. Приписывая свою болезнь наследственности от фантастов-предков, дед прилагал все усилия, чтобы ослабить ее влияние на следующие за ним поколения. Мы с братом оба не помним своего отца: он умер, когда мне было три, а брату два года, и всецело обязаны воспитанием деду Димитрию Ивановичу. Он устранил нас из-под влияния дочери своей, а нашей матери, женщины очень доброй, но суеверной, истерической, и растил нас истыми спартанцами. Я воспитался в строгой, рассудочной, положительной школе, в презрении к супернатурализму, в привычке считаться только с осязательными явлениями мира, покорными логике здравого смысла и трех измерений. И все-таки материнская кровь взяла свое. И все-таки мы с братом такие же мученики фантазии, как и прадед-ориенталист и прапрадед Никита Афанасьевич. Я не говорю уже о себе. Мое материалистическое воспитание пригодилось мне лишь к тому, что едва я стал самостоятельно думать, я начал интересоваться исключительно явлениями, которые представляются нам выше материи, стараясь подогнать их под рамки своего знания, найти для них лад и толк в системе положительных наук. Твердо веруя, что на свете нет ничего сверхъестественного и все объяснимо логическим путем физики, химии и математики, что хоть иного мы еще и не умеем объяснить, не только не умеем, а и не можем, я, однако, исколесил весь земной шар в жадной погоне именно вот за тем, чего еще объяснить не умеем. Недаром же один французский журналист после интервью со мною заключил свою статейку меткою фразою: "Это Фауст, сделавшийся авантюристом".

А пан грабя Винцент, мой гордый и холодный делец-брат, гроза московских и петербургских биржевиков? Его считают Наполеоном биржи, удивляются его финансовому гению, тонкости его расчетов, его всезнающей осведомленности, предвидению и провидению. Между тем, наедине со мною он сам не раз смеялся над своею незаслуженною репутацией.

— Верь мне, Валер, я осведомлен о пружинах, двигающих биржу, не более любого из зайцев, толкущихся в ее подворотнях. Быть может, даже меньше, потому что они своею подворотнею интересуются и усердно ее изучают, а я свои "сферы" – нет. Слишком скучны они, чтобы тратить на них время и труд исследования – довольно чутья. И никто о них, об этих пружинах не осведомлен, если хочешь знать. На моих глазах, мой друг, министры финансов проигрывались, потому что их заказы, данные, казалось бы, наверняка в одиннадцать часов, делались никуда не годными каким-то чудом к часу дня. Многие делают вид, будто они осведомлены, и даже сами тому верят, но они лгут или обманывают себя. Они сочиняют предположения и комбинации, а так как на бирже могут быть лишь две возможности: падение или повышение ценностей, – то, естественно, чьи-нибудь предположения непременно удаются. Не да, так нет, не пан, так

137

пропал. И тогда те, чьи предположения принесли выгоду, прославляются глупою толпою, как финансовые мудрецы, а чьи предположения провалились, оказываются дурачками во мнении... дурачков же. На самом деле на бирже не бывает ничего, ни умного, ни глупого, есть только "везет" и "не везет". Исключения – заведомое мошенничество, биржевое шулерство, когда человек, зная темный государственный секрет или сочиняя ложную телеграмму, искусственно производит панику и роняет верные ценности с тем, чтобы полчаса спустя, когда мираж жульничества рассеется, продать свой запас бумаг по настоящей или высшей цене. Но подобными делами, хотя они считаются законными, я всегда брезговал. Это – не шляхетская нажива. Я всегда играл честно. Меня считают биржевым мудрецом, тогда как я только биржевый счастливчик. Деньги, голубчик, – океан, степь бездорожная. Я играю, потому что верю в свою звезду, и иду, куда меня влечет вдохновение... инстинкт... чутье золотого запаха... Я фаталист, мой друг, безнадежный и неизлечимый фаталист!..

В сущности, Винцент такой же авантюрист, как и я, только в другой области... Оттого-то он и любит меня, хотя мы видимся много-много если раз в пять лет. Я чувствую его симпатию через время и пространство. Я был в Японии, когда три года тому назад Винцент заболел дифтеритом. Он не телеграфировал мне, но я знал, что он болен... мне было нехорошо самому, и я догадывался, что мне нехорошо потому, что сейчас нехорошо и Винценту.

У него же, в смысле чутья по отношению ко мне, было в юности даже телепатическое приключение, о котором в свое время говорили и русский "Ребус", и заграничные спиритические журналы. У меня сохранилась вырезка из "Ребуса" с описанием этого странного случая в виде фантастического рассказа о "Белом охотнике" и под выдуманными именами. Николай – это брат Винцент, Берновка – Замостье, З. П. Бернова – пани Замойская, а усадьба Николая – тот самый Зданов, где я в настоящее время нахожусь.

Это случилось в июльское полнолуние 1873 года.

Я был в гостях у соседки по имени Зинаиды Петровны Берновой, праздновавшей в тот день свое рождение. Когда гости собрались прощаться, уже совсем свечерело.

Кто, по настоянию хозяйки, остался ночевать, кто отправился восвояси. К числу последних присоединился и я.

До моей усадьбы считалось от Берновки что-то около трех верст; дорога шла полем и только близ самого дома пряталась сажен на сто в густой березняк – начало громадного казенного леса, покрывающего добрую четверть нашего уезда. В наших местах не шалили; про волков тоже не было слышно, да летом они и не опасны; у меня в кармане лежал револьвер. Сообразив все это, я отверг любезное предложение Берновой снабдить меня экипажем и пустился в путь пешком.

Ночь была дивная. Луна успела высоко взойти и все еще поднималась по небу. Берновка стояла на сухом холме, но за ее околицей я вступил в полусвет-полусумрак густого тумана, слегка посеребренного месяцем. Стало довольно свежо для июля. Впрочем, после ужина с достаточным количеством выпитого вина, после толкотни в душных, на куренных комнатах маленький холодок был даже приятен.

Я человек образа мыслей прозаического и рассудочного, воспитания материалистического, характера положительного и железного здоровья. Болезненная наследственность от матери, женщины весьма фантастической, последней представительницы древнего, угрюмого рода, давшего России целый ряд мистиков и религиозных искателей, сказалась во мне только в период возмужалости, когда меня ни с того ни с сего стали посещать припадки панического страха. Мне внезапно делалось жутко быть одному, перейти в другую комнату, стоять спиною к двери или зеркалу; жутко до того, что я бледнел, дрожал, обливался холодным потом. А между тем я не знал трусости ни пред какой явной физической опасностью. Ни пред человеком, ни пред зверем, ни пред трудным приключением. Я пробовал бороться против страха: если меня пугала темнота, я нарочно шел в потемки; если мне чудился неопределенный шорох, я исследовал комнату, пока не убеждался, что сробел... пред мышами! Но как-то раз, в сумерки, я грелся у камина в старом, темном кабинете деда моего. Меня посетил страх, тот особый страх: "Ты не обернешься назад, ни за что не обернешься!" – шептал мне голос сердца моего. Верный своему репрессивному лечению, я обернулся – и дрожь пробежала по моему телу. Не подумайте, чтобы мне предстал какой-нибудь фантом; нет, я не видел ничего страшного, скажу даже: ничего явственного. Но (не знаю, точно ли я выражаюсь) я почуял в темном углу кабинета движение или, вернее, содрогание чего-то живого, чужого мне. Не было никого, а как будто кто-то был в том месте. Я поясню примером – его легко могут проверить своим опытом все, кому в удел достались чуткие нервы: в большом темном зале сидит А.; Б. входит в зал без малейшего шороха, ни одним звуком, доступным человеческому слуху, не известив А. о своем приходе; тем не менее А, раз он нервно настроен, непременно почует хоть на одну секунду Б. и окликнет: "кто здесь?". Если уверять А., что "представилось", он согласится; но попросите его показать место, где "представилось", и А. безошибочно укажет сторону, откуда появился Б. Близкое к подобной чуткости, только гораздо более волнующее ощущение испытал я при описанном случае.

С тех пор движение стало бичом моим. Стоило мне остаться одному, и я уже чувствовал его пред собой. В длинные зимние вечера я погибал от этого неутомимого мелькания. Даже общество не всегда спасало меня. Я считал и считаю свое движение болезнью, несомненно основанной на чисто физиологических причинах: может быть, виной было временное поражение сетчатой оболочки, может быть, общее расстройство нервов, связанное с процессом возмужалости, привело в беспорядок и зрительный аппарат. Что главную роль в болезни играли глаза, я вывожу вот откуда: ни осязание, ни слух не участвовали в припадках; я ни одного звука не слыхал от движения, я ни разу не ощутил от него веяния. К семнадцати годам это неприятное недомогание покинуло меня совершенно, так что в пору, как я описываю свое приключение, я о "движении" забыл и думать.

Я скоро достиг леса. Здесь было так туманно, что не знай я дороги, пришлось бы двигаться вперед ощупью. Медленная ходьба и однообразная белизна сырого воздуха странно повлияли на меня: я впал в задумчивость, глубокую и отвлеченную, как магнетическое усыпление. Когда навстречу мне попался какой-то мужик, я мог еще раз глядеть его высокую фигуру, видел, что он мне поклонился, но не помню, отдал ли я поклон, и положительно помню, что уже не слыхал шума его шагов. Долго ли я шел, не знаю; во всяком случае, больше получаса, то есть времени, совершенно достаточного, чтобы неспешным шагом добрести от Берновки до моего жилища.

Большая сова гукнула над самым моим ухом, тяжело поднялась с сука и проплыла над моей головою; мягкий шум ее полета заставил меня очнуться. Я огляделся: вокруг был лес, но не тот, знакомый мне вдоль и поперек березняк. Ноги мои тонули в росистой траве, поблизости не было видно ни проселка, ни даже тропинки. Я забрел в болотистую лощину, невдалеке журчал ручей. Гигантские сосны обступали края лощины и сквозь туман казались еще громаднее. Я терял голову в догадках, куда завела меня моя непонятная рассеянность и каким образом завела? По многим признакам мне казалось, что я – в так называемом Синдеевском Яру, хотя я очень желал обмануться, потому что Синдеевский Яр – скверное место. Год назад там едва не погиб мой брат Георгий. Загнавшись туда за раненой лисой, он незаметно очутился, как я теперь, между двумя извилистыми линиями высоких, почти отвесных обрывов; не трудно в двух-трех местах скатиться вниз по мягкой глине, как с ледяной горы, зато не так легко взобраться опять наверх: глина оползает громадными глыбами и того гляди похоронит под собой. Зеленые лужайки по дну лощины при ближайшем знакомстве оказываются обманчивым покровом сплошного топкого болота; в Яру нельзя шагу сделать без опасности завязть в зыбучей трясине, как и случилось с Жоржем. Обдумав свое положение, я понял, что даже в самом лучшем исходе должен провести ночь в лесу, так как если бы даже мне удалось выбраться из Яра, я заплутался бы в чаще. На линии обрыва виднелось несколько просек; по какой из них я пришел, не было ни малейшего представления в голове моей. Я покорился своей участи и присел на первый попавшийся пенек. Было очень тихо. Только пугачи перекликались где-то очень далеко и замечательно мерно: крикнет один – пауза, крикнет другой – опять такая же пауза – опять крик первого... Жутко было слушать их дикие вопли – сердце надрывалось.

Едва я принял спокойную позу, как внезапно ощутил близость давно забытого движения. Я вперил глаза в белую глубь тумана и скоро нашел в нем как бы содрогающуюся точку: движение распространилось от нее, как лучи от светильни, – кругом и, чем ближе к окружности, тем слабее; весь круг представлялся моему воображению аршина четыре в диаметре; он не перебегал с места на место, что случалось наблюдать мне раньше, а напротив, устойчиво держался первоначального центра. Сосредоточенное внимание к точке быстро привело меня ко сну – по крайней мере, я не помню себя в течение довольно долгого времени до момента, когда голос, далекий, но резкий и ясный, назвал меня по имени. Я вскочил на ноги.

– Ау! Кто здесь жив человек? – закричал я.

Эхо прокатилось по просекам и смолкло. Пугач раздирающе ухнул и стих. Ответа не было. Минута, другая, третья – наконец с востока донесся до меня слабый раздельный оклик:

– Ни-ко-лай!

Очевидно, меня хватились дома брат и дядя и надумали учредить за мной поиски. Я несказанно обрадовался, крикнул еще раз, что было мочи, и пошел в сторону голоса. Мне посчастливилось сразу попасть на тропинку – узенькую, глубокую и вязкую, вероятно, протоптанную к водопою кабанами: их много в нашем уезде. Крупный зверь бросился с моего пути – белые полосы на спине обличили барсука. Я шагал неутомимо. Голос по временам звал меня и все с одной и той же стороны. Я громко аукал, однако мне не отвечали – значит, меня не слышали. Сперва я удивился, затем заключил, что попал в акустический фокус, весьма обыкновенный в лесных дебрях, если они разбросаны на холмах: звук с полной ясностью долетает сверху вниз и весьма слабо распространяется снизу вверх; иногда бывает и наоборот.

Кабанья тропа кончилась. Почва стала крепче; мелкие голыши шуршали под ногой. Скоро я уперся в каменистую тропу, протоптанную к верху обрыва.

– Николай! – отчетливо раздалось надо мной. Я был у цели. В две минуты, не больше, я вскарабкался в гору. Наверху никого не было. Значит, брат, не слыхав моих воплей, решился направить поиски в другую часть Яра. Как бы то ни было, он не мог уйти далеко. Я аукнул и свистнул особым манером, хорошо известным Жоржу. Тогда произошло нечто необычайное.

Я стоял на границе тумана. За мной, в лощине, было целое море паров; предо мной поднимался косогором темный сухой лес с широкой прогалиной, залитой лунным блеском. Оттуда, словно из отдушины, тянуло мне в лицо предрассветным ветром. Когда я свистком разбудил эхо, из-за плеч моих вырвались, отделяясь от тумана, два огромных белых клуба и полетели, как теперь я соображаю, против ветра – прямо в отверстие прогалины. В полете они словно таяли, уменьшались в объеме и все ниже, ниже приникали к земле...

– Николай! – дошло ко мне по ветру. Я поспешил на зов и там, где прогалина кончалась, упираясь в лиственную стену, издали зазрил высокого человека в белом кителе, с ружьем за плечами и возле него сеттера, тоже белого.

– Это ты, Жорж? Я здесь! Долго вы меня искали? – заговорил я, но, приблизившись, убедился, что обращаю речь к молодой березке; оптический обман показал мне белого человека сажен на пятнадцать ближе, чем стоял он на самом деле, у поворота узкой тропинки, уходившей в глубь леса. Я налег на ноги и настиг охотника настолько, что мог слышать фырканье его собаки. Еще шаг вперед – и светлый человек исчез в кустах, а когда опять появился на тропинке, оказался еще на большем расстоянии от меня, чем раньше! Я смутился. Мысль о сверхъестественном явлении мелькнула в моем уме.

– Жорж! Довольно дурачиться! Остановись! – сказал я. Ответа не было. Страх зашевелил мои волосы.

– Жорж! – повторил я, и голос мой дрожал и прерывался. – Жорж! Скажи, что это ты... Я боюсь...

Ответа не было. Мы шли теперь шагов на двадцать друг от друга... Я на ходу вынул револьвер.

– Стой, Жорж! Умоляю тебя – не продолжай шутки... я не могу больше терпеть: я выстрелю в тебя... я боюсь, боюсь... Отвечай!

Ответа не было. Тогда я навел револьвер в спину охотника. Он остановился, повернулся ко мне лицом и, как мне показалось, с упреком покачал головой. Револьвер дрогнул в моей руке... Призрак (я более не сомневался, что вижу призрак) опять тронулся вперед; я весь дрожа, все-таки старался не отставать от него. Я не мог разглядеть странного вожатого: укрываясь в тени дерев, он и его сеттер двумя чуть светящимися пятнами скользили на темном фоне леса. Чаща редела: меньше попадалось под ноги бурелома, гниющих колод, ветви реже хлестали в лицо. И вот – светящиеся пятна вдруг потухли, исчезли. Вместе с тем последний строй векового леса остался за мною. Я стоял на окопе – впереди расстилалась вниз по пригорку кудрявая опушка; при мерцании занимавшейся зорьки вдали чернели крыши моей усадьбы. Призрак не показывался более... Красный шар солнца выкатился на горизонте, когда я был, наконец, дома.

Жорж спал в своей комнате, завалившись в постель с раннего вечера. Итак, меня вывел из леса не он.

– Кто же! Кто! – мучительно думал я и с этим вопросом уснул, поборенный усталостью. Наутро, если бы не синяки от ушибов, не царапина на лице, не ломота в разбитых членах, меня никто не уверил бы в действительности ночного приключения. Жорж вошел ко мне, когда я еще не вставал.

– Где ты вчера пропал? – заговорил он. – Я о тебе беспокоился. Даже во сне тебя видел – цени! – и как еще скверно видел: будто ты застрял в Синдеевской трясине, и мы с Милордкой тебя оттуда выручаем...

– Как?! – я поднялся с подушек.

– С Милордкой... Забыл разве покойника? Эх, славный сеттер

был! Чутье неподражаемое... Да что с тобой?! – вскрикнул вдруг Жорж и бросился ко мне на помощь. – Ты кажется, собираешься падать в обморок? Эка! Побелел, как полотно...

5 мая

Двенадцать лет тому назад я, чтобы ознакомиться со средневековою демонологией, провел зиму в Париже и Риме... В Ватикане я изучал пергаментные фолианты, прикованные к полкам железными цепями: старинные суеверы воображали, что если на эти книги не надеть кандалов, то черти непременно унесут их, чтобы лишить людей возможности изучать формулы и знаки, посредством которых Соломон, Альберт Великий, Корнелий Агриппа, Парацельс и Фауст покоряли себе нечистую силу. Средство довольно благоразумное – если не против чертей, то против людей. Не знаю, сильно ли опасаются черти кабаллистических сочинений, но между людьми, наверное, всегда найдется множество охотников стащить книгу, указывающую им дорогу к дьяволу.

Однако в библиотеке прадеда я нашел их без всяких цепей – и ничего, целехоньки. Люди здешние не понимают библиографической ценности этих редкостей, а черти на Волыни – либо безграмотны, либо зазевались, по хохлацкому ротозейству, либо стали вольнодумцами и не нуждаются, по нынешнему времени, в магической литературе.

Я занимался этою литературою, потому что меня интересовал вопрос о галлюцинациях и автогипнотизме, взаимодействием которых современная наука объясняет средневековую чертовщину. Я перечитал томы невозможного бреда на невозможной латыни. Удивительно одуряют головы подобного рода произведения. В Парижской библиотеке мне рассказывали, что один немец, незадолго до меня принявшийся за изучение оккультизма, читал-читал "Malleum maleficarum"[51] Спренглера, да вдруг – как вскрикнет... отскочил от стола, дрожит весь и ну креститься: ему почудилось, что на стол к нему вскочил черт в красных сапогах на петушьих ногах и насмешливо смотрит на него злобными глазами.

– Что, мол, почитываешь? Желаешь знать, каков я из себя? А я – вот он сам налицо: любуйся!

Н. С. Лесков рассказывал мне, как однажды он таким же образом дочитался требника Петра Могилы, где есть молитва для заклинания злых духов, до того, что ему стало мерещиться, будто черт уже в соседней комнате, и – вот только дочитай он заклинание до конца – нечистый сейчас же войдет к нему в кабинет in persona[52], во всем адском мундире, с когтями, рогами, хвостом, ароматом жупела и серы... А ведь образованнейший человек! Владимир Соловьев тоже в чертей верит и видит их... А впрочем: чем кумушек считать трудиться,

---

[51] "Молот ведьм" (лат.).

[52] собственной персоной (лат.).

не лучше ль на себя, кума, оборотиться? Вспомним ночь на Корфу, когда обер-скептик граф Валерий Гичовский не посмел взглянуть на морской смерч, приняв его тоже за что-то вроде черта, вызванного заклинаниями Лалы Дубович. Ах, Лала! Безумная, дикая Лала! Странно: когда я вспоминаю историю Дебрянского, мне больше всех пострадавших в ней, жаль ее виновницу – таинственную Лалу, бедную, злую, полусумасшедшую, полувдохновенную жрицу таинственной Оби... Она, кажется, тоже питала ко мне некоторую симпатию. По крайней мере, последний пред исчезновением визит ее был ко мне... она сулила мне какие-то бедствия и предостерегала меня от них... Где-то бродит она теперь, со своими внезапно седыми волосами, со своим таинственным ужом, несчастная, запоздавшая на тысячу лет сибилла, разбитое сердце, разложившийся ум? Нашла ли она новую ученицу, за которою пустилась в поиски, взамен этой тряпки – впрочем, надо сознаться, в высшей степени красивой и даже поэтичной тряпки – Зоицы? Сомневаюсь, чтобы ей удалось еще раз порадовать Великого Змея открытием возрожденной Евы, готовой вступить с ним в законный брак! Вернее, что уже давно ее самое поглотил обожаемый ею, вечно льющийся из самого себя сам в себя океан мертвых, единая, в смерти неумирающая, тлением жизнь продолжающая великая царица мира, мать настоящего, прошедшего и будущего – бездна Обь! Я желал бы повидать Лалу... Мое неугомонное стремление знать и видеть новое держало меня всегда в стороне от женщин. Кто связывается с бабами, кто им подчиняется, всегда останется невеждою во всяком познании, кроме, может быть, науки о них самих. Я никогда не был влюблен и не понимал потребности любить. Женщин я знал много, но они оставались для меня либо сестрами, либо только наложницами. Соединить свою судьбу с судьбой которой-нибудь из них я никогда не ощущал ни желания, ни возможности. С Лалою было приятно, в ней не надо было чувствовать женщину, зато чувствовался хороший товарищ. В ней сидит тот же демон фантастического авантюризма, что тревожит и носит по свету меня. Теперь Лала – преждевременная старуха, дикарка, погибшая в ревнивом чаду суеверий, беспощадных и убийственных. Жаль, что я поздно ее встретил. Лет десять – двенадцать тому назад ее можно было бы еще перевоспитать. А если бы этакой вот Лале дать образование и выбить ее с дороги суеверия на тропу живых и практических изысканий – что бы только могли мы сделать с нашею-то двойною энергией!

Если бы я подозревал в библиотеке прадеда такие сокровища, то в Ватикан не за чем было путешествовать. Половина книг съедена мышами, но и оставшейся половины довольно, чтобы, продав ее любителю или Публичной библиотеке, выкупить Гичов или Лайцевицы... Но я сам любитель – и они останутся при мне. Все больше латынь. Славянские рукописи обратились в сор. Вчера попалась мне среди бумажного тлена одна уцелевшая страница-полуустав...

"Имаши ли зрети сродника твоего, подружника альбо знакомита, иже отшед от зде тлением персти, из нее же сотворен бысть, той подобен обратися, изыдый о полунощи, первым кочетом возглашающим, сяди на празе цментажовом, и сродника, его же зрети водишь, вяще содержи в памяти твоей токмо его единого, разве всякие прочие мысли. Очей павруцания опась паментуй, зрак же имей вознесен к Стожару, от Возчика к звезде, рекомой Глафир, тоя же из седьми нарочита яркостна, от ковша на рукоять гвоздное пронжение указует; моргания же скорого и дыхания наипаче стерегись елико возможешь, понеже праце вред и неспорь велия. Поколику вся реченная исполниши, желанный тобою придет к тебе и сядет и будет с тобою, аки бы и в живом естестве сущий...".

Должно быть, писано в конце семнадцатого либо в начале восемнадцатого века: язык путаный – ни русский, ни славянский, и полонизмы уже встречаются... Надо полагать, сочинение какого-нибудь чудачка, воспитанного в Греко-Латинской Академии братьев Лихудов.

6 мая

Наконец, любопытная находка – латинский in quarto[53], в телячьей коже, анонимный, печатан в Кельне, год издания вырван... по печати и заставкам не старее первой половины XVII столетия. Название: "Natura Nutrix, aut Curiosa de Stellis, vertus, herbis, lapidibus eorumque effectis et actionibus"[54]. Мне еще не попадался в руки этот "физиолог", как звались подобные сочинения в средние века.

Читается трудно... варварская схоластическая латынь... И чушь страшная... Но меня занимает автор, а не книга. То-то был фанатик! Хоть бы одно слово сомнения в своих знаниях, недоверия к своим чудесам. У него нет гипотез – все аксиомы. Рубит прямо и повелительно: Misce, fas, divide[55]. Произнеси такие-то и такие-то заклинания – и готово: совершится такое-то чудо, такой-то и такой-то черт покажется тебе в решете.

Курьеза ради я проделал один из рецептов, произнес заветную формулу – однако дьявол in persona не соблаговолил ко мне пожаловать. Впрочем, может быть, ему помешали: как раз в эту минуту ко мне постучался мой старый Якуб, чтобы доложить, что приехал ко мне с визитом наш уездный врач. Зовут его Коронатом Станиславовичем Паклевецким. Он из смоленских дворян. Веселый человек. – Знаете, – говорит, – нас, смоляков, дразнят: кость-то шляхетская, да собачьим мясом обросла... Это русские. А поляки говорят про нас другое: пул пса, пул козы – недоярок божий...

---

[53] фолиат в четверть листа (лат.).
[54] "Колыбель природы, или Наблюдения звезд, слов, трав, камней и их действий и влияний" (лаг.). Автор неизвестен...
[55] Смешай, сделай, раздели (лат.).

Образованный живой, довольно остроумный. Брюхо Гаргантюа, губы младенца. Но мне он все-таки не понравился. Что-то уж очень много развязности... Думается мне, что Паклевецкий совсем не такой душа человек и рубаха парень, каким хочет казаться. Черненькие глаза его щурятся в постоянную улыбку, но взгляд остается холодным и сторожким... Точно доктор всегда за тобою следит, а самого его – нет, дудки! – врасплох не поймаешь! А есть на душе у него что-то скверное, нечистое... есть! Впрочем, если только у него вообще есть душа, а не пар, как у кота Васьки.

А интересен. Хотя бы уже тем, что превосходно знает всех родственников моих с отцовской стороны, с которыми я очень мало знаком, так как не очень-то простили они отцу женитьбу на русской и то, что не сумел сохранить нас в католичестве. Кого лечил, с кем дружил. Отец в его воспоминаниях мало любопытен: обыкновенный молодчина-шляхтич, захудалый уездный аристократ, гоноровый гербовик, смолоду бравый армейский офицер в хорошем кавалерийском полку, потом отличный сельский хозяин. Поймал себе богатую жену-московку, при помощи которой не только возвратил себе старинные конфискованные богатства польских графов Гичовских, но еще и значительно их приумножил. Рано умер, потому что сильно расшибся на охоте с борзыми – упал в ров вместе с взбесившейся лошадью: шляхетский гонор не позволил выброситься из седла. Совсем молодым врачом, только что с университетской скамьи, Паклевецкий провожал за границу, как ординатор, психически больную тетку, мою, графиню Ядвигу Гичовскую, несчастнейшую истеричку, страдавшую манией преследования и эротоманией в формах демонического бреда. Рассказал мне о ней много любопытного и обещал привезти либо прислать ее записки, которые она вела в лечебнице незадолго до смерти, в светлые промежутки своего недуга.

10 мая

Солнце выглянуло... Тепло, светло и аромат... Я пробыл целый день в парке... Ушел только с закатом солнца.

Проходя домой, вижу вдали, между двумя кустами жимолости, розовое пятно. Подхожу ближе – пятно оказывается дамою, и даже очень красивою. Надо полагать, страстная любительница природы: уставилась на закат и не сморгнет; а глаза огромные, прекрасные, голубые; волосы, как золото. Я поклонился. Дама оглядела меня с изумлением, отдала поклон и, сконфузясь, скрылась за деревьями так быстро, что я не успел ни слова ей сказать, ни последовать за нею. Только раза два мелькнуло в кустах розовое платье... Очаровательное создание! Я даже рад, что не удалось познакомиться. В этой немой мимолетной встрече было что-то поэтическое.

С "Natura Nutrix", наконец, развязался. Любопытною показалась мне только следующая легенда:

"В стране диких монголов, где берут свое начало пять рек,

изливающихся в Индийское море, растет папоротник, называемый Огненный Цвет, добываемый туземцами с великими трудностями, потому что гнездится он в глубине диких ущелий, между снежными горами, на неприступных топях и трясинах. Но туземцы не боятся ни трудностей, ни лишений, презирают опасность самой жизни своей, лишь бы достать куст Огненного Цвета. Владеющий же таким сокровищем не уступит его, ни даже если предложить золота в десять раз против его веса. Цвет этот имеет великую и чудесную силу. Кто владеет им, видит как бы сквозь хрустальную стену все золото в жилах и россыпях под землей. Подобно тому, как водоросли пронизывают собою воду и устилают дна морские, так золотые волокна тянутся и распластываются сквозь землю. Месторождения же золота суть в то же время и месторождения жизни. Ибо что иное есть золото, как не ствол, корни, сучья, листья, цветы и плоды древа жизни, которое бог предвечно возрастил для человека в раю? Но после того, как Адам и Ева, забыв завет послушания Создателю своему, вкусили плодов наущения змеиного от древа познания добра и зла, и вступила в мир, по греху их, наказующая смерть, древо жизни погрузилось в глубину земли и, смешавшись с элементами, рассыпалось и переродилось в золотые руды и самородки. Таким образом. Огненный Цвет, указуя владельцу своему глубочайшие золотые месторождения, открывает ему не только возможность обогатиться больше всех земных владык, но и найти великую тайну победы над смертью. Владея Огненным Цветом, легко достать из земли жизненные волокна, и тогда человеку тому не страшны угрозы смерти: он будет жив, пока сам не по желает избавиться от тягостей земного бытия. Он может воскресить мертвых, соединять в существа телесные атомы и элементы, рассеянные в воздушных пространствах, вызывать чувство и голос в бездушных предметах. Но достать Огненный Цвет удается едва ли одному человеку в столетие; ибо, не считая естественных препятствий к его добыванию и крайней редкости самого растения, оно охраняется неусыпною ревностью злых духов, всегда враждебных человеку и закрывающих для него двери благополучия. Так как злые духи сами не могут, по божественному милосердию, касаться Огненного Цвета, разящего их, как молнией, если он не был еще в руках человеческих, то, когда искатель подступает к таинственному растению, бесовская сила окружает его со всех сторон, и допустив человека сорвать цветок, затем стращает его зрелищем всяким чудовищ, пока человек от ужаса не умрет или не выронит драгоценного цветка, пламенеющего в руке его".

Похоже на наши славянские поверья. Не удивительно: легенда идет с Тибета, а вся славянская мистика – родом оттуда. Да. Это Жар-Цвет или Свети-Цвет русских сказок, Перунов цвет хорватов, Солнечник хорутан. "Что цветет без цвету? Папорот". Когда Жар-Цвет цветет, то ночь бывает яснее дня и море колыхается. С громом раскрывается почка папоротника и распускается золотым цветком или красным, кровавым пламенем, но в тот же миг увядает, листочки его осыпаются и бывают расхватаны нечистыми духами. В старинных травниках цветок папоротника описывается почти в тех же чертах и почти с теми же свойствами:

"В то время приходит множество демонов и великие страхи творят, что уму человеческому непостижимо. Цвет папороти, когда отцветет, осыплется на то, что постлано, и ты тот цвет смети перышком в одно место бережно и залепи воском[56]; тот цвет завсегда цел будет. А если не залепишь, то нечистые унесут тебя; для того людям не дают его взять, что он очень им противен и всю их силу разрушает. Если кто его возьмет, то никакой дьявол и ворожея, и грешник укрыться не может, и дьявольская сила вся ему будет видна и знатна, и ни с какой своей пакостию от него не укроется... Тот цвет носи на лбу: узнаешь и увидишь, где какая поклажа[57] лежит и как что положено и сколько глубоко, и можешь взять без всякого вреда и остановки – для того, что ты уже демонов увидишь; а с ним тебя жестоко бояться станут, и когда ты куда не поедешь, если нечистые тут на месте есть, то они отходить с того места станут, и можешь всякие поклажи с тем цветочком получить – не заперто! Все узнаешь, что где есть или лежит, или делается, и как, куда и в коем месте; просто сказать – все будешь знать, хотя и в чужие города и иные государства дороги и прописки. Тот цвет положи в рот за щеку и поди, куды хошь: никто тебя не увидит; что хошь – делай... Тот же цвет носить на голове – все видеть и знать станешь, и вельми счастлив будешь и достоин всякого начальству, во всякой чести будешь. А сия трава самая наисильнейшая над кладами – царь над цветами, трава-папорот!"

Старинные стихийные мифологи школы братьев Гриммов думали, что Жар-Цвет – не что иное, как молния, вырастающая, подобно красным цветам, на дереве-туче. Но они давно провалились и забыты, эти стихийные мифологи... Requiescant in pace[58].

Взгляд на золото, как на перегной, что ли, древа жизни, впервые встречаю в такой определенной форме. Но о животворной силе золотых месторождений мне случалось читывать и догадываться по смутным намекам алхимических сочинений. В одном романы Бульвера заслуживают внимания: он хорошо изучал историю фантастических учений, которые описывал, да и, когда сочинял "Занони" и "Странную историю", предания розенкрейцерства, незадолго перед тем разложившегося, еще были у многих в памяти.

Спрашивал Якуба о розовой незнакомке. Недоумевает:

– Мабуть, якась сусидска пани, бо ближче нема... Я пошутил:

– Уж не русалка ли это была? Он очень спокойно возразил:

– Нет, теперь у нас русалок нет.

– А прежде были?

– Эге!

---

[56] от свечи, горевшей у запрестольного образа богородицы.

[57] Клад.

[58] В мире до почиют (лат.).

– Отчего же они перевелись?

– А от пана грабего Ксавера Тадеуша, дедушки вашего.

– Как же он их повывел?

– Известно как: стал ловить, а которых поймает – пороть.

– Русалок-то?

– Эге!

– Да ты врешь, Якуб: как же можно русалку выпороть? Она – дух!

– Эге! Не знали вы, пане грабя, дедушки вашего. Он заседателей порол, не то что русалок. Попадись ему под сердитую руку сам лысый дидько, он и тому сумел бы всыпать... Он – что делал? Возьмет святой воды с девяти костелов и сварит на ней кисель – сейчас все ведьмы, сколько ни есть в околотке, начнут к нам в усадьбу проситься и того киселя промышлять, потому что он для них – большая сила. А граф велит хлопцам примечать, кто из баб к киселю лапу-то тянет, и, которая баба провинится, ту и дерет... Прежде наша сторона была самая колдовская, а после графа ни-ни...

Я люблю Якуба. Красивый остаток старой Волыни – замковой, шляхетной, рыцарской и рабской, полуказацкой, полухолопской. Он словоохотлив и, когда дернешь его за струнку воспоминаний, рассказывает прелюбопытные казацкие сказки. Одну из них я сегодня записал.

"А что, пане, бывали вы на Подоле? а знаете вы наш Браилов? Нет? Эге! Так вы, може, и про каплицу нашу не слыхали, и про Пана Езуса Христуса в той каплице?..

Дивный-предивный стоит он в каплице – и нет такого человека, кто поглядел бы ему в лицо, и не заскребли бы кошки на сердце. Я человек не молодого веку: сивый волос в усу и плешь на голове от уха до уха. Но и то глаза свербят слезою, когда вижу его, великого Пана, как понуро и горестно стоит он со скрученными руками, в терновом венце... а лик-то, лик! Что было в мире горя и муки – все-то личико его прияло... Смотрит на тебя господь эмалевыми глазами и точно говорит: видишь, какое горе терплю я за тебя, человече? а ты мне чем воздашь за мою тоску? Загляни-ка в свою душу, ужаснись своих грехов да и пади на землю крестом, кайся и плачь!..

Добрый художник сработал ту статую, что на ней почил дух божий! А волосы, пане, на той статуе не из сырца либо из пеньки, как бывает в других каплицах, нет: и на вид, и на ощупь – человечий волос... И може ты, пан, не из тех, что чудам верят, но верь или не верь, а растут те волосы из года в год, уже стали длинные, как женская коса, а все растут... и как дойдут они до пола – нивесть что случится; кто говорит, что будет светопреставление, кто – будто наша Жечь Посполита встанет из гроба и снова глянет на мир грозными очами... Расскажут тебе, вашмосць, как наш Христу с прибыл в Браилов.

Давно то было, еще при стародавних круглях польских: може, еще за Яна Собесского, а. може, и того дальше... Ты меня, пан, извини: я старик темный, многим наукам не учился... что люди говорят, с того и моя речь, а не из книжек... Коли ты человек ученый, так знаешь, что

149

наш Браилов не один стоит на свете, а есть еще где-то в Турещине другой Браилов, что поганцы пятой давят...

Гулял наш браиловский пан, гулял вольный гетман Потоцкий с удалой дружиной по Днестру, Дунаю и Черному морю, бил поганские корабли, шарпал по поганским берегам, села поганские дымом пожаров пускал по ветру. Много славы на земле достал Потоцкий: сам Султан в Стамбуле боялся его, как ночной мары! А того больше достал заслуги на небе, потому что сколько душ христианских вызволил он из мусульманской неволи, со скольких людей поснимал тяжкие кайданы – один бог милосердный сосчитает; у нас же, грешных, и цифирю не хватит. Воюет Потоцкий Турещину, колотит освященным в Ченстохове корабелем по турским тюрбанам, темницы ломает, кайданы разбивает... Только в одну ночь спит он на коврах в своей легковесельной чайке и слышит во сне голос:

– Гей ты, гетмане, гетмане! Много ты, добрый рыцарь, поработал для бога, а самой большой работы не исполнил; много ты невольников выручил из турской обиды, а самый дорогой и лучший невольник еще в темнице... Как вызволишь ты его – так все тебе грехи простятся: и к папежу в Рим не надо ехать за отпущением.

Потоцкий чует, что сон неспроста, что говорит с ним ангел божий, и отвечает:

– Аньелку! А где же тот невольник? Лишь бы знать, а сабли не жалко...

– Ступай, – говорит ангел, – до брэндовского паши...

– Эге! – возражает Потоцкий. – Я вижу, ты, аньелку, не знаешь, что тот паша обещал за мою голову двадцать тысяч червонцев? Не знаешь, видно, и того, что со мной дружина малая, а в Браилове сто тысяч турков, кроме янычаров? А видал ли ты, какие в Браилове муры да валы и на них пушки да гарматы?.. Я свой лоб не в поле нашел, чтобы подставлять его на верную смерть...

– Волка бояться – в лес не ходить! – говорит ангел. – А что я тебе говорил, то верно. Сделай, как советую: хорошо твоей душе будет.

Проснулся Потоцкий – задумался. И охота ему господу богу угодить, и знает он, что не такая Браилов крепость, чтобы ее осилить... Да и турки за мурами храбры, чертовы дети, не хуже нашего брата!..

Думает гетман, крепко думает. Видит это верный его гермек Длугош и спрашивает:

– Для чего ты, васьпан, ходишь такой замысленный?

– Молчи, Длугош! – не с твоим разумом разобрать мое замысленье.

– Вот оно что, мосьпане! – говорит Длугош. – Не так ты поговаривал, когда крымский хан держал тебя, малолетка, атаманом в Бахчисарае, как птицу в золотой клетке, а я глупым своим разумом промышлял, как тебя вызволить из неволи... Нех бендзе так! Был Длугош в умных, зачем ему не бывать в дурнях...

Стыдно стало Потоцкому, поделился он с Длугошем своей думой, а Длугош сейчас и придумал:

– Или, вашмосць, мало у нас червонцев? Где сила не возьмет, там золото одолеет. Скидай лыцарский доспех, надевай жидовский кафтан... идем в Браилов торговать райю!

Долго ли, коротко ли, пришли богатыри в Браилов. Водит их паша по тюрьмам и застенкам, за мужчину берет по алтыну, а за марушку – полушку, и такая уйма полоненного народа была в том Браилове, что, хоть и не велика цена, а у Потоцкого уже и денег не стало хватать... А тем часом ангел опять явился ему в ночи.

– Ну, – спрашивает Потоцкий, – вот сделал я по-твоему! Доволен?

– Ничего ты не сделал, – говорит ангел.

– Отто добре! Да где же он кроется, твой христианский невольник? В городе теперь все тюрьмы настежь, потому что сидеть в них никому... я всех колодников выкупил...

– А заглядывал ты в подвал под домом паши?

– Нет, не заглядывал... да кому там быть? подвал сто лет как замурован...

– Хороший ты, пане ксенже, воин и христианин добрый, а много лишнего разговаривать любишь. Ты своим человеческим разумом не рассуждай, а слушайся, и если велю тебе заглянуть в подвал, то и загляни...

Пошел на другой день Потоцкий к паше просить отомкнуть подвал. Выслушал его паша, бороду гладит:

– Отомкнуть можно. Отчего не отомкнуть? За деньги, все можно. Только что ты там, жид, искать будешь?

– Что найду, то и куплю, эффенди! Не бойся: за ценою не постою.

Засмеялся паша:

– Видал я дураков, а таких, как ты. жид, не видывал! Золота ты истратил много, полон набрал великий, все тебе мало! Ты, должно быть, того и не знаешь, что не провести тебе своего полона и на сто верст, а будешь ты уже и голый, и нищий, и благодари еще своего бога, ежели сам не попадешь в кайданы. Ты слыхал ли, что бродит по Дунаю такой пройдисвет и урван Потоцкий?.. Охоч он грабить и вешать вашего брата...

– Эге! А ты, эффенди, видно, и не знаешь, что вот уже месяц, как Потоцкий кормит своим вельможным телом морскую рыбу? Смел больно стал. Мало было ему раз бивать местечки до городки по Дунаю: поплыл разорять Анатолийский берег. Да не повезло ему: встретил на море великую силу. Три дня бил его дружиною из пушек требизондский паша, разметал по синему морю легкие чайки, а княжескую ладью перешиб ядром пополам, и всем, кто, на горе свое, сидел в ней, и памяти не осталось.

Обрадовался паша. Невдомек ему, что лыцари его дурачат. Поверил, хоть и подивился, что не пригнали к нему с такой важной вестью гонцов из Стамбула. Ну, да уж жиды такой народ, что всякую новость знают за сутки прежде, чем случиться самому делу. Мовша расскажет Ицке, Ицка Срулю – глядь, гонец-то пока еще едет да доедет, а жидовская молва обогнала его на тысячу верст.

– Спасибо, жиды! Утешили вы меня. Нет вам ни в чем отказа. Я

151

пойду с муллами благодарить аллаха за смерть Потоцкого: так ему и надо было потонуть, собаке! А вы откройте подвал и ройтесь в нем по всей своей доброй юле.

Спустились в подвал лыцари. Темно, сыро, нога скользит по плесени, селитра на стенах, со сводов каплет, жабы шлепают по плитам толстыми брюхами!.. Где здесь живому человеку быть? И недели не протянул бы, отдал бы богу душу. Пожал плечами Потоцкий.

— Знать, то не ангел божий говорит со мной во сне, а вводит в соблазн хитрое привидение. Аида до дому, Длугош, покуда целы да не надумался паша, что мы с тобою за птицы.

И уже повернул было к двери, а старый гермек хвать его за полу.

— Стой, пане ксенже! а то что за чудо светит в углу? Взглянул Потоцкий – так и обомлел! На ногах не выстоял, повалился ничком на пол темницы. А за паном повалился и Длугош. Лежат и глаз поднять не смеют. А свет разгорается все ярче и ярче, точно солнце взошло в подвал... И шел тот свет от святой статуи Христовой, что, брошенная от неверных в подвал, многие годы лежала никому неведомо, в сору и в паутине.

Подхватили богатыри статую на плечи, вынесли из подвальных потемок под ясное небо. И молился, и радовался Потоцкий:

— Так вот какому невольнику пришлось послужить своей лыцарской удачей. Великою милостью взыскал ты меня, боже, что поручил мне такое святое дело!

Увидал паша, какое диво нашли богатыри в подвале, – нахмурился.

— Оно, конечно, говорит, христианский бог мне не надобен: у меня Мухаммед. И то, правда, говорит, что лучше его вам, жидам, отдать, чем собакам-гяурам: они его еще в церковь поставят, молиться ему будут... Однако – вдруг в нем есть какое-нибудь чародейство?

— Вспомни, эффенди, – убеждал его Потоцкий, – ты нам дал свое светлое, великое слово! Все, что мы найдем в подвале, наше.

— Что слово? Слово мое. Хочу – даю его, хочу – назад беру. Ну, так и быть – берите истукан. Только не даром.

— За деньгами не стоим. Заплатим, что хочешь.

— Хочу я не много, однако и не мало. Сколько вытянет истукан на весах, столько отсыпьте мне червонцев – золотник в золотник, ни одним червонцем меньше.

Вытаращил глаза Потоцкий: никак паша вовсе одурел от жадности? Не денег ему жаль, а негде ему взять золота. Что было, паше же за райю отдал. Что теперь делать? Переглянулся с Длугошем – тот тоже стал в тупик, переминается с ноги на ногу, а совета не подает...

— Нет, эффенди, это не подойдет... – начал было Потоцкий, но в то же мгновение его обвеяло тихим ветром, и в том веянии он услышал знакомый голос:

— Соглашайся! Махнул рукой богатырь.

— Э! Была не была! Ставь весы, эффенди. Хоть, не в обиду тебе сказать, и жаден ты, как волк, степной сиромаха, в делать нечего: плачу – твое счастье! Жаль золота, да жаль и упустить из рук дорогую находку. Семь шкур сдеру я за нее с богатых гяуров нашей земли.

Поставили статую на весы: тяга страшная – полная чашка так и припала к земле. Ухмыляется паша:

– Ну, жиды, раскошеливайтесь!

А незримый ангел шепчет Потоцкому:

– Не робей. Вынь из кармана первую монету, какая попадется в руку, и брось в пустую чашку.

Потоцкий вынул червонец, положил – и чашка с червонцем опустилась и стала в уровень с другой, на которой стояла статуя. Ошалел паша, видя такое чудо; а пока он бороду гладил и призывал на помощь Мухаммеда, Потоцкий и Длугош подхватили статую и были таковы со всею выкупленной райей.

– Разживайся, мол, эффенди, с нашего червонца, да не поминай лихом.

И покрыла их, по воле божьей, темная туча и вела под своим крылом до самого Дуная, где ждали удальцов их быстрые чайки.

Опамятовался паша, созвал к себе мудрых мулл и улемов.

– Гадайте, муллы, по корану: что за диво такое приключилось? Унесли у меня жиды христианского бога, а в уплату оставили всего один червонец.

Гадали муллы по корану и выгадали:

– Глупый ты, глупый паша! Лучше бы тебе, глупому, и на свет не родиться. Не жиды у тебя торговали райю, не Мордко с Ицком, не Шулем с Лейбой унесли христианского бога, а великий вольный гетман Николай Потоцкий со своим верным гермеком Длугошем. И еще мы тебе скажем: тою только статуей и держался наш Браилов. И если отдал ты ее в руки христианам, так уж заодно отдал бы им и ключи городские.

Зарыдал паша:

– Пропала теперь моя голова! Будьте милостивы, муллы, помолчите мало времени о нашей пропаже! Вырву я ее из гяурских рук, и будет все по-старому. А не то дойдет слух в Стамбул до султана, и пришлет он мне шнурок на мою белую шею.

Рябит попутный ветер Черное море, несут пузатые паруса ладью Потоцкого на Днестр к лиману, и родная земля уже недалеко. Статуя господня стоит на корме, добрый путь уготовляет. Смотрит Длугош в седую морскую даль, и там, где небо сходится с водою, мерещатся ему вражьи паруса.

– Неладно, пане ксенже! Спешит за нами браиловский паша сильною погоней на трех фрегатах! Навались на весла, панове! Утекай, покуда еще не видят нас басурманы!

Куда там! И часу не прошло, как засвистали над чайками ядра с турецких фрегатов. Только – что ни выпалят – мимо, да мимо. Все ядра через чайки пере носит. Бухают в море, водяные столбы летят брызгами выше матч с цветными вымпелами.

Стал паша кричать на пушкарей:

– Какие вы пушкари! Бабы, а не солдаты! Ужо, как вернемся домой, никому из вас не миновать фаланги!

И приказал своим аскерам садиться в легкие шлюпки.

На что удал был Потоцкий, однако и его оторопь взяла, как поплыла на него с тылу несметной саранчой бусурманская сила. Стеною с тыла валит, рожками с боков охватывает. Затрубил Потоцкий в рог, и сбились к его ладье чайки удалой дружины.

– Братья! Не совладать нам с пашою: на каждого из нас выслал он по дюжине аскеров. Не уйти: быстрее нас плывут бесовы дети, паруса у них шире, гребцов больше. Видно, пришел час пострадать за веру Христову, сложить буйные головы на турецкие ятаганы. Нет у нас ни ксендза, ни попа – да есть сам Христос-Владыка. Кайтесь ему, кто в чем грешен, – и полно бежать от басурманов! примем их на острые сабли! Дорого заплатит паша за наши головы. Одна мать заплачет по сыне на Подоле – десять матерей на Турещине! А свою ладью, панове, я не сдам туркам – ни живой, ни мертвый. Лучше пусть святая статуя разлетится в воздухе на тысячу кусков, лучше пусть потонет в морской глубине, чем опять попадет в полон к неверным.

Надели чистые рубахи, всякий помянул сам про себя свои грехи и сложил их к ногам Христовым, брат с братом распрощался... Уже наседают вражьи челны. Белеют чалмы, краснеют фески аскеров. Блестят мушкеты и ятаганы. Смуглые лица видать, черные глаза сверкают. Гул идет от челнов:

– Алла! Алла!..

– Стой! – приказал Потоцкий, – суши весла, панове! И стали чацки на месте, ощетинившись поднятыми веслами. А с турецких шлюпок уже тянутся багры и крючья, словно кошачьи когти. Затрещали мушкеты, огнем и дымом покрылось синее море. Не глядят басурманы, что аскер за аскером падают с челнов, кровавя вспененную воду: лезут сквозь огонь, схватились баграми за борты.

– Алла! Алла!

Молнией сверкает карабель в руках Потоцкого, как арбузы лопаются под ударами бритые головы. Грудью заслонил он изображение Христово. Сколько пуль уже расплющилось о его верный панцирь! Рубит сплеча, а сам возглашает великую песнь:

– Святый боже, святый крепкий, святый бессмертный! Помилуй нас!

Голосу его отозвалось на чайках все казачество, как один человек. И всколебалось от той песни синее море.

Повернул ветер, дунуло северняком с лимана. Наморщилось море, потемнело, заохало. Волна с волной пере кинулась снежками. Зачуяли на фрегатах, что близится великая буря, и вывесили на реях флаг к отбою, чтобы челны отступили от чаек назад, к кораблям.

– Что тратить даром людей? – сказал паша. – Все равно теперь не спастись от нас гяурам. Фрегаты наши крепки, морская буря им нипочем, но гяурские челны она размечет, как щепки. Какой челн не потопят волны, догонят наши каленые ядра... Жарь в них со всех бортов!

Ад на море. Пушки грохочут, волны ревут. Сизые валы до облаков поднимают серебряные гребни. Рассыпались чайки по морю, глотают казаки соленую воду... А старый гермек Длугош крутит сивый ус:

– Это ничего. Море нас не обидит, не выдаст. Мы с морем старые приятели. Море не турка.

Навалился на руль – правит. Летит ладья, Христом осененная, торопятся за нею казачьи челны, черными тучами напирают сзади басурманские фрегаты, молниями брызжут с бортов каленые ядра...

– Постой! Недолго вам палить, бисовые дети! – ворчит Длугош, а сам все крепче и крепче налегает на руль, гнет ладью к северо-востоку...

Земля! Земля!.. Вот закипели уже впереди живым серебром седые буруны...

– Эй, Длугош! Куда ты правишь! вдребезги разнесут нас камни порогов...

– Помалкивай, пане ксенже! Не тебе учить старого Длугоша, как ладить с сердитым морем... Навались на весла, братья-атаманы! Чтобы стрелами летели вперед наши чайки!

Мчатся чайки – волну и ветер обгоняют. Не отстают от них турецкие фрегаты.

Взмыла волна и одним махом перенесла казацкую дружину через бурун. Только днища заскрежетали о камни.

Заметили турки, что зарвались в погоне и набежали на опасную мелизну, – да было уже поздно, не сдержать стало тяжелых фрегатов; со всего размаха ударились они о подводные камни и осели на них мертвыми грудами... По дощечкам расхлестала их сердитая волна, ко дну канули тяжелые пушки, ни один аскер не вышел живым на берег; потоп паша со всей силой, как фараон в Черном море.

А Потоцкий выждал за бурунами в спокойной бухте, пока улеглось волненье, и поплыл себе дальше, Днестровским лиманом, славя бога за свое спасенье. Доехал он до родного Барилова и с великим почетом поставил Христа, выведенного из неволи, в своей часовне. Там стоит он и посейчас – в одинаковом почете и у панов, и у холопов, у католиков и православных – и будет стоять, пока есть на то его святая воля."

Заезжал доктор, привез рукопись покойной тетки Ядвиги и целый ворох местных сплетен. У него по этой части талант замечательный. Я – в обмен – рассказал ему свою встречу в парке. Тоже руками развел.

– Гм... странно... Кто бы такая?.. Надо разузнать... Того даже мой гонор требует. Уездный врач должен быть всеведущим и вездесущим.

Он шутил, но острый, колючий взгляд его был серьезнее обыкновенного. С чего бы? Уж нет ли у него поблизости зазнобы, не ее ли подозревает он в загадочной гостье моего парка? А он, надо думать, преревнивый и в ревности злой. Такие толстяки, простодушные на вид и хитрые на самом деле, всегда злецы и тираны в своей домашней жизни.

Показал ему "Natura Nutrix". Заинтересовался страшно. Сперва издевался над невежеством средневековых естествоведов, хохотал, выхватывал из книги разные наивности и нелепости, а потом пристал:

— Подарите книгу.

Я отказал. Он немножко обиделся. Я извинился:

— Вам она ни к чему, годится только как курьез, а я много занимался историей тайных наук, у меня по ним хорошая библиотека, и я хотел бы разрознить ее, извлекая из коллекции такой интересный ouvrage[59].

Паклевецкий сказал — надо отдать ему справедливости, довольно добродушно, — что он это очень хорошо понимает, и заговорил на тему: как удивительно, что самые простые идеи даются человечеству позже всего.

— Вот хотя бы эта "Natura Nutrix". Смотрите: какая тщательность работы, кропотливость изысканий. Прямо дело целой жизни. И весь труд — впустую. Человек тысячу лет вертится около химии, электричества, магнетизма, держал много раз в руках их идеи — и все-таки не мог их найти... Точно в жмурки играл с наукою, ловил ее с завязанными глазами... А найти было так просто: стоило только отказаться от идеи о сверхъестественных вмешательствах в жизни человека и природы, стоило только условиться, что все существует и движется само по себе, своею собственною силою — и все нашлось: и химия Лавуазье и Бертоло, и электричество Гельмгольца и Эдисона, и гипнотизм Шарко...

Он долго ораторствовал, нападая на мистику и в особенности на современные сатанические и теософизические культы с ожесточением — точно бедняга-сатана был его личный грозный враг. Мне стала смешна горячность его полемики с пустым местом.

Я сказал:

— Поздравляю вас: вы прекрасный оратор. Вы очень искусно разбили современную демономанию и вполне доказательно отрицаете дикости мистицизма. Но известно ли вам острое выражение Равиньяни, довольно популярного в своем роде теолога? Он говорит: "Le chef d'oeuvre de Satan est de s'être fait nier par notre siècle".

Паклевецкий насторожился, задумался, точно перевел про себя фразу, и закатился громким и искренне веселым смехом:

— Но послушайте... ведь это — превосходно! Это — черт знает как метко и верно!.. "Шедевр сатаны в том, что он заставил наш век отрицать его существование"... Очень, очень замысловато. Молодец француз! Ловко потрафил, собака!

Он смеялся до самого отъезда... Но в экипаже — я видел из окна — нахмурился... Нехорошее у него лицо, когда он хмурится, и нехорошую душу оно обличает. Я вижу Паклевецкого насквозь и

---

[59] труд (франц.).

никогда не доверюсь ему ни на мизинец! И он меня не любит. Не знаю, за что, но я чувствую, что не любит.

12 мая

Получил сегодня письмо от старого Вучича – он в Каире. Самое жизнерадостное письмо; Зоица совсем оправилась от болезни и... вот уже не ожидал-то: выходит замуж. Старик приложил к письму и карточку жениха: какой-то англичанин, бравый такой малый, выращенный на ростбифе, эле и гимнастике. Как вспомню я убивания этой Зоицы над гробом Дебрянского, делается и гадко, и смешно, что за жалкая тварь эта девица... Тряпка: командовала ею Лала – она шла за Лалою, как на поводу, хотя боялась ее и не любила; потом влюбилась в Дебрянского, стала командовать ею любовь – она взбунтовалась против Лалы и едва сама не умерла, когда эта Лала спровадила бедного Алексея Леонидовича на тот свет. И вот: "башмаков еще не износила". Fraity is your name, women!⁶⁰..

На месте покойника я стал бы сниться Зоице каждую ночь, вроде того, как мраморная невеста преследовала Цампу. А Дебрянский, кстати, и в гробу-то лежал такой нахмуренный, строгий:

> Ты не должна любить другого,
> Нет, не должна:
> Ты мертвецу святыней слова
> Обручена...

О Лале Вучич не пишет ни слова. Так, значит, и пропала без вести безумица эта!

13 мая

Тайна розовой дамы объяснилась. По произведенному Якубом следствию обнаружилось, что розовое платье, подходящее к моему описанию, имеется только у панны Ольгуси, кузынки пана ксендза Августа Лапоциньского из соседнего Заборья, заведующей домом и хозяйством его велебности. "Une demoiselle a tout faire"⁶¹, – называют французы; и что панна Ольгуся, сгорая Евиным любопытством видеть новоприезжего графа Здановского, уже не однократно делала в наш парк нашествия вместе со своею покоювкою, якобы за ягодами, хотя до ягод еще добрые две недели.

Приедет Паклевецкий – поздравлю его: всезнайка, а не догадался!

О панне Ольгусе Якуб говорит с самою коварною и злодейскою улыбкой, ясно намекая всею своей рожей старого, еще крепостного, Лепорелло:

---

⁶⁰ "О женщины, ничтожество вам имя! " (англ.).
⁶¹ Мастерица на все руки (франц.).

– Ежели пану графу угодно свести интрижку, пусть пан граф не зевает – тут клюнет!

Однако черт возьми велебного Августа! Даже непозволительно обзаводиться для хозяйства такой хорошенькой кузиной...

14 мая

Отправился вчера кататься верхом, и Карабеля угораздило расковаться как раз у Заборья... В результате я провел вечер у пана ксендза и ел варенец из белых ручек панны Ольгуси. Ольгуся очень красивый двуногий зверь.

Не понимаю, как показалось мне только что не за фею эта сытая и здоровая деревенская красавица с формами Цереры и широко раскрытыми васильковыми глазами? По первому впечатлению, я чуть было не усумнился:

– Да это не она... совсем другая фигура, гораздо грубее лицо...

Но потом лукавые улыбки и хитрые намеки панны Ольгуси убедили меня, что предо мною действительно моя незнакомка... Всю поэзию встречи надо, таким образом, поставить на счет зелени парка и красных лучей вечернего солнца...

У Лапоциньских весело, как почти всегда у католических ксендзов. Этот класс людей обладает тайной приятной, занимательной и комфортабельной общежительности едва ли не больше, чем всякий другой. Надо было обреченному сословию старых холостяков веками сочинять для себя приятный быт в суррогат недоступный для них семьи – ну, и выработали в лучшем виде. Отец Август великолепно играет в шахматы, выписывает шахматные журналы из Лондона и Берлина и в свободное время – а такого времени у него часов двенадцать в сутки – витает мыслями в мире Морфи и Андерсена... Он, разумеется, шахматный старовер. Цукерторт, застрелившийся оттого, что проиграл случайно партию, которую он играл по всем правилам искусства и должен был непременно выиграть, для ксендза Августа – последний могикан преданий, заповеданных арабами и раввинами... Денежные матчи для него – предмет презрения и издевательства; о Стейнице и Чигорине он выражает свое суждение одним коротким и высоковельможным "пфе"!..

– То юж не граен, пане грабя, але тылько гроши робен...

Не знаю, в каких отношениях к нему стоит панна Ольгуся. По типу она-таки весьма и весьма напоминает "старческую утеху". Однако на кокетство ее со мной, весьма откровенное, чтобы не сказать – навязчивое, пан ксендз смотрел с самым стоическим равнодушием. Впрочем, на мой взгляд, он уже стоит на пороге того истинно философского периода в старчестве, когда хорошо изжаренные пулярка становится желаннее самой Елены Прекрасной, за килишек старки и пугар венгжины можно отказаться от романа даже с Венерой Медицейской, а чашка душистого кофе, шахматная доска и часок-другой сна после обеда заслоняют от человека весь остальной женской пол, да и вообще грешный наш мир со всеми его страстями и похотями... А гастроном и охотник поесть ксендз Август – великий, хоть сейчас в Ватикан метрдотелем к его святейшеству, да не к нынешнему сухоядцу и постнику Льву XIII, а к самому блаженной памяти папе Александру VI Борджиа. Вот уж именно: "не пий з блазнем, не пий з французом, не пий з родным ойцем, не пий з коханкой, а з ксендзем выпей!"

Якуб ужасно заинтересован моим пребыванием у Лапоциньских.

– Ну и как вам, мосьпане, показалась панна Ольгуся?

И покачав своею седою головою, прибавил:

– Она у нас – ай-ай-ай!

15 мая

Опять задождило... Дробные, мелкие и частые, словно сквозь сито, капли барабанят с утра по оконным стеклам... Холодно и сыро на дворе, в доме неприветливо. Тоска!

Хоть бы доктор завернул, что ли...

Нашел в библиотеке записную книжку прадеда Ивана Никитича. Вся исписана рецептами, давно вышедшими из употребления... да, надо думать, выходившими уже и в то время: три четверти записей снабжены вопросительными знаками или лаконическими отметками: dibitandum est[62] ... пять-шесть страниц заняты чем-то вроде дневника медицинского: прадед Иван Никитич принимал какое-то специальное сильное лекарство, отмечая его дозы и действие день за днем... но что это за лекарство, он не указывает. Может быть, женьшень, чудесный корень маньчжуров? Возможно, потому что и остальные средства – все возбуждающие жизнедеятельность: железные препараты, aphrodisiaca[63]. Почти половина книжки занята тайнописью. Ключ к шифру найти не трудно, вероятно, да и лень и, наверное, не стоит! Знаю я тайны российских мистиков XVIII века! Убьешь три дня на пробы и догадки, а в результате расшифруешь какой-нибудь необыкновенно важный секрет – вроде того, что касторовое масло имеет особенно сильное действие при новолунии, а в полнолуние лучше прибегать к ревеню...

16 мая

Отдали визит Лапоциньский с панною Ольгусей. В разговоре я назвал Ольгусю панной Лапоциньской и ошибся: оказывается, она – Дубенич. Это литовская шляхетская фамилия, давно поселившаяся в нашем краю. У Дубеничей в гербе крыса, которая грызет золотой желудь. Панна Ольгуся толкует свой герб таким образом:

– Крыса – это я, последняя из Дубеничей, нищая, как костельная

---

[62] непонятно букв.: не пройдено (лат.).
[63] любовные снадобья букв.: афродизийский, т. е. в честь богини Афродиты Венеры) – (лат.).

159

крыса, а желудь – единственная пища, которою я могла бы пробавляться, если бы его велебность не кормил меня хлебом.

Насмешливое отношение к своему гербу показалось мне странным в польке: родовой гонор и родовое хвастовство держатся в поляке против всякого отрицания. Я знавал поляков с совсем выветренною душою: уж на что сильны в них католические привычки и национальное чувство, но, глядишь, и с ксендзами на ножах, и свободный мыслитель, и даже патриотическую жилку заглушил в себе, социалистом и космополитом почитает себя, а гонора шляхетского, гордости происхождением своим "по мечу и прялке" – нет, не забыл.

Спрашиваю Ольгусю:

– Вы коренная полька?

– Почему вас это интересует?

– Потому что в вашем произношении есто что-то не польское.

Оказалось, что мать ее – русская, и она долго жила в русском обществе, кочуя по городам средней России вслед за полком своего отца, пехотного офицера, пока ксендз Лапоциньский не взял ее к себе.

– Таким образом, мы с вами можем подать друг другу руки, – пошутил я, – мы однокровки! Моя мать тоже русская.

– С радостью! – возразила она и протянула мне ребяческим жестом обе свои ручки – мягкие, белые, теплые ручки... Я приложился к ним с огромным удовольствием.

Но сам ксендз Август – родовой поляк с гонором, и насмешки Ольгуси над крысою и желудем, кажется, приходились ему не по вкусу. Он прочитал мне целую лекцию о Дубеничах, Дубовичах, Дембских, Дембовских, Дембинских, Дубах просто, Дубах Больших и Малых, вышедших во времена оны с Карпат, потомством от великого Само Дуба и разметавшихся по всему славянскому, от Балтики до Адриатического моря.

Я вспомнил фамильную легенду Вучичей и рассказал ее. Ксендз Август с горячностью и даже с волнением подхватил, что с юности, от деда и отца знает это предание, хотя и с вариантом, что графская дочь попала в руки совсем не лесного духа, как в красивой балладе Лалы, но грозного колдуна и разбойника, державшего в подземелье под дубом тайный притон свой. Как бы то ни было и кто бы ни был покойный Само Дубович – леший или разбойник – вот уже второй раз судьба меня сводит с родом его и все – при ликвидации: в Лале угасала последняя Дубовичка, в панне Ольгусе кончается ветвь Дубеничей.

Кокетничала со мною Ольгуся весь вечер и на все лады – даже исторически.

– Мне, пане грабя, – говорит, – собственно, не знакомиться с вами, а бежать от вас следует.

– Это почему?

– Потому что вы мне опасны.

– Много чести, панна Ольгуся! Уверяю вас, что я – самый смирный человек на свете...

– Не верю! Да хоть бы и так... Все же вы Гичовский, а я Дубенич...

– Так что же?

– Как? Разве вы не знаете, что между Гичовскими и Дубеничами есть роковая связь?

– Неужели? Очень приятно слышать!

– Да уж там – приятно ли, неприятно ли... Вы слыхали, конечно, про Зосю Здановку?

– Ну, еще бы не слыхать!

Зося Здановка – героиня нашей фамильной легенды. Она жила лет полтораста тому назад, была простая шляхтянка с фольварка под Здановым. Грабя Петш Вавжинец Ботва-Гичовский, коронный атаман, наш предок, влюбился в Зосю, увез ее. Несколько лет они жили счастливо. Потом Зося умерла скоропостижно, как говорят, отравленная родными графа, струсившими за наследство. Для Зоей был выстроен палац и разбит парк в Зданове. Говорят, будто граф Петш похоронил Зосю где-то в парке, насыпал над нею курган и поставил ей чудесный памятник со статуей – такою прекрасною, точно в нее вошла душа Зоси, такою схожею, точно Зося ожила в ней. Но наследники уничтожили статую и приказали сровнять с землею могилу, оскорблявшую их аристократическую гордость. В народе же верят, будто эта дикая выходка имела ту причину, что невинно загубленной Зосе не лежалось спокойно в могиле: ее статуя стонала и плакала по ночам, бродила по парку и смущала черную совесть убийц.

– Так вот, – с торжеством продолжала панна Ольгуся. – Эта Зося была из Дубеничей, и я происхожу от нее по прямой линии.

Прецедент – нельзя сказать, чтобы неприятный. Признаюсь откровенно: я ничуть бы не прочь разыграть роль графа Петра при такой Зосе, как панна Дубенич.

У пана Августа, кроме шахмат, нашлась еще страстишка: он рьяный разбиратель ребусов, шарад, тайнописи и т. д. Очень рад: теперь я знаю, как занимать его и в то же время оставаться незанятым с ним самому. Я подсуну ему записную книжку Ивана Никитича Ладьина. В ней столько страниц написано шифром, что милейшему ксендзу хватит работы на месяц.

17 мая

Я очень смущен... Сегодня опять, на том же самом месте, в тот же самый час я встретил в парке... нет: вернее сказать – не встретил, а только видел издали – розовую даму... и это не панна Ольгуся, хотя немножко похожа на нее. Вероятно, дама заметила меня, потому что видел я ее всего несколько секунд, а затем она – как и в прошлый раз – исчезла в зелени... Я пошел было за нею следом, но уже не догнал – и только слышал треск хвороста под ее ногами. Если бы не это, я принял бы всю встречу за галлюцинацию, за сон. Но сновидение не имеют тяжести, и хворост под ними хрустеть не может. Ну погоди же

161

– изловлю я тебя, прекрасная незнакомка! Не сегодня, так завтра... Благо, ты повадилась в наши Палестины!

18 мая

Ух, какую воробьиную ночь пережили мы, здановцы! С вечера было душно. Я рано лег спать и спал дурно, под кошмаром. Видел во сне Лалу, очень суровую и бледную. Она сказала мне:

– Помнишь Корфу? Берегись: оно нагнало тебя, оно начинается...

Она подняла руку, и вокруг нас разверзся целый ад огня и грохота...

Проснулся: дом трясется от грома, в щели ставен сверкает синяя молния. Я люблю грозу. Разбудил Якуба и приказал ему отворить ставни в кабинете. Чудное было зрелище. Когда небо вспыхивало голубым пламенем, в парке виден был каждый лист, трепещущий под каплями дождя, совсем бриллиантового в этом грозном освещении... Буря кончилась таким могучим ударом грома, что я вскочил в испуге с подоконника: молния блеснула прямо мне в глаза, и вместе с нею все небо точно рухнуло на землю... Так, в беспрерывной молнии и громе прошла вся ночь. Якуб уверяет, будто это потому, что черт воробьев мерял: которого убить, которого отпустить. Бедняги. Сегодня они сотнями тощих трупиков усеяли парк, и усердно суетятся и хлопочут вокруг них жуки-могильщики. Якуб прошедшую грозовую ночь зовет рябиновою. По его мнению, таких бывает три в году: в конце весны – когда цветет рябина, в средине лета – когда начинают зреть на рябине ягоды, и в начале осени – когда рябиновые ягоды совершенно поспеют. Первую отбыли, будем ждать всех остальных.

Гроза уничтожила один из лучших старых дубов нашего парка. Но нет худа без добра: ливень размыл курган – неподалеку от того места, где имел я две встречи с розовою дамою, и в размыве нашлись обломки женской статуи замечательно художественной работы... Налицо: нога с коленом, плечо, грудь и обе ручные кисти. Удивительный мрамор – я такого еще не видывал: нежно-палевый, точно чайная роза. Должно быть, из каких-нибудь восточных ломок.

Цвет их напомнил мне заревую игру и румянец той Статуи Сна, в которую когда-то чуть не влюбился я на генуэзском Стальено. Пока что сложил обломки у себя в кабинете, а ручки поместил на письменном столе, как пресс-папье... прелестные ручки: большой скульптурный талант воплотился в эти две нежные кисти с тоненькими и длинными пальчиками. Счастлив был муж или любовник прекрасной женщины, которой они принадлежали. То-то, должно быть, нервное, кроткое, слабое, зыбкое, очаровательное существо была... В этих узких пальцах – целая рапсодия женственности.

Сегодня утром вся прислуга помирает со смеху, потешаясь над казачком, который отворял для меня ночью ставни. Он уверяет, что пробегая парком, видел чертей.

– Какие ж они, Тимош, из себя?

– А як пан и пани, в панской одежде, только с лица черны и муруги... Как молния блеснула, мне их и осветило... Стоят над травою вот этак от земли – и смотрят на палац во все глаза... А потом – кругом, кругом, закрутились вихрем и пропали в саду.

Мальчишку, конечно, смутили тени кустов – еще диво, как при блеске молнии дикие очертания и угольные пятна их померещились Тимошу только за двух чертей: их хватило бы на целый шабаш...

19 мая

Паклевецкий решительно не может равнодушно видеть мало-мальски порядочной вещи: сейчас начинает клянчить – подари да подари... То просил отдать ему "Natura Nutrix", теперь влюбился в откопанные вчера ручки... А еще, говорят, бессребреник: не берет денег с больных, кроме самых богатых панов... Странно, что, несмотря на бескорыстие, его не любят в народе. Я разговаривал с холопами. Говорят:

– Пан Паклевецкий – доктор, что греха на душу брать, каких в Киеве нет: захочет – и мертвого из домовины поднимет. Только у него нехороший глаз и тяжелая рука. И всем кого он лечил, потом не повезло; у Охрима Мокрогуза хата сгорела, у Панька дочь байструка родила, у кого злодей камору обчистил, у кого корова пала али коней свели... И бес его знает, какой он веры: не ходит ни в костел, ни в церковь, ни в жидовскую школу...

Я пересказал этот разговор Паклевецкому. Он хохочет по обыкновению.

– Ишь, хамы! Подметили-таки мои неудачи. В самом деле, меня преследует какой-то злой рок: со всеми моими больными приключаются неприятные сюрпризы и скандалы...

– Пока еще не испытываю на себе вашего вредного влияния, – пошутил я, – и со мною ничего сюрпризного не случилось...

– Да ведь вы у меня еще не лечились. А впрочем... ба-ба-ба!

Паклевецкий лукаво подмигнул.

– Как же ничего не случилось? А разве вы еще не влюблены в панну Ольгусю?

Вот тебе раз! О провинция, всевидящая, всезнающая, вездесущая! А главное – всесплетничающая!

– Разумеется, нет... Да откуда вы знаете, что мы знакомы?

– Слухом земля полнится... Я даже знаю, что пан ксендз Август удостоился получить от вас в подарок какую-то старую рукопись и теперь по целым дням ломает над ней свою мудрую лысую голову...

– А помните, доктор, как мы с вами терялись в догадках о розовой даме, которую я встретил?

– Как же, как же... И конечно, оказалось, что это была панна Ольгуся?

– В том-то и дело, что нет. Я встретил ее опять... Доктор выслушал меня с притворною рассеянностью я очень хорошо заметил, как серьезно заинтересовали его мои слова.

163

– Таинства Удольфского замка, сударь вы мой! – сказал он.

– Уж именно таинства! – засмеялся я. – Вон мой Тимош клянется даже, будто третьего дня во время грозы у нас по парку гуляли черти...

– Гм... смотрите: не воры ли?

– Воровать-то в здановском палаце нечего: все ценности повывезены... а до книг, картин, статуй в нашей округе нет охотников.

– Не скажите: я, например, с наслаждением стянул бы у вас эти ручки...

Вот привязался-то!

А кстати отметим, благо к слову пришлось: ведь ксендз-то Август в самом деле молодец, недаром хвастался своим мастерством по тайнописи! Разобрал-таки кусочек рукописи – она оказалась французскою. Сегодня прислал мне перевод... Дикое что-то: "цвел 23 июня 1823... цвел 23 июня 1830... оба раза не мог воспользоваться... глупо... страшно... больше не увижу... знаю, что скоро смерть – не дождусь... а мог бы... сын не верит... быть может, кто-нибудь из потомк..." – дальше тайнопись ведется, вероятно, на каком-нибудь языке восточного происхождения: подставляя по найденному ключу французские буквы, ксендз получал лишь неуклюжие слова почти из одних согласных... И только на одной странице, с краю, четко написан ряд цифр: 1823, 1830, 1837, 1844, 1851, 1858, 1865, 1872, 1879, 1886, 1893, 1900... Последовательная разница между цифрами – 7... По всей вероятности, прадед пред сказывает какое-нибудь событие, должное повториться каждые семь лет... "Цвел 23 июня 1823 года"... Кто цвел? Кактусы, помнится, бывают семилетние...

Почти всю ночь не спал: читал записки тетки Ядвиги... Какое несчастное существо! Вплетаю этот любопытный документ в дневник мой, чтобы не потерялся, как другие летописи рода нашего, съеденные мышами и плесенью в сырых кладовках...

Постойте, дайте припомнить... Я вам все расскажу, все без утайки – только не торопите меня, дайте хорошенько припомнить, как это началось...

Простите, если мои слова покажутся вам странными и дикими. С меня нельзя много требовать; вы ведь знаете: мои родные объявили меня сумасшедшею и лечат меня, лечат... без конца лечат! Возили меня и к Кожевникову в Москву, и к Шарко в Париж, пользовали лекарствами, пользовали душами, инъекциями, гипнотизмом... чем только не пользовали! Наконец, всем надоело возиться со мной, и ют посадили меня сюда – в эту скучную больницу, где вы меня теперь видите. Здесь ничего себе, довольно удобно; только зачем эти решетки на окнах? За границею лучше. Там – no restraint[64]. А у нас – тюрьма. Зачем? Я не убегу, мне все равно, где жить: здесь ли, на свободе ли – я всюду одинаково несчастна, а, между тем, вид этих бес полезных решеток так мучит меня, дразнит, угнетает...

Может быть, мои родные правы, и я в самом деле безумна – я не

---

[64] нет ограничения в правах (англ.).

спорю. Мне даже хотелось бы, чтобы они были правы: то, что я переживаю, слишком тяжко... Я была бы счастлива сознавать, что моя жизнь – не действительность, а сплошная галлюцинация, вседневный бред, непрерывный ряд воплощений нелепой идеи, призраков больного воображения. Но, к несчастью, память моя тверда, и я мыслю связно и отчетливо. Меня испытывали в губернском правлении: чиновники задавали мне формальные вопросы, и я отвечала им здраво, как следует. Только когда губернский предводитель спросил меня: помню ли я, как меня зовут, – мне стало смешно. Я подумала: ему ужасно хочется, чтобы я ответила какой-нибудь глупостью, хоть в чем-нибудь проявила свое безумие, и на смех старику я сказала: меня зовут Марией Стюарт.

Разумеется, я не Мария Стюарт, а просто Ядвига Гичовская, младшая дочь графа Станислава Гичовского. Лета свои я затрудняюсь сказать. Видите ли, когда со мною началось это, мне было шестнадцать лет, но с тех пор дни и ночи летят таким порывистым беспорядочным вихрем... я совсем потеряла в них счет. Иногда мне кажется, будто мое безумие продолжается целую вечность, иногда – что оно началось вчера.

Мой отец – известный человек на Литве. Близ Ковна у нас есть имение – богатое, хотя и запущенное. Мы ездим туда на лето и проводим два месяца в ветхой башне, где родились, жили и умирали наши деды и прадеды. Холопы зовут нашу башню замком, и точно – последний остаток роскошного здания, построенного в XVI веке знаменитым нашим предком, литовским коронным гетманом. Оно простояло два века; пожар и пороховой взрыв в погребах разрушили его в начале XIX столетия почти до основания.

Гетман умел выбрать место для своего замка – у подножия высокой лесистой горы, в крутом колене светлой речки. Вдоль по берегу, вправо и влево видны остатки древнего городища, низкие кирпичные стены с сохранившимися кое-где бойницами... Они сплошь обросли мхом, а из иных щелей и расселин поднялись молодые красивые березы и елки. Я, сестра моя Франя и наша гувернантка пани Эмилия любили бродить между развалинами. Они поднимаются от берега высоко по горе и завершаются на ее вершине тремя черными толстыми стенами: на одной и теперь еще можно разглядеть сквозь грязь и копоть остаток фрески – ангела с мечом. Вблизи стены валяется много могильных плит с латинскими надписями. На некоторых видны иссеченные кресты, на других короны и митры, а на иных даже грубые рельефные изображения людей в церковном облачении. Когда-то здесь стоял бернардинский монастырь, зависимый от нашего рода, покровительствуемый нами. Он упразднен в прошлом веке. Во время второго повстанья руины служили приютом для небольшой банды: поэтому русские пушки помогли времени в разрушительной работе над осиротелым зданием и сразу его покончили.

Как вы уже слышали, мне минуло шестнадцать лет. Я была очень хороша собою – не то, что теперь. Давно ли, кажется, мой отец, когда бывал в духе, клал на мою русую голову свои белые руки и декламировал с важностью знаменитые стихи нашего бессмертного поэта:

Nad wszystkich ziem branki, milsze Laszki kochanki, Wesolutkie jak mlode koteczki, Lice bielsze od mleka, z czarna rzesa powieka, Oczi blyszcza sie jak dwie gwiazdeczki[65].

А как-то на днях я посмотрела в зеркало: я ли это? Костлявое, зеленое, словно обглоданное, лицо; под глазами и на висках провалы, челюсти выдались: уши стали большие и бледные. Как я гадка!

Он довел меня до этого. Он – странное, непонятное существо: ни человек, ни демон, ни зверь, ни призрак... он, ежедневно налагающий на меня свою тяжелую руку; он, в чьей губительной власти моя душа и тело; он, кого я днем боюсь и ненавижу, а ночью люблю всею доступной моему существу страстью; он, неумолимо ведущий меня к скорой ранней смерти... Ах! Да что мне болезнь, безумие, смерть! Никакой ужас видимого мира не испугает меня. Все, что люди зовут несчастьем, кажется мне и слабым и ничтожным, когда я сравню с тайнами моей жизни... А все-таки порою я со стыдом уверяюсь, что тайны эти дороги мне, как сама я, и лучше мне с жизнью расстаться – только бы не с ними! Индусу мило погибать под тяжелыми колесами гордой повозки божественного Яггернаута: моя беспощадная судьба катит на меня грохочущую колесницу смерти, управляемую Им, и у меня нет ни силы, ни воли посторониться, и я со сладострастным трепетом жду момента, когда пройдут по мне губительные колеса.

Зачем бишь я рассказывала про старое бернардинское кладбище? Да!.. ведь именно там-то я встретила его впервые, там и началось это... А как? Постойте... тут у меня темно в памяти...

Зачем я взошла на гору, чего там искала – право, не припомню, да это и не важно: так, нечаянно, без цели взошла. Наступил закат; большое, багровое солнце ползло вниз над западными холмами; под его лучами развалины нарумянили свои морщины и позолотили облепивший их седой мох. Я стояла между двумя молодыми тополями и думала: напрасно я отбилась на прогулке от Франи и гувернантки; пани Эмилия будет на меня сердиться, и мне надо поскорее их найти. Тут я заметила, что я не одна на горе; на разбитой плите у западной стены разрушенного костела сидел человек.

Он удивил меня: кругом, на несколько десятков верст, я знала всех, кто носил панское платье, а эту длинную фигуру, одетую в старомодный черный сюртук с долгими полами, я никогда не встречала; лицо незнакомца было затемнено надвинутой на брови шляпой – тоже устарелой моды, как узкий высокий цилиндр. Он сидел, далеко вытянув перед собой худые ноги в дорожных сапогах с отворотами; его руки, как плети, висели бессильно опущенные на плиту. В позе незнакомца было нечто неустойчивое, непрочное, что

---

[65] Нет на свете царицы краше польской девицы: Весела, что котенок у печки, И, как роза, румяна, а бела, что сметана, Очи светятся, будто две свечки. Пушкин и Мицкевич. "Три Будрыса". – (прим. авт.).

неприятно действовало на глаз, но чем именно – объяснить не умею. Я решила, что это какой-нибудь турист, – они иногда заглядывают в наши края. И из любопытства стала следить за ним. Он не замечал меня – по крайней мере, несколько минут он ни одним движением не проявил признаков жизни. Солнце зашло. Когда красный шар растаял на границе неба и земли, незнакомец ожил. Он пошевелился, потянулся, как только что пробудившийся человек, глубоко вздохнул и хотел подняться с места, но не смог и снова опустился на плиту. Тогда он опять вздохнул и, опершись на камень руками, откинулся на спину, потом наклонил туловище обратно к коленям, качнулся вправо, качнулся влево – словно хотел размять затекшие от долгого неподвижного сидения члены и делал гимнастику. Эти упражнения выходили у незнакомца так легко, точно он совсем не имел костей. Качался он долго, и чем далее, тем быстрее.

Неутомимость и чудовищная гибкость незнакомца сперва изумляли меня, потом стали смешить... Мне захотелось разглядеть чудака поближе. Я сделала несколько шагов и теперь стала уже прямо против него, но он все-таки не обратил на меня внимания. Когда же я сбоку заглянула в лицо его, то смех мой застыл: глаза незнакомца были закрыты, а на желтом, немолодом уже, но безбородом и безусом лице лежало выражение человека, спящего крепким, но мучительным сном, от которого хочется всей душою, но нет сил пробудиться. Контраст сонного лица с подвижностью туловища незнакомца был странен и жуток. Страх обуял меня, я вскрикнула.

В то же мгновение незнакомец перестал, как будто остановленный невидимой рукой. Щеки его задрожали, глаза медленно открылись и вонзили в мое лицо внимательный, острый взгляд. Они были почти круглые, светло-карего, чуть не желтого цвета, как у совы или кошки, и горели тем же хищным и хитрым огнем. Под взглядом их я будто вросла в землю – ноги меня не слушались и не хотели бежать, хотя страх, внезапно внушенный мне пробуждением странного создания, громко требовал: беги! Бессознательно я уставила свои глаза прямо в глаза незнакомца, и тотчас же мне почудилось, будто своим неприятным взором он проник мне глубоко в душу, читает в ней, как по книге, и по праву властен над нею. Между тем проклятые глаза расширились, округлились еще больше, сделались яркими, как свечи... в них явилось что-то манящее, зовущее и повелительное; я инстинктивно чувствовала, как опасно мне подчиняться этому зову, как необходимо напрячь все силы души, чтоб отразить его влияние, и не находила сил: сознание возмущалось, а воля была – как скованная, не слушалась сознания.

Незнакомец медленно простер ко мне руки и трижды потряс ими в воздухе – и я, против воли, сделала то же. Затем он стал приближаться ко мне, и с каждым его шагом я тоже делала шаг навстречу ему, так же, как он, с вытянутыми пред собою руками, подражая каждому его движению. Страх мой по мере приближению странного существа замирал, переходя в чувство нового для меня и мучительного, и сладкого беспокойства, томившего и счастьем, и тоскою. Мы шли, пока не встретились лицом к лицу, грудь к груди. Руки незнакомца опустились мне на плечи, голова моя упала ему на грудь – мне показалось, что кровь в моих жилах превратилась в кипяток и понеслась в теле разъяренным горячим потоком, чтобы вырваться на волю, чтобы задушить меня. То был непостижимый прилив неведомой страсти, и если я любила кого-либо больше себя, больше света и жизни, так именно этого незнакомого человека в эти таинственные минуты сладостного безумия.

Я очнулась в своей комнате, окруженная хлопотами родных. За час пред тем меня нашли у ворот нашего дома без чувств.

Тот, в чью жизнь непрошенно-негаданно врывается чудесное начало, всегда бывает подавлен и угнетен; быт его резко и грубо выбивается из русла своего наплывом совсем новых чувств, дум, ощущений и настроений. Показан вам уголок чужого мира, и столько непривычных впечатлений ворвалось из этого уголка в ум и душу, что за пестротою и роскошным разнообразием их не осталось ни охоты к серой, обыденной действительности, ни надобности в ней. Вы видели сон, убивший для вас правду жизни, охвачены грезой, сделавшейся для вас большею потребностью, чем есть, пить и спать; вам показано призрачное будущее, и стремление к нему давит в вашем сердце все желания и страсти настоящего и память прошлого. В неопределенности тоскливых стремлений вы будете безотчетно рваться к чему-то, а к чему – сами не знаете, но неведение цели не остановит вас, а еще больше подстрекнет, разгорячит и в упорной погоне за мечтой мало-помалу оторвет от жизни. Существование человека, ступившего одной ногой за порог естественного, превращается в сплошной экстаз, в безумную смесь хандры и пафоса, восторгов и отупения... Все становится презренным и излишним, нужною остается только овладевшая воображением тайна.

Так было со мною. Моя веселость пропала, моя жизнь погасла. Молча, запершись в самой себе, влачила я свое существование после вечера на горе, твердо веруя, что предо мною прошло существо иного мира... во сне или наяву? – что мне за дело?.. Повторяю: в часы мучительных раздумий мои желания так часто менялись, так часто от проклятий Ему я переходила к сладким мечтам о нем; и мне хотелось, чтоб Он не существовал, был лишь причудливым призраком лихорадочного сна, то я жаждала видеть Его как действительное, способное являться очам живого человека, умеющее любить, могущее быть любимым. Когда приближался вечер, я делалась сама не своя. Мне надо было бороться с собою, как с лютым врагом, чтобы не покориться таинственному могучему зову, доносившемуся ко мне откуда-то издалека и манившему меня... я знала куда: на гору, к западной стене. Но я не шла. У меня еще была кое-какая воля и оставалось сознания настолько, чтобы чувствовать в роковом зове нечто чуждое человеку, волшебное и преступное. В такие часы я забивалась в какой-нибудь уединенный уголок и со страшно бьющимся сердцем, трясясь всем телом, стуча зубами, как в лихорадке, читала молитвы и ждала – авось отлягут, отхлынут от души смутные грезы мои.

Я не пошла на встречу к нему – тогда Он пришел за мною. В одну ночь я проснулась, как будто от электрического удара, что я увидала, были два знакомые мне, огненные кошачьи глаза. Лица Его не было видно; глаза казались врезанными прямо в стену и долго смотрели на меня, не мерцая и не мигая. Я даже не успела испугаться: так быстро охватило меня уже испытанное оцепенение... Тогда Он отделился от стены, словно прошел сквозь нее, наклонился надо мною, и я снова впала в тот сладкий обморок, что охватил меня на горе.

Мне снились переливы торжественной музыки, похожие на громовые аккорды исполинских арф, перекликавшихся в необозримых пространствах. Звуки поднимали и уносили меня вверх, как крылья. Кругом все было голубое, и в безбрежной лазури колыхались предо мною не то птицы, не то ангелы – создания с громадными белыми крыльями, подвижные и легкие, как пушинки при ветре. Золотые метеоры сыпались вокруг меня. Сверху, помогая и отвечая арфам, гудел серебряный звон – и я купалась в море красок и звуков. То было недосягаемое, неземное блаженство – спокойное, теплое, светлое – и я подумала: "как хорошо мне и как я счастлива!". И – как только подумала – что-то больно укололо меня в сердце... Я вскрикнула, светлый мир покрылся черной тьмой, будто в нем сразу потушили солнце, и я очнулась.

Заря глядела ко мне в окно. Я была одна.

С тех пор каждую ночь я видела его, и каждую ночь уносили меня куда-то далеко от земли Его объятья, и каждую ночь пробуждалась я одиноко от острого удара в сердце. Дико и мрачно проводила я свои дни, выжидая ночи. Вялая, скучная, молчаливая, я возбудила опасения отца. Доктора нашли у меня малокровие, начали поить железом, мышьяком, какими-то водами.

Мне стало жаль моей молодой жизни, и я хотела спасти себя. Однажды я преодолела влияние моего врага: не поддалась его оцепеняющим глазам...

– Сжалься, – простонала я, – кто бы ты ни был, сжалься и не губи меня... Твои ласки сжигают меня. Я счастлива ими, но они убийственны. Ты взял всю кровь из сердца. Взгляни, как я жалка и слаба. Пощади меня – я скоро умру.

И в ответ я услыхала впервые его голос – шум, похожий на шелест сухих листьев, взметенных сухим вихрем:

– Не бойся умереть. Ты моя и соединена со мною. Ты не умрешь, как я, и будешь жить, как я. Ты поддержала мою жизнь ценою своей жизни, а потом ты, как я, пойдешь к другому живому существу и сама будешь жить его жизнью. Как я, узнаешь ты холодные, бесстрастные дни покоя и ничтожества; как мне, улыбнутся тебе полные наслаждения и безумных восторгов вечера. Золотая луна будет тебе солнцем и синяя ночь – белым днем... Люби меня и не бойся умереть!

И в первый раз я почувствовала на своих губах его холодные губы, и в этом долгом поцелуе он выпил мою душу.

169

Больше мне нечего рассказать вам, потому что на другой же день отец, поговорив со мной, со слезами вышел от меня... а я поняла, что меня считают сумасшедшею. Меня увезли из замка, стали развлекать, показали мне Европу... Напрасно! Ни путешествие, ни лекарства, ни молитвы мне не помогут!.. Никто не в силах прогнать Его, таинственного, неуловимого, никем, кроме меня, не видимого. И я погибну его жертвой, и неземной страх охватывает меня, когда я припоминаю его темные слова: "Ты будешь жить моею жизнью..." Что значит это? Кто он?.. У меня нет сил спросить у него прямого ответа: глаза его так жестоки, злобны и мстительны, когда хоть мысль о том мелькнет в моем запуганном уме...

Прощайте, однако. Солнце садится: Он приходит ко мне всегда, как только погасает последний луч на куполе вон той большой церкви, и сердится, если застает меня не одну. Уходите, пожалейте меня. Я уже чувствую дыхание ветра, предшествующего его приближению, и привычная дрожь пробежала по моим членам. Сейчас вон там в углу засветятся его ненавистные глаза... Уходите! Время!..

Вот он... идет... идет... идет...

24 мая

Приходится не то хвастаться, не то каяться и разбираться в угрызениях совести. Поехал к Лапоциньским на три часа, а прогостил три дня. Панна Ольгуся – моя... Мы не объяснялись в любви, не назначали друг другу свиданий, но вышло как-то, что оба очутились за полночь в вишневом саду ксендза Августа и не успел я спросить:

– Отчего вы не спите так поздно, панна Ольгуся? – как она уже трепетала в моих объятиях, пряча на моем плече свое жаркое лицо и лепеча бессвязные жалобы...

Мы разошлись, когда восток уже загорался зарею. На расставанье Ольгуся вдруг вздрогнула в моих объятиях и тревожно прислушалась.

– Это что?

В воздухе дрожал долгий стонущий звук... Должно быть, выпь кричала или тритоны расстонались в болоте...

Возвратясь в свою комнату, я, пока не заснул, все время слушал этот протяжный стон, и моей, не совсем-то чистой, после неожиданного свидания, совести чудился в нем чей-то таинственный упрек:

– Зачем? Зачем?

– Отвяжись! – со злобою думал я. – Что пристал? Чем я виноват? Я не ухаживал за нею, не заманивал ее... сама – без оглядки – бросилась мне на шею!

Спал я как убитый и поутру едва вспомнил со сна, что мы натворили вчера. Как водится, пришел в сквернейшее настроение духа, что сейчас встречу заплаканное лицо, красные глаза, полные сентиментальной укоризны, услышу плаксивый голос, вздохи, жалобные намеки – весь арсенал женского оружия на такой случай...

170

Ничуть не бывало: панна Ольгуся улыбалась мне всеми ямочками своего розового лица, щебетала, как жаворонок, и ее синие глаза были полны такого веселого счастья, что у меня сразу камень с сердца долой, и даже завидно ей стало.

Ксендз Август был в костеле. Мы оставались одни все утро.

– Послушайте, Ольгуся, – сказал я, – вы знаете, что я не могу на вас жениться?

Она очень покраснела и – мы сидели рядом – прижалась ко мне.

– Я и не рассчитываю... Я просто люблю вас.

– Надолго?

– Пока вы будете меня любить.

– А потом?

– Не знаю...

Она засмеялась, глядя мне в глаза.

– Я никогда не знаю, что сделаю с собою. Вы думаете, я знала вчера, что приду ночью в сад? Бог весть, как это случилось... В меня иногда вселяется какое-то безумие, я теряю голову и живу иногда, сама себя не чувствуя... И делаю тогда не то, что надо, но только то, чего я хочу...

– А я всю жизнь так прожил, Ольгуся!

В глазах ее мелькнул огонек, она взяла мое лицо в обе ладони, мягкие и душистые, и приблизила к своему:

– Ты меня не жалей, – сердечно сказала она, – пропаду, так пропаду... Должно быть, в самом деле, уж такая судьба наша, Дубеничек, пропадать от вас, графов Гичовских... Помнишь, мы говорили с тобою про Зосю Здановку?

– Еще бы не помнить!

– Ну, так ты – мой граф Петш, а я – твоя Зося!.. Кстати, говорят, будто я очень похожа на нее.

– Откуда же знать это? После Зоей не осталось портрета. Знаменитая статуя ее – если только существовала она в самом деле, если она не украшение народной легенды...

– Конечно, существовала! – перебила меня Ольгуся.

– Скажите, какая уверенность! Почем ты знаешь?

– Потому что я знала человека, который видел и статую, и как ее разбили.

– Олечка! Ты мне сказки рассказываешь.

– Да нет же! Хоть дядю спроси!.. Видишь ли, лет пять тому назад у нас на фольварке умер закрыстьян Алоизий...

– Неужели только пять лет тому назад? Я помню его отлично: когда я был совсем мальчишкою, ему считали уже много за сто лет.

– Дядя говорит, что ему было верных сто пятьдесят, если не больше... Когда дядя был совсем молодой, Алоизию еще не изменяла память, и он рассказывал дяде о гайдамаках, точно это вчера было. Железняк в Умани посадил его отца на кол. Я застала Алоизия уже совсем живым трупом... высох, как мумия... в чем только душа держалась! Он всегда лежал на солнышке, покрытый рогожею, и спал... Однажды иду мимо – он смотрит на меня своими мертвыми глазами – страшно так их вытаращил! – точно я за чудовище ему показалась! И вдруг засуетился, силится встать...

"Лежите, лежите, Алоизий, – говорю я ему, – не беспокойте себя, вы человек старый, а мы с вами свои люди... обойдемся без церемоний!.." Он кивает головою, бормочет что-то... Вечером присылает парубка за дядею: "напутствуйте меня, ваша велебность, я сегодня умру..." – "С чего ты взял, Алоизий?" – "Я сегодня видел привидение... Зося Здановка приходила за мною... как живая... говорила со мною..." – "Что же она тебе сказала?" – "Да ничего такого страшного: лежите, говорит, лежите, Алоизий! – только и всего... А все-таки я помру, потому что за кем приходит покойник, тому и самому за ним идти." А я уже рассказывала дяде, как видела Алоизия. Дядя рассмеялся: "Ах ты, старый, выдумал тоже! Какая же это Зося Здановка? Это моя племянница, панна Ольгуся Дубенич – сейчас я покажу ее тебе". И велел меня позвать. Алоизий, пока глядел на меня, только крестился: так я казалась ему чудна. Говорил, что я похоже на Зосю как две капли воды – голос в голос, волос в волос...

В таком случае романтическое увлечение моего предка понятно для меня больше, чем когда-нибудь. Ну что же? Будем играть в графа Петша и Зосю Здановку!.. Не знаю только – почему, пока Ольгуся вела свой рассказ, у меня страшно ныло сердце каким-то суеверным, недобрым пред чувствием, а в ушах снова болезненно зазвенело вчерашнее:

– Зачем? Зачем?

25 мая

Ругался и неистовствовал, как татарин. Уезжая к Лапоциньским, я запер свой кабинет, но ключ забыл в замочной скважине. Я запер – потому что спешил и не успел убрать своих бумаг, разбросанных на столе. Разумеется, без меня кто-то похозяйничал в кабинете. Я очень хорошо помню, что ручки статуи лежали врозь, на двух концах стола, одна – на рукописи "Законы сновидений", которую я пишу уже пятнадцатый год – все желаю затмить старика Мори, да что-то не затмевается! – другая – на связке моих печатных трудов... Между тем, сейчас обе ручки лежат вместе, одна на другой, точно сомкнувшись в умоляющем жесте на печатной связке, и связка перевернута. Прежде наверху была моя брошюрка "Спиритизм и дегенерация", теперь – хвост немецкой статьи из "Психологических анналов": полемика с покойным Бутлеровым... Ненавижу, когда роются в моих бумагах, хотя и не имею никаких секретов. Прислуга клянется и божится, что она не при чем, будто бы даже не входила в кабинет. Врут, конечно. А не врут – тем хуже. Уж лучше пусть безграмотные лакеи копаются в моей литературе, чем делать ее достоянием провинциального любопытства. Спрашиваю Якуба, кто был без меня. Говорит, будто, кроме пана Паклевецкого, никто не заезжал. Уж не он ли постарался? От этого и не то станется! Я уверен: имей он малейшую возможность, – мало что перечитал бы все бумаги на столе, но заглянул бы в

172

ящики, и ключик бы подобрал, и замочек бы сломал... Но Якуб уверяет, будто он, узнав, что меня нет дома, выпил, не раздеваясь, в столовой рюмку водки, закусил пирожком и уехал...

26 мая

Беседовал с Паклевецким о покойной тетке Ядвиге.

– Двести лет назад ее сожгли бы на костре как колдунью, посещаемую инкубом, – сказал я.

– Положим, – возразил он, – таинственный "Он" в записке графини Ядвиги является не столько инкубом, сколько вампиром.

– Огр? – удивился я. – Вот такие тонкости вы различать умеете?

В глазах его мелькнула насмешливая искорка.

– Что же тут тонкого? Скорее это с вашей стороны – как пневматолога и оккультиста великого – было слишком толсто смешать живого демона с обыкновенным человеческим мертвецом.

– Вы правы. Во всяком случае, бред не совсем обыкновенный.

– И с этим не согласен. В образованной среде привилегированных сословий, пожалуй, да. Но в простонародье – из десяти вдов по крайней мере одна искренно верит, что к ней по ночам ходит с того света покойный муж, никем, кроме нее, незримый, а для нее – живой, плотью и кровью. Деревенские ловеласы, к слову сказать, иногда преподло этим суеверием пользуются. Еще недавно в вашем же бывшем Гичове одного такого живого покойника поймали au flagrant délit[66] и потом водили по селу в хомуте, обмазанного дегтем, вывалянного в пуху и мякине... и уж били же! Кто чем, лишь бы не до смерти и без увечья, особенно бабы старались: и коромыслами-то, и скалками-то, и ведрами... Так теперь и зовут этого парня злополучного: "бабий мертвяк". Надо полагать, с тем прозвищем и помрет и потомству своему его вместо фамилии оставит... Поезжайте белорусским Полесьем: много ли вы найдете деревень без одержимой бабы, к которой летает огненный змей? А в одном глухом сибирском поселке я однажды наткнулся...

– А вы и в Сибири бывали?

– Где я не был!.. Наткнулся на целую эпидемию в таком же роде – только уже наоборот: между мужчинами, страдавшими от нападения покойницы, в которой какими-то таинственными судьбами не умерли земные страсти. Убили парни в пьяной драке старуху одну, деревенскую проститутку... Двоих в острог увезли, а остальные – одному за другим – стало мерещиться: чуть ночь, покойница лезет на полати или на печь, ложится под бок и любви требует... Кончилось-таки дело тем, что все – как следует и чин чином – миром выкопали тетку Арину из могилы, осиновым колом угостили и на костре огнем в пепел сожгли... Ну, не понравилось, перестала ходить. Да-с! Присутствовал, так сказать, при самом зарождении мифа... Кто ее знает? Может быть, лет через триста эта тетка Арина в сибирском

---

[66] на месте преступления (франц.).

173

фольклоре окажется героиней и вырастут из ее памяти сказки, песни, баллады, как у немцев о Леноре, которую мертвый жених похитил, либо как господин тайный советник Гете о "Коринфской невесте" сочинил...

Когда он упомянул о "Коринфской невесте", это совпадение с недавними приключениями, пережитыми мною на острове Корфу, поразило меня, и я чуть было не рассказал Паклевецкому о том, как умер Дебрянский – жертва вампирической галлюцинации, которою он – со всем как парни в сибирском случае Паклевецкого – заразился от несчастного своего приятеля Петрова. Но меня остановил взгляд доктора – внимательный и ждущий, точно, странно показалось мне, он был уверен, что я вот именно это и начну сейчас ему рассказывать. Со стыдом должен признаться, что я смутился и, проглотив готовый рассказ, ограничился достаточно бесцветным замечанием, что мол, в конце концов, вы, доктор, совершенно правы: безумие вампиризма разлито в человечестве, как первобытный инстинкт, и пятится, и гаснет только под напором нашей, все растущей, все новые и новые силы обретающей цивилизации. Он возразил мне не без насмешки и как будто с разочарованием:

– То-то вот и есть, что не совсем... Тетушка ваша на пяти языках говорила и в светлые свои промежутки преумная была и преобразованная особа. А вот недавно в "Lancet" читал я отчет некоего доктора Моллока о болезни одного русского, которого он пользовал на острове Корфу...

Моллок! Таким образом смутившее меня всеведение Паклевецкого сразу объяснилось. Мне стало очень стыдно и досадно на себя за минутную слабость.

– Ага! Это напечатано? – сказал я. – Я знаю Моллока и случай, о котором он говорит. Пациент Моллока был мой друг.

– Вот видите, – торжествуя, захихикал Паклевецкий, – вы все со мной хитрите и осторожничаете, а между тем Моллок в отчете своем даже ссылку на вас делает, правда, только с инициалами, но достаточно прозрачную, чтобы узнать вас по приметам...

– Я не знал, что история Дебрянского получила огласку, и не считал себя вправе говорить о ней.

– А меня она интересовала уже задолго до вашего приезда. Откровенно сказать, я и записочки-то тетеньки вашей привез вам в специальном расчете, не толкнут ли они вас, по аналогии, разговориться и посвятить меня в подробности ваших корфиотских приключений.

– Выходит, доктор, что не я "все" с вами хитрю и осторожничаю, как вы только что упрекнули меня, а, на против, вы со мною хитрите и обходцы строите... Раз история оглашена, почему вы не спросили меня о ней прямо?

Паклевецкий виновато ухмыльнулся.

– Видите ли, есть вопросы любопытства, которые не ловко предлагать человеку, когда питаешь к нему чувство столь глубокого уважения, как я – к вашему сиятельству...

– Оставьте мое сиятельство в покое, а каким щекотливым вопросом вы опасались оскорбить меня в данном случае, признаюсь, я не совсем понимаю.

– Можно говорить?

– Пожалуйста!

– Слово гонору, что не обидитесь?

– Даю слово.

– Ну, хорошо... только чур! Слово дано! J'ai reГu le droit de l'insolence[67] ... Так вот: когда вы были свидетелем и участником всех этих безумий и таинств, столпившихся вокруг семьи Вучичей, не приходило вам-в голову подозрение, что ваша собственная нервная система пошатнулась под их влиянием, и мысль ваша работала тогда не слишком-то нормально, и волевое движение сбилось не сколько с панталыка и пошло по кривой?

Я был изумлен. Так, что даже не рассердился на его, в самом деле, нахальство.

– Неужели Моллок, излагая казус Дебрянского, представил роль мою в таком виде, что вы могли вынести подобное заключение?

– О нет!.. – заторопился он. – Как можно!.. Меня только заинтересовала в болезни вашего покойного друга сторона открытой преемственности. Я, знаете ли, списался о нем с врачами, которые ранее пользовали его в Москве и услали поправиться на Корфу. Ведь удивительное дело оказывается, знаете ли: ваш Дебрянский заразился галлюцинацией этой Феклы или Анны – как бишь ее там звали? – от приятеля своего, некоего присяжного поверенного Петрова, буквально и точно в инфекционном порядке, как другие тиф или дифтерит схватывают...

– В доказательство, что эта инфекция обошла меня, и существовал я под нею в полном здравом уме и твердой памяти, мне остается предложить вам испытание: я расскажу вам все, что было с Дебрянским в сопровождении своих комментариев, как и что я в этой трагикомедии понимаю.

Мы проговорили до позднего вечера. Паклевецкий слушал с необыкновенным вниманием. Надо отдать ему справедливость: когда он серьезен и не строит шута, лицо его озаряется замечательно умным, но... все-таки, нет, не могу я этой антипатии внутренней перешагнуть: недобрым выражением. Из всех действующих лиц моей повести наиболше заняла его Лала.

– Вот кого, в особенности-то, запереть следовало бы! – произнес он, когда я кончил, – Лалицу эту вашу колдовскую!

– В особенности? – подчеркнул я.

– В особенности, – невозмутимо повторил он. – Первую.

– Ах, значит, усматриваете кандидатов и на последующие очереди?

– Да помилуйте: разве вы не видите? Не чувствуете? Эта Лала – настоящий очаг эпидемического психоза. Галлюцинации и иллюзии

---

[67] Я получил право на дерзость (франц.).

наваждений гнездятся в ней, как микробы и бациллы... Она дышит заразою нервных расстройств и потрясений. В какую здоровую среду ни бросьте подобную больную, она найдет достаточное число субъектов, которые отразят ее влияние прямым или обратным подражанием... Сами же говорите, что чуть было не поколебались – насчет смерча-то...

Он захохотал своим неприятным, режущим смехом. – Все-таки, доктор, – спросил я, – вы в награду за повесть признайтесь, что именно в истории ли этой, в поведении ли моем заставило вас сомневаться в моей психической нормальности, то есть, говоря низким слогом, считать меня маленько рехнувшимся?

Он пожал плечами.

– Решительно ничего... Кроме того разве, что, переживая подобную сверхъестественную передрягу, свидетелю ее маленько рехнуться даже более нормально, чем сохранить нервную систему в полной целости и мысль в совершенном здоровье... А у вас же еще наследственность обремененная... это вы лучше меня знаете, что же от вас скрывать?

– В этом отношении, доктор, я твердо уповаю на дедушку Дмитрия Ивановича...

– И совершенно напрасно! – перебил Паклевецкий с каким-то новым, злым воодушевлением. – Ваш дедушка и воспитатель Дмитрий Иванович Ладьин, действительно, выставлял себя позитивистом в науке, материалистом в философии, строгим логиком в жизни и педагогии, но знаете ли вы, что он тайком был беллетрист, сочинял повести, рассказы, стихи и печатал их под псевдонимами, которые тщательно скрывал даже от самых близких друзей и родных своих?

– Да, я слыхал это не раз, но никогда не читал ни одного из его произведений...

Паклевецкий усмехнулся.

– Вы найдете их несколько в журналах конца сороковых и начала пятидесятых годов. Мой отец служил вашему деду агентом по сношениям его с редакциями. Я знал от отца несколько псевдонимов Дмитрия Ивановича, но все позабыл. Помню только один: Софьин. Так подписывался он в память жены, которую страстно любил и потерял совсем молодою. Найдите какую-нибудь повестушку за этой подписью, прочитайте и тогда судите сами, велик ли корректив к фантастической наследственности представляет собою ваш, будто бы материалист, дед...

Слова Паклевецкого показались мне любопытными: я никогда не подозревал за суровым дедом Дмитрием подобной слабости и, по отъезде доктора, я долго ползал вдоль полок с "Московским телеграфом", "Московским наблюдателем", "Современником", "Библиотекою для чтения" и читал оглавления запыленных томов, пока не встретил в одном из них между стихами Бернета и полемическою статьею Николая Полевого заглавия:

Сон в крещенскую ночь

Фантазия Д. Ил. Софьина

Вырезаю эти строчки из ветхой, рассыпающейся желтыми листами, сотлевшей книги. Да станут и они фамильным документом в дневнике моем!

> Мертвые только днём мертвы,
> а ночи им принадлежат,
> и эта луна, поднимающаяся по небу, – их солнце.
> *Альфонс Карр*

Васильев был один в мрачном кабинете своего старинного деревенского дома. За окнами царила бурная зимняя ночь; оголенные ветви садовых сиреней и акаций царапались в запертые ставни; снежная вьюга визжала, ревела, выла. Казалось, будто огромная стая полузамерших, озлобленных псов ломилась в дом, просясь к теплу и свету. Васильев не слышал бури. Он сидел перед камином в глубоком дедовском кресле, неподвижно глядел на медленно угасающее пламя и думал. Печальны и зловещи были его мысли. В настоящую бурную ночь минуло два года с тех пор, как Васильев впервые переступил порог этого дома, своего отцовского наследия. Тогда он не был еще осунувшимся облыселым полустариком с преждевременной сединой на висках и с огромными впалыми глазами на худом желтом лице, каким видел он себя теперь в каминном зеркале. Он вошел в свой дом с гордо поднятой головой, здоровый, веселый, полный светлых надежд и, главное, рука в руку с прелестною молодою женою.

Жизнь много и тяжело трепала Васильева. Страстный, непостоянный характер, пытливый ум и непреодолимая жажда крупной деятельности и сильных ощущений долго мыкали его по свету, бросая из одной страны в другую, от предприятия к предприятию, сводя его с тысячами новых лиц, обостряя его наблюдательность бесчисленными житейскими встречами и совпадениями. В порывистом вихре своей жизни Васильев видел больше зла и глупости, чем добра и ума, и с летами под давлением опыта, по мере того, как охлаждался его пылкий темперамент, ум переполнялся все большим и большим недоверием к людям. К тридцати годам Васильев – обнищалый, разочарованный и разбитый на всех своих путях, без любви к кому бы то ни было, без уважения к обществу и его законам, не зная сам, верит ли он хоть во что-нибудь, влачил жалкое существование, и не раз мысль о самоубийстве проплывала грозною волною в его угрюмом уме. Но тайное предчувствие говорило Васильеву, что под охладевающим пеплом его души еще теплится какой-то огонек, способный неожиданным счастливым случаем разгореться в яркое пламя и тепло осветить конец его бытия. И огонек точно вспыхнул: Васильев полюбил дочь

177

небогатого петербургского чиновника, Лидию Александровну Ленцову, красивую, кроткую и умную девушку, и скоро женился на ней. Брак принес счастье Васильеву: отец его, раньше чуть не проклинавший сына за его скитальческий быт, помирился с ним, когда он остепенился. После скорой смерти отца Васильев, как его наследник, снова стал состоятельным человеком. Молодые переехали в свою n-скую деревню. Для Васильева, обновленного и воскресшего духом, настали дни ясного счастья; он любил свою жену безумной страстью и дорожил ее взаимностью, как утопающий дорожит соломинкой, за которую хватается; женщина, воскресившая Васильева своей любовью, стала для него всем – его богом, его миром. К ней неслись его молитвы, ее желания были его законом, кроме нее он ничем не интересовался. Васильев никогда ни к кому не ревновал жену: в его глазах Лидия была непогрешима; он был счастлив тем, что душа его оказалась способною на такую детскую безусловную веру.

Лидия Александровна – маленькая бледная блондинка в ореоле золотых кудрей вокруг бледного личика, с внимательными, покорными глазами, принимала любовь мужа тихо, словно стыдясь поклонения, какое она вызывала в сильном, умном и богатом опытом мужчине. Она никогда ничего не требовала от Васильева лично для себя, но муж умел угадывать и исполнять ее самые заветные, едва задуманные желания. После трех месяцев счастливой жизни Лидия Александровна простудилась и умерла. С тех пор последний луч света погас в душе Васильева. Он заперся в своем деревенском доме, где отпели, откуда вынесли в фамильный склеп тело Лидии. Настоящее для него более не существовало, а будущее он не верил, и ум его жил лишь прошлым – воспоминаниями все той же золотой, синеглазой головки с младенчески кротким, вдумчивым взглядом и бледными холодными губками, на которых всегда как будто застывали его страстные поцелуи. Васильеву грезилась эта головка всегда и везде, и – любя ее мертвую, как живую, – он засыпал с надеждою видеть ее во сне, просыпался, чтобы мечтательно вспоминать ее. Прислуга, соседи, знакомые – все были уверены, что со смертью жены Васильев тронулся в уме; к нему никто не ездил; он тоже ни к кому.

Уголья в камине догорали, бросая красный зловещий отблеск на стены, мебель и на утонувшую в креслах фигуру хозяина. Утомив глаза червонным блеском огня, Васильев опять поднял их на каминное зеркало и увидел в нем, кроме себя, отражение странной фигуры. Фигура была фантастична и необычайна, но Васильев не испугался, даже не вздрогнул – он привык к ней. Около восьми месяцев тому назад он впервые увидал ее в тот же самый час, на этом же самом месте, и с тех пор находил ее ежедневно об эту пору. От стоявшего насупротив камина шкафа, набитого мистической библиотекой масона – деда Васильева, отделялось что-то вроде серого облака; потом в облаке прояснялся как будто чей-то облик, освещенный умным, пристальным и недобрым взглядом. Если бы заставили Васильева описать свою постоянную галлюцинацию, он затруднился бы – это была какая-то зыблющаяся, неясная стихийная тень со слабым намеком на лицо; она была серая; в ней чудилось нечто сильное, красивое и злое – вот все, что мог бы сказать Васильев. Иногда обличье видения выяснялось резче, иногда оно рисовалось бледным, едва заметным пятном на черном фоне шкафа, и резьба последнего явственно просвечивала сквозь фантастический туман. Дважды Васильев подметил в призраке странное движение, похожее на улыбку: это – когда он явился в первый раз и заставил Васильева не вольно содрогнуться от неожиданности и испуга; во второй раз, когда при возобновлении видения Васильев, взяв ученую книгу знаменитого психиатра, посвященную вопросу о галлюцинациях, старался найти в ней объяснение своему призраку. Теперь Васильев настолько свыкся с его присутствием, что уже не старался даже понять его; когда призрак – спокойный, сильный и молчаливый – вырастал за его спиной, Васильев часто даже не сразу замечал ею появление, погруженный в свое тихое, унылое горе.

В эту ночь Васильеву снова и определеннее прежнего почудилось движение в призраке: по облаку бегала глубокая рябь, как по воде от сильнего ветра и смутный образ то ярко выступал из-под своей стихийной оболочки, то снова тускнел под нею.

– С... л... у... ш... а... й!.. – низко, медленно, тягуче и глухо раздалось в тиши кабинета – словно кто-то заговорил далеко, за двумя-тремя стенами, но все-таки явственно и внятно. Васильев вздрогнул от изумления и с невольным испугом посмотрел на свое привидение: в первый раз он слышал от этого непонятного существа голос и слово.

– Не бойся! – продолжала звучать странная речь. Васильеву казалось, что с каждой согласной в устах призрака прибавлялся тупой самостоятельный звук вроде свистящего придыхания или того хриплого шипения, каким начинают свой бой старинные часы. – Не бойся!

– Кто ты? – спросил Васильев, смело поднимаясь с кресел навстречу видению. Облако заволновалось, и за секунду перед тем ярко определившиеся черты призрака снова покрылись мглою.

– Не знаю! – донесся к Васильеву ответ – как будто еще больше издалека чем первые слова.

– Зачем ты здесь?

– Ты мне близок, и мне тебя жаль.

– Я давно вижу тебя. Я считал тебя за ложную мечту воображения, и даже теперь, когда ты говоришь со мной, я не уверен, не брежу ли я... Зачем молчал ты раньше?

– Я наблюдал за тобой и читал в твоей душе.

– Быть может, ты злой дух?

Призрак беспокойно заволновался. Две яркие точки в тумане – их Васильев принимал за глаза своего видения – засверкали острым блеском.

– Я сказал тебе, что не знаю, кто я. Не все ли мне равно? Да и тебе тоже? Я пролетаю мир, не ведая, откуда я взялся и давно ли я живу.

Иногда мне кажется, что я – не существо, а чей-то сон, чья-то мечта... Я люблю тебя именно за то, что твои мысли находят во мне отголосок в то самое мгновение, как они зарождаются в твоей голове. Быть может, я сам не что иное, как твоя безумная печальная острая, злая дума, отделившаяся от тебя и представшая тебе полувоплощенною.

– Мудрено... не понимаю...

– Я не умею сказать яснее.

– Чего ты хочешь?

– Помочь тебе. Ты мне близок. Мне жаль тебя.

– Почему?

– Потому, что должен умереть, а боишься. Скажи мне свою лучшую мечту, и я объясню тебе, как ее осуществить. Ты молчишь?.. Тогда я сам скажу, чего ты хочешь. Ты жаждешь смерти, как соединения со своей женой, и не решаешься на самоубийство потому лишь, что люди – глупее тебя, но сильнее тебя – обучили тебя думать, будто жизнь твоя не принадлежит тебе, будто обратить волю свою к уничтожению себя – грех, отличающий преступного от праведных. Боишься попасть в ад, когда Лидия будет в раю. Боишься разлучиться с нею в будущей жизни... Васильеву послышалось что-то похожее на едкий холодный смех.

– Ты смеешься над будущей жизнью?!

– Нет! Это ты смеешься. Говорю тебе, что я – ничто, я – лишь отражение твоего ума, я – тот инстинкт, которого лишился человек, когда перестал быть животным. Я смеюсь, если ты смеешься: плачу, если ты плачешь: хочу, чего ты хочешь... Вот теперь ты думаешь: если это видение, стоящее пред моими глазами, сверхъестественно, пусть оно скажет мне: увижусь ли я хоть в вечности с Лидией?! Странные умные люди! Как многому ненужному вы научились и как много необходимого забыли! Животное, лишенное слова, видит духовный мир так же, как мир телесный. Слышишь ли ты далекий вой своего пса? Он предвещает покойника... Кто им будет? Быть может, и ты. Сибирский шаман в пророческом исступлении говорит со своими предками, как с живыми людьми, дает им вопросы и получает ответы, а ты, одаренный развитым наукою умом, не в силах помочь себе в самом страстном своем стремлении!

– Смерть не возвращает своих жертв! – глухо сказал Васильев.

Призрак засмеялся.

– Разве есть смерть в природе? И ты, умный человек, решаешься произнести это словно в присутствии такого существа, как я?

– Чему же ты смеешься? Стоя на пороге конца, смотреть дальше, за него, не смешно.

– Конец – человеческий миф. Конца в мире не бывает. Ты видишь пред собою бесконечное и тревожишься боязнью конца?

– Ты бессмертен?

– Больше: я не понимаю смерти. Во мне нет ее идеи. Она – покой, а я в вечном движении; я ее отрицаю.

– Смерти нет?

– Нет.

– Значит, будущая жизнь...

– Ее тоже нет.

– Так что же есть?

– Есть вечное перемещение стихий, вечное движение атомов. Вглядись в меня: мой облачный покров дрожит, зыблется, волнуется переливами, готов принимать сотни разнообразных форм и красок. Я могу быть всем, что может представить себе твое воображение. Но мой час не пришел, и покуда я – лишь таинственное Ничто. Когда-нибудь мировые частицы, составляющие меня, силой своего сцепления переработаются из Ничто в Нечто и заставят меня сделаться существом телесного мира, как ты теперь, но ненадолго, как недолог здесь и ты. Исполнив срок того, что вы, люди, так узко принимаете за жизнь, я снова распадусь на бесчисленные частицы. Их миллиарды миллиардов носятся в мировом пространстве, и они не умирают, не теряются, не изменяются. Часть себя я передам, быть может, вон той сирени, что стучится теперь в твое окно; часть разольется водою в ближнем ручье или с парами поднимется к облакам, чтобы дождем упасть снова на землю; часть я подарю ядру формирующейся кометы; часть запоет птичкой в небе; часть станет зародышем в чреве матери... И опять воплощусь. И опять распадусь. Так все и будет: сегодня распадение, завтра воплощение. Я вечен, как вечна природа и обмен ее вещества. А ты говоришь о какой-то смерти. Не бойся ее. Этот узел только туго развязывается, но нитка – все та же. Смерть не ужас. Жизнь – не радость. Всюду и всегда одно и то же: перемещение частиц, ничего, кроме перелива атомов.

– Значит, и я буду жить, как ты? И Лидия не... умерла? – трепеща от робкого предчувствия, вскричал Васильев.

– Разумеется, и если ты хочешь, ты можешь видеть ее.

– Как? Научи меня, и буду благословлять тебя.

– Слушай. Все в мире состоит из вещества и формы. Ваша видимая смерть в том и состоит, что в уничтожающемся существе распадается связь начал, и они начинают жить отдельно. Но влечение их друг к другу остается неизменным, и, при известных условиях, на несколько мгновений можно вызвать их новое случайное слияние, доступное человеческому взору. Смотри сюда!

Васильев, следуя указанию призрака, обратил глаза на дедовский книжный шкаф и, к своему удивлению, легко проник взором в его внутренности. На верхней полке лежала старинная полууставная рукопись.

– Прочти! – сказал призрак.

Васильев начал читать. Это было мистическое, причудливое сочинение прошлого века. Когда Васильев прерывал чтение, призрак резко говорил ему:

– Дальше!

– "... А если хочешь видеть умершего сродника, друга или знакомого, – с волнением разбирал полустертую рукопись Васильев, – пойди в родительскую субботу, в Троицын день либо под Крещенье о полуночи один к своей приходской церкви и сядь на паперть; молчи и думай о том, кого ты желаешь видеть. Не оборачивайся, а смотри вперед пред собою, подняв глаза на Большую Медведицу. Моргай не сильно и дыханье задерживай. Если все сказанное выполнишь, желанный тобою придет к тебе и сядет рядом с тобою, и будет с тобою, как при жизни..."

– И это не ложь? – вскричал Васильев.

– Нет!

– Я увижу... тень Лидии?

– Теней нет. Ты увидишь саму Лидию.

– Призрак! – радостно заговорил Васильев, прости рая руки к видению. – Призрак! За одну десятую долю блаженства, какое ты сулишь мне, я отдам тебе все, что ты хочешь – жизнь, душу...

– Мне ничего не надо от тебя. Вспомни: я назвал себя твоею мыслью. Мы врозь, но мы неразделимы, и, выполняя свои желания, ты, сам того не сознавая, удовлетворяешь мои. Итак, идешь ли ты?

– Иду!

– Желаю тебе счастья! Прощай!..

Серое облако потускнело и слилось со шкафом. Призрак исчез.

* * *

Прошло несколько минут с тех пор как Васильев, перепрыгнув церковную ограду, утопая по колено в снегу, спотыкаясь о занесенные вьюгой скромные памятники деревенского кладбища, пробрался к паперти и сел на ее ступени. Вьюга улеглась, месяц плыл между гонимыми ветром, разорванными тучами, и их тени причудливо скользили по белой под снегом земле. Где-то далеко выл волк, и деревенские собаки отзывались ему сердитым, озабоченным лаем. Васильеву было не до волков и не до собак. Он спешил выполнить все указания рукописи. Большая Медведица стояла невысоко над горизонтом; Васильев впился в нее пристальным утомленным взором – и блестящее созвездие скоро слилось для него в одну громадную, сверкающую, как алмаз, звезду; она все росла и росла, словно приближалась к земле, и становилась все ярче и великолепнее. Еще мгновение – и целое море света окружило Васильева... Он стал терять сознание...

Легкий ветер, пробегая по кладбищу, сдувал с могил сухой снег и серебряными при лунном свете вихрями поднимал его на воздух. Один из вихрей клубком подкатился к паперти и осыпал ее ледяной мелкой пылью... Васильев очнулся: у ног его сидела маленькая худенькая женщина – месяц ярко освещал ее золотые волосы и глубокие глаза – она сжимала его руку своими крошечными ручками и говорила ему:

– Милый мой!

– Лидия! – вскричал Васильев, но теплая ручка легла на его уста.

– Тише! Тише! – услыхал он ласковый шепот. – Пусть молчаливо будет наше счастье! Слово гонит меня, я таю от звука. Целуй, ласкай меня, но молчи, молчи!..

И он почувствовал на своем лице жаркое дыхание, и нежные, тихие, как в прежние счастливые дни, поцелуи легли на его губы, глаза и щеки. Голова Васильева помутилась. Он молча сжимал в объятиях Лидию и не помнил ни времени, ни места – ничего на свете, кроме своего блаженства.

– Теперь говори! Теперь все опасное минуло, теперь можно все говорить! Посмотри, как все изменилось вокруг нас!.. – звенел над его ухом серебряный лепет.

Васильев оглянулся – и точно: вокруг все изменилось. Не было ни церкви, ни могил, ни снега – из всей только что представившейся ему действительности оставалась одна Лидия. Высокие сосны шумели; жаркий душный день парил лучами июльского солнца; пахло хвоей и земляникой; под ногами, как ковер, расстилался высокий зеленый пышный мох; красноголовый дятел где-то долбил носом сосновый ствол, шегол заливался...

– Лидия! Где мы? Что со мной? – с восторженным волнением спросил Васильев.

– Ты не узнал? – ласково упрекнула Лидия.

– Постой... здесь, да, именно здесь я сказал, что люблю тебя, и ты дала мне свое слово... Мы в родных местах, местах нашего первого счастья!..

– И оно продолжится вечно, вечно! – ответила Лидия, обвивая мужа руками.

– Здесь, направо, – продолжал Васильев, оглядываясь, – шла тропинка к твоей даче. Мы тогда рука в руку поднялись по ней и на полпути встретили твоего отца и признались ему в нашей любви... Где же теперь эта тропинка?

– Вот она!

И, следя за рукою Лидии, Васильев увидал тропинку как раз под своими ногами, но в странном, изменившемся виде; прямая, широкая и светлая, как серебро, она поднималась почти отвесно, высоко-высоко, и чем выше, тем ослепительнее было ее сияние.

– Хочешь, пойдем по ней опять, как тогда? – прошептала Лидия, склоняя голову на плечо мужа.

– Пойдем! – твердо и решительно ответил Васильев.

Утром нашли его замерзшим на кладбищенской паперти. Лицо трупа было обращено к небу; блаженная улыбка застыла на спокойных чертах.

Да, Паклевецкий прав: изумил меня дедушка Дмитрий Иванович. Всю жизнь пред людьми ходил, как в панцире ледяном. Даже мы, близкие, всем ему обязанные, им любимые, его любившие, считали его изрядным-таки сухарем. А между тем наедине с самим собою, запершись в своем рабочем кабинете, у письменного стола, он оказывается плаксивейшим вдовцом, сантименталистом чистейшем воды и суеверно ищет медиума для общения с мертвою женою, Твардовского, который показал бы ему его золотоволосую Лидию, как королю Сигизмунду – Барбару Радзивилл. Потому что – ясное же дело: здесь автобиографии не меньше, чем в записках тетки Ядвиги.

Изучал Фейербаха, клялся Дарвином, а требует помощи от оккультической литературы. Теперь я знаю, почему сохранился и кому принадлежал полууставный листок семнадцатого века с советом, как гипнотизировать себя Большою Медведицею на встречу с любимым мертвецом: некромантический рецепт таинственного существа в повести дедушки Дмитрия Ивановича – почти дословный перевод! И "Natura Nutrix" была дедушке небезызвестна. Атомистическая философия повести – оттуда. Автор "Natura Nutrix" – яркий атомист. Особенно – в главе о стихийных духах. Я читал ее намедни с глубоким интересом современности. Эти стихийные духи для средних веков были совершенно точною заменою нынешних микроорганизмов: все физическое добро и зло – от них, князей воздушных. Вообще, видение дедушки – отчаянный плагиат. Его "какой конец? Конца в мире не бывает" – литературное воровство у старика Мефистофеля...

Vorbei! ein dummes Wort. Warum vorbei? Vorbei und reines Nichts – Volk ommnes Einerlei?[68]

27 мая

Я не хорошо засыпаю в последнее время – тяжело, смутно. Что-то душит за горло, подкатывает истерическим клубком к сердцу. В ушах сквозь сон чуть-чуть и уныло звенит, как далекий стон молодых лягушек, пока не убаюкает меня... Я уже сплю, уже сны вижу, а все-таки чувствую, будто кто-то реет надо мною, дышит на меня и все звенит на меня и все звенит: зачем? зачем? зачем?

Не могу сказать, чтобы это ощущение чужого дыхания на коже доставляло мне удовольствие; оно похоже на эпилептическую ауру... Но мне уже тридцать семь лет. Падучая болезнь в эти годы не проявляется – разве у алкоголиков. Так ни я, ни кто другой из нашей семьи никогда пьяницами не были... Посоветовался с Паклевецким. Он насказал мне страстей... Спрашивает:

– У вас не было зрительных галлюцинаций?

– Нет... обманы зрения, иллюзорные явления, конечно, случались...

– И галлюцинации будут.

– Вот так обрадовали! На каких же основаниях вы пророчите мне этакую прелесть?

– На самых простых: вы слегка меланхолик; нервное расстройство прошло у вас по периферии, чувствительность всюду повышена, следовательно, передачи мозговых отправлений совершаются неправильно. То, что называется – психическая дистэзия... Ну-с, при всех этих условиях да еще при вашем фантастическом настроении к переходу от иллюзорных явлений до галлюцинаций очень недолго...

---

[68] (Мефистофель: Конец? Нелепое словцо! Чему конец? Что, собственно, случилось? (Гете "Фауст" ч. II, пер. Б. Пастернака).

– Откуда вы взяли, что у меня фантастическое настроение? Напротив!

– А вы все разную чушь читаете да разные дива видите.

– Никаких див я не видал... Бог с вами! А что до дедовских книг, то, полагаю, научный интерес к ним не имеет ничего общего с суеверием. Эта дрожь в воздухе, этот стонущий звук, это дыхание за моими плечами тревожат меня исключительно как физическое явление – доказательство моего недомогания. Я знаю очень хорошо, что все это происходит во мне самом, а вовсе не вне меня. Я, пан Коронат, бывал в таких фантастических переделках, что если уж тогда не сделался фантастом, то теперь и подавно не сделаюсь. Нет, голубчик, лекарствица для тела вы мне пропишите, пожалуй, а души не касайтесь: по этой части я сам себе доктор.

Глаза Паклевецкого блеснули.

– Тем лучше, тем лучше! – сказал он, потирая ладони, и принялся убеждать, чтобы я не оставался один, "сам с собою", как можно больше развлекался и бывал в обществе...

– Покорнейше благодарю за совет! Но где я в нашей глуши найду общество?

Он ухмыльнулся, подмигивая.

– А хоть бы у Лапоциньских... Кстати, как здоровье вашей панны Ольгуси?

– Знаете, доктор, – строго заметил я, – деревенская свобода допускает много лишнего в речах, однако и ей бывают границы.

Он залился своим обычным неискренним хохотом, хохотом без смеха при холодных и серьезных глазах:

– Ну, не буду, не буду! – слово гонору, в последний раз! Однако...

Он пристально посмотрел на меня.

– При первом нашем разговоре о панне Ольгусе вы не рассердились, а теперь вот как вспыхнули... Эге-ге-ге!

И он ударил себя ладонью по лбу: "ах, мол я, телятина!" Не уйми я его, он распространялся бы до бесконечности. Скалить зубы, кажется, он еще больший мастер, чем лечить. А относительно обмана зрения он прав: глаза мои работают неправильно. Сегодня, например, когда он подошел к моему письменному столу и оперся на него своими толстыми, кривыми пальцами, я ясно видел, что мраморные ручки затрепетали, как живые, быстрою и мелкою дрожью, точно от испуга...

– Видите, как они ко мне привязаны... Уже одно приближение человека, который хотел их у меня отнять, заставляет их дрожать.

Когда доктор отшучивался, я понял, что напрасно сказал ему эти слова: тон его был неприятен... он, кажется, складывает всякую шутку в сердце своем, как колкость и злейшую обиду, и немало уже накопил злости против меня.

1 июня

Давно ничего не записывал... Ольгуся меня совсем завертела. То –

185

кататься верхом, то пикники, то гулянья, то Лапоциньские у меня, то я у них. Вчера прилетела ко мне верхом – одна, уже под вечер... Чтобы проводить Ольгусю до дома, я велел оседлать Карабеля. Возвращаюсь с крыльца в столовую – Ольгуся сидит бледная, в глазах испуг, а сама хохочет.

– Что с тобою?

– Представь... вот глупость-то!.. перепугалась сейчас до полусмерти... вот даже не могу успокоиться, как бьется сердце...

– Да чего же, чего?

– Хотела поправить шляпу, прошла в гостиную... Там уже сумеречно... И вдруг вижу, будто мне навстречу идет женщина... Приглядываюсь: эта женщина – я сама... я как взвизгну – да бежать в столовую... и только здесь при свете, сообразила, что у тебя там трюмо во всю стену, и, стало быть, я струсила собственного своего отражения!

Ольгусе тоже очень нравятся "ручки", я подарю их ей в день рождения. Только надо обломанные места обделать в металл... Любопытно, что руки Ольгуси похожи на "ручки" как две капли воды, разве немного пухлее. А то даже окраска кожи напоминает палевый мягкий мрамор моей находки.

2 июня

Вот уже несколько дней я живу под гнетом странного беспокойства, которое охватывает человека, когда кто-нибудь сосредоточенно и страстно о нем думает. В это я верю, потому что много раз испытывал на себе. Магнетические токи между людьми – сила, ждущая своего Вольта, Гальвани, Гельмгольца, чтобы выяснить законы ее так же логически просто, как теперь выяснены законы электричества. Телепсихоз ничуть не более невероятен, чем телеграф и телефон: а вот, говорят, теперь уже и телефоноскоп изобретен каким-то не то чехом, не то галичанином. Способность к нравственному общению человека с человеком на расстоянии свойственна, в большей или меньшей степени, всем нам: сейчас она стихийная и, как все стихийное, проявляется лишь пассивно и случайно. Надо, чтобы из смутной, инстинктивной она сделалась определенною, произвольною... и для такого превращения и требуются Гельмгольцы и Гальвани. Любопытно, однако, кто же это мучится и где участием ко мне и мучит меня вместе с собою?

Я послал телеграмму брату: нет, ничего... он здоров... и, занятый своими аферами, не сокрушался обо мне больше, чем обыкновенно. Странно!..

Я много раз замечал, что когда долго и напрасно ломаешь голову над трудным вопросом, пытаясь разрешить его в уме, и это не удается, – стоит написать этот вопрос на бумаге, чтобы он стал более легким, и память подсказала быстрый ответ...

Сейчас – пока я писал эти строки – в уме моем громко зазвучало искомое мною имя.

– Лала! Лала – и никто кроме нее.

Я тем более уверен в этом, что у меня и мысли о ней не было еще за минуту перед тем, как меня точно осенило ее именем.

Эта Лала... Недавно она привиделась мне во сне... грозила, предостерегала... Положим, что "когда же складны сны бывают?", однако магнетическое влияние передается сонному человеку сильнее, чем бодрствующему, и если я теперь чувствую наяву на себе влияние моей далекой приятельницы, то и сон мой, быть может, был неспроста... Лала думает обо мне. Зачем? Почему ее "гений" так долго не сообщался с моим "гением" – и вдруг вспомнил, стучится, заговорил? Уж не умирает ли она? Не умерла ли? Все подобные телепатические зовы, явления, пробуждения памяти обыкновенно, сколько наблюдалось до сих пор, бывали неразлучными спутниками и результатами последних напряжений жизненной энергии, флюидов, обостренных и усиленных в предсмертной агонии или в великой, жизни угрожающей, опасности.

Якуб клянется, что в мое отсутствие в кабинете происходят странные вещи: что-то двигается, шуршит бумагами; вчера он слышал из-за двери три слабых аккорда, взятых на старинной гитаре, что висит на стене – как украшение – ради своей редкостной инкрустации. Мыши, конечно – если только Якубу не приснилось. Сам старик уверен, что это шалости кого-либо из челяди, и грозит:

– Нехай поймаю бисовых хлопцев! Як начну терты та мяты, будут воны мене поминаты!

5 июня

Пью cale bromatum, обтираюсь холодною водою, а толку мало... Паклевецкий прав: мои иллюзорные ощущения начинают переходит в галлюцинации. Сегодня утром я работал фейерверк для дня рождения Ольгуси – пан ксендз Лапоциньский собирается справлять праздник на весь повет – и вдруг, в уголке серебряного подноса, что лежал у меня на столе, заваленный всякою пиротехническою дрянью, я увидал, что сзади меня стоит, тихонько подкравшись, сама Ольгуся и смотрит через плечо на мою алхимию... Я, очень изумленный ее появлением в такую раннюю пору, оборачиваюсь с вопросом:

– Откуда ты? Какими судьбами?

Но вместо Ольгуси вижу лишь мутное розовое пятно, которое медленно расплывается кружками, как бывает, когда долго смотришь на солнце и потом отведешь глаза на темный предмет...

Ольгуся тоже недомогает сегодня. Всю ночь – жалуется – мучил ее тяжелый кошмар: мраморные ручки, лежащие на моем письменном столе, схватили будто бы ее за горло и душили, пока она, готовая задохнуться, не вскрикнула и не проснулась – на полу, свалившись с кровати. Сновидение было так живо, что, даже открыв уже глаза, она видела еще перед собою мелькание мра морных пальцев и слышала тихий голос:

– Отдай, отдай! Не смей брать мое!

Когда я сказал Ольгусе, что собирался подарить ей ручки, она даже перекрестилась:

– Чтобы я после такого сна взяла их к себе в комнату? Сохрани боже! Да я ни одной ночи не усну спокойно...

Говорю ей:

– Это оттого, что ты много простокваши ешь на ночь.

– Что же мне из-за твоих ручек от простокваши отказаться? Да когда я ее люблю!

Рассказал ей анекдот о Сведенборге, как после плотного ужина узрел он комнату, полную света, а в ней человека в сиянии, который вопиял к нему:

"Не ешь столь много!"

Но у женщин на все свои увертки. Говорит:

– А может быть, твой Сведенборг не простоквашей объелся?

И то резон.

Шум в ушах продолжался. Только вместо "зачем? зачем?" – я теперь слышу другое:

– Жар-Цвет... Жар-Цвет... Жар-Цвет...

Это еще откуда?

"... Qu'elle est belle! quelle douce prière fuit dans ses yeux bleus qui me regardent a travers la brume mystique! Puissaisje ne pas remplir sa prière muette? Puissent les forces et le savoir me manquer pour briser sa prison de marbre? Non, je jure sur les rosés (стерто)... ntes a tes joues, fantôme chéri... (стерто)... la fleur fatale... (стерто)... a la vie, interrom... (стерто)... uellement".

"... Как она прекрасна! С такою нежною мольбою глядят на меня сквозь мистический туман ее синие глаза! Неужели я не исполню ее немой просьбы? Неужели у меня не хватит сил и знания разбить ее мраморную темницу? Нет, клянусь розами... на ланитах твоих, милый призрак... роковой цветок... к жизни. – interrompu? прерванной..." А что значит... – uellement? Actuellement? Cruellement? Вероятно, "interrompu cruellement – прерванный жестоко".

Этот странный отрывок, дешифрованный из книжки Ивана Никитича Ладьина, доставил мне сегодня ксендз Лапоциньский.

О чем говорит он? Почему меня взволновали темные, испорченные, безумные строки? Что за призрак с розами на щеках? Какой роковой цветок? Какая мраморная темница? Чья жизнь прервана жестоко?

Отчего – пока я, запершись в кабинете, читал записку ксендза, мне казалось, что я не один в этой огромной комнате, что кто-то, незримый, движется и трепещет в ее – как будто сгущенном – воздухе? Перед глазами точно сетка колеблется – сетка из mouches volantes[69]... И этот постоянный стонущий звон, молящий и вопросительный, что гонится за мною с той весенней ночи под вишнями... откуда он?

---

[69] мошкара (франц.).

188

Одно из двух: либо я схожу с ума, либо я, наконец, действительно, охвачен тем необыкновенным миром сверхчувственного, доступа в который скептически, но страстно искал я всю жизнь свою и – потому что не находил его – думал, что его нет вовсе. Первое, конечно, правдо подобнее, но... с другой стороны...

Мой пульс, как твой, играет в стройном такте;
Его мелодия здорова, как в твоем.

Мы встретились – мы, то есть я и розовая незнакомка, – снова среди ясного полдня в вишневом садике Лапоциньского. Ольгуся сидела рядом со мною, смеялась, поила меня кофе и намазывала для меня на хлеб янтарное масло, о котором она так смешно говорит по-польски:

– То властне!

Ксендз поодаль полулежал на скамье, вытянув свои старые ноги с записною книжкою моего прадедушки в руках: вчерашняя удача пришпорила моего неугомонного шарадомана опять приняться за расшифровку ее, и он без конца пробует над нею то один ключ, то другой. И в это время, когда, наклонясь к уху Ольгуси, я шептал ей всевозможные нежные глупости и смешил ее до упаду – в эту-то минуту из глубины вишневника выплыло розовое пятно, и предо мною встала другая Ольгуся – такая же прекрасная, как сидевшая рядом со мною, но лицо ее было худо и печально, а глаза смотрели прямо в лицо мне с тоскою, упреком, непонятною, но мучительною мольбою.

О, какое счастье, что я не трус и не фантаст!

– Вот оно! Начинается! – молнией мелькнуло в моем уме, – обещанная Паклевецким галлюцинация!

Я не вскрикнул, даже не изменился в лице. А она, вторая Ольгуся, оперлась на наш стол своими нежными палевыми ручками. Я сразу узнал их: они – те самые, Что нашел я в размытом кургане...

По спокойным лицам панны Ольгуси – той живой Ольгуси – и ксендза Августа я видел, что они ничего не видят... А "она" все стояла и смотрела, пронизывая меня своим трогательным взором, чаруя и покоряя. И я поддался силе галлюцинации – она была так жива, на столько наглядна, что я бессознательно, невольно смотрел на это порождение оптического обмана, на этот "пузырь земли", как на реальное существо...

Тогда губы ее дрогнули, и вздох тоскливо зазвучал тем самым жалобным стоном, что неотвязно мучит меня по ночам.

– Кто вы? О чем вы просите? – невольно сорвалось с моих губ. И в тот момент она пропала, растаяла в воздухе... А живая Ольгуся расхохоталась.

– Я решительно ни о чем не прошу вас, граф! Что с вами? О ком вы замечтались? Вы бредите наяву...

Я промолчал о своей галлюцинации. Ольгуся суеверна. А видеть чей-либо двойник – есть, поверьте – нехорошо: к смерти – тому, кого видят. А что... если не галлюцинация? Если...

Прав Паклевецкий, тысячу раз прав: надо вытрясти из головы фантастический вздор! Черт знает, что лезет в мысли... Я становлюсь суеверен, как деревенская баба!

9 июня

Вчерашнее видение не дает мне покоя.

Возвратись от Лапоциньских, я долго сидел перед своим письменным столом, рассматривая таинственные ручки... Я взвесил их на ладони и был поражен, как они легки сравнительно с материалом, из которого сделаны. И мне чудилось, что они становятся все легче и легче, дрожат и трепещут, и холодный мрамор нагревается в моих горячих руках... Не надо иллюзий! Не поддамся новой галлюцинации!.. Призову на помощь весь свой скептицизм, буду анализировать трезво, холодно и спокойно...

Но анализ-то получается неутешительный!

Что я видел?

Я видел прекрасный призрак с розами на щеках, с синими глазами, полными грустной мольбы – тот самый призрак, что описал – под шифром – прадед Иван Никитич. Что же? Внушил мне он эту галлюцинацию – из-за гроба, шестьдесят один год спустя после смерти, своею мистической болтовнёю? Или в самом деле у нас в доме есть свое родовое привидение, как бледная дама у Гогенцоллернов и за неимением другого богатства – оно именно и перешло мне в наследство? Так или иначе, но мы сошлись с прадедом или на одной и той же галлюцинации, или на одном и том же призраке.

Допустим невозможное, т. е. призрак. Если призрак – то чей? Он – двойник Ольгуси. Закрыстьян Алоизий свидетельствовал, умирая, что Ольгуся – живое воплощение Зоей Здановки. Прадед говорил что-то о vie interrompue cruellement[70]...

Смерть Зоей Здановки была насильственная. La prison de marbre[71]... не намек ли это на статую и монумент Зоей, уничтоженные, быть может, еще на памяти деда наследниками графа Петра? Эти ручки, так похожие на ручки Ольгуси...

Какой же я простак! Как было не догадаться сразу, что случай дал мне открыть забытую могилу Зоей Здановки и обломки ее знаменитой статуи – той самой таинственной статуи, что, если верить бредням холопов, стонала, плакала и бродила по ночам, как будто приняла в себя часть жизни безвременно погибшей красавицы?

Бредни? Бредни? Однако я не знал, по крайней мере, не помнил об этих бреднях, когда встретил розовую не знакомку – как раз там,

---

[70] Жизни, прерванной жестоко (франц.)...
[71] Мраморная тюрьма (франц.).

где они заставляли бродить мертвую Зосю, как раз там, где оказалась потом ее могила.

Странный розовый призрак мелькнул мне именно у кургана, откуда майский ливень добыл для меня вот этот странный розоватый мрамор, такой необычайно легкий, прозрачный, и будто мягкий в руке.

Эти ручки – ручки Зоей Здановки, полтораста лет спящей в земле. Я сжимаю их и думаю о ней. Зачем приходила она к прадеду – такая же, как ходит теперь ко мне, с тем же выражением в лице, с тою же мукою в глазах?

Что должен он сделать для нее? Чего не сумел сделать, чтобы успокоить ее страждущую тень? "Briser la prison de marbre..." разрушить темницу или освободить из темницы?.. Fantôme chéri[72]... Fleur fatale... при чем тут fleur fatale?[73] Она ли – роковой цветок, по поэтической метафоре прадеда, или... Ба! А первый отрывок, дешифрованный ксендзом Августом? "Цвел 23 июня 1823... цвел 23 июня 1830... не мог воспользоваться... глупо... страшно..." Не об этом ли роковом цветке идет теперь речь? Что если восстановить испорченный текст хотя бы в такой форме: "Je jure sur le rosés, fleurissantes a tes joues, fantôme chéri, qui je me procurerai de la fleur fatale et je te rendrai a la vie, interrompu si cruellement"[74]

Клятва безумная, но разве не безумно все, что совершается теперь вокруг меня?

"Цвел 23 июня 1823... 1830..." и через семилетний промежуток намечен периодически цвести до конца столетия. Текущий 1893 год в том числе. Таким образом, всего две недели отделяют меня от тайны de la fleur fatale...

"Может быть, кому-нибудь из потомков удастся, что не удалось мне", – пишет прадедушка, точно завещая мне, своему преемнику по мистической жажде, непонятную, но непременную миссию. Ах, Иван Никитич! Бог тебе судья, заморочил ты мою голову!

Вот уже вторая неделя, что я стою одной ногою в мире действительности, другою – где-то за границею возможного... и за границу эту тянет меня, тянет ступить другою ногою. Я заперся дома, нигде не бываю, никого не принимаю. Ольгуся пишет мне письма, полные упреков.... Пускай! Не до нее...

Нет больше сомнений!

Я знаю теперь, кого я видел в саду, кто заглянул ко мне через плечо, когда я мастерил фейерверк для Ольгуси, кого встретила Ольгуся в гостиной, когда была у меня, – это Зося Здановка.

Пишу это имя твердою рукою, потому что если даже я помешан,

---

[72] Милый призрак (франц.).
[73] роковой цветок (франц.).
[74] "Я клянусь розами, которые цветут на твоих щеках, милый призрак, что я достану роковой цветок и верну тебя к жизни, так жестоко прерванной" (франц.).

то помешан на ней. Ее имя – та неподвижная идея, около которой вращаются мои мысли.

Вчера вечером, когда меня, одинокого, вновь окружил тот странный, густой, как будто полный незримой, но веской и тягучей материи воздух, что стал в последнее время неизменным спутником моих размышлений, – я вдруг непостижимым экстазом почувствовал, что какой-то могучий прилив небывалых сил словно захватил меня из земной среды и возвысил меня над нею таинственною, сверхчеловеческою властью. Взор мой упал на мраморные ручки Зоей... Я машинально поднял их со стола, крепко сжимая мрамор в бессознательном восторге.

Я чувствовал, что она, когда-то воплощенная в этом камне, здесь, возле меня, что стоит позвать ее – и она придет.

И я позвал ее...

Тогда от ручек пошли как будто лучи – бледные, белесовато-палевые... воздух пропитался тем мутным брожением, тою эфирною зыбью, которые до сих пор я считал обманом своего больного зрения... Казалось, предо мною происходила какая-то полузримая борьба: что-то рвалось ко мне и что-то другое не пускало... Я понял, что должен напрячь все силы воли – и я позвал Зосю: теперь я уже не сомневался, что это Зося! – еще и еще.

И она появилась...

А! Теперь я понимаю прадеда!

Она так несчастна! Когда я слышу ее стон, лицо ее искажается таким тяжелым и долгим страданием, что сердце мое разрывается на части, что я, вне себя, готов хоть в ад – лишь бы поднять и прекратить ее горе... лишь бы возвратить ей счастье и покой, о которых она рыдает.

Зависит ли это от меня? О да! Иначе – зачем бы именно ко мне явилась она? Зачем я, а не любой из мужчин, любая из женщин околотка стали жертвами ее грустного присутствия? Зависит. Я читаю это в ее голубых, отемненных слезами глазах. Она ищет в правнуке – чего не сумел дать ей прадед.

Так выскажись же, чего ты ждешь? Чего тебе надо? Не мучь и себя, и меня... Или не можешь? Не вольна? Тень, достигшая материализации, но лишенная слова? Астральное тело, не осязаемое и беззвучное? Но бесстрастное ли?

Вчера, когда она явилась, я задумался об ее удивительном сходстве с Ольгусею и вдруг – не узнал ее, так гневно вспыхнули ее глаза... Что значит этот гнев? Чем мешает ей Ольгуся? Любит она меня, что ли, ревнует? Да разве "там" есть любовь и ревность? А почему нет? Если вместе с телом не умирают другие человеческие страдания, почему должны умереть эти?

Чтобы разбить "фантастическое настроение", как выражается Паклевецкий, я схватил первую попавшуюся под руку книгу из библиотеки и стал читать, где открылась страница. Оказалось, Лермонтов. А что попалось – не угодно ли?!

Коснется ль чуждое дыханье
Твоих ланит,
Моя душа в немом страданье
Вся задрожит.
Случится ль, шепчешь, засыпая,
Ты о другом.
Твои слова текут, пылая,
По мне огнем.
Ты не должна любить другого,
Нет, не должна:
Ты мертвецу святыней слова
Обречена.

Словно загадал!.. Нечего сказать – утешительно!

Статуя... Мрамор... Мрамор не ходит, мрамор не движется... Да. Но легенда о Пигмалионе стара, как мир, и ровесница скульптуре. Мраморная Диана, на палец которой молодой римский патриций надел кольцо свое, почла себя невестою и не допустила жениха своего быть мужем другой... В средневековом монастыре статуя Мадонны ожила, чтобы спасти грешную игуменью, увлеченную любовью в бегство из обители... Каменный Гость...

Сказки, легенды, предания, выдумки поэтов... Но когда "это"... я не знаю, что "это"... стояло предо мною – немое, живое, прекрасное – в плаче и в движении? И ветер вил золото кудрей, и рука опиралась на стол, и ножки ступали по ковру...

Альберт Великий сделал когда-то автомат прекрасной женщины. Когда статуя заговорила, Фома Аквинский в ужасе принял ее за дьявола и разбил палкою. Вошел Альберт, увидал и воскликнул отчаянный:

– Фома! Фома! Что ты сделал? Ты разбил тридцать лет моей работы – тридцать лет жизни моей уничтожил ты, Фома!

Он умер с горя по своей прекрасной движущейся статуе...

Я должен понять, должен догадаться, чего хочет от меня эта странная мертвая красавица, которая каждый день ходит ко мне в гости с того света, точно из соседнего имения, о чем молит меня ее скорбный, плачущий взор?..

Она нема... все еще нема... если губы ее шевелятся, в ушах моих, как и в первый день, когда я сознательно вызвал ее, раздаются лишь два слова:

– Жар-Цвет... Жар-Цвет...

И я по-прежнему не знаю, она ли это говорила или то звук не от нее самой, но воздух вокруг нее плачет и стонет?

Жар-Цвет... Какое красивое слово Жар-Цвет... Как жизнь... Сколько тепла и красок...

17 июня

Дикий и страшный день!

193

Она чуть-чуть было не заговорила...

Но прежде чем с губ ее вырвался хоть один звук, лицо ее исказилось ужасом и отвращением, она потемнела, как земля, опрокинулась на спину, переломилась, как молодая березка, и расплылась серыми хлопьями, как дым в сырой осенний день. А я услыхал другой голос – противный и уже, несомненно, человеческий.

– Здравствуйте, граф... Что это за манипуляции вы здесь проделывали?

На пороге кабинета стоял Паклевецкий.

– Как вы взошли? Кто вас пустил? – крикнул я, будучи не в силах сдержать свое бешенство.

– Ого, как строго! – насмешливо сказал он, спокойно располагаясь в креслах... – Вошел через дверь – вольно же вам не запираться на ключ, когда вы заняты. А пустил меня к вам Якуб... Да вы не гневайтесь: я гость не до такой степени некстати, как вы думаете.

– Сомневаюсь! – грубо крикнул я ему.

– Сомнение есть мать познания, – возразил он и вдруг подошел ко мне близко-близко...

– Так как же, граф? – зашептал он, наклоняясь к моему уху и пронизывая меня своими лукавыми черными глазами. – Так как же? Все Зося? А? Все Зося?

Если бы потолок обрушился на меня, я был бы меньше удивлен и испуган. Я с ужасом смотрел на Паклевецкого и едва узнавал его: так было сурово и злобно его внезапно изменившееся, страшное, исхудалое лицо...

– Я не понимаю вас, – пролепетал я, стараясь отвернуться.

– Ну, не притворяйтесь, ваше сиятельство, – холодно сказал Паклевецкий. – Будет нам играть в темную, откроем карты... Рыбак рыбака видит издалека!

– Кто вы такой?

– Как вам известно, уездный врач Паклевецкий.

– Откуда же вы знаете?

– А вот, представьте себе, – знаю. А каким образом – не все ли равно вам?

– Вы подслушивали меня или прочитали мои записки.

– Ну вот! Зачем не предположить возможности, более благородной и лестной для моего самолюбия? Зачем не предположить, что я – ваш собрат по занятиям тайными науками и, с гордостью могу сказать, собрат старший, хотя и менее вас откровенный, потому что ушел в них гораздо дальше вас и могу вам объяснить тайны, о каких не смеет даже грезить ваша мудрость.

Он важно взглянул на меня.

– В том числе и тайну Зоей... Вы напрасно ломали голову над хитрою механикою этого ларчика, открывается он очень просто. И вы же сами открыли его, но, по свойственному вам легкомыслию, позабыли, что открыли, и теперь ломитесь в дверь, не замечая, что она отворена настежь...

– Объяснитесь... я не понимаю...

– Очень просто... С помощью вашего друга, лысого ксендза Августа, вы разобрались в заглавной книжке Ивана Никитича Ладьина и, отдаю вам справедливость, очень искусно комбинировали разобранное. Когда вы добрались до идеи о Зосе, я вам аплодировал из моего прекрасного далека – даю вам честное слово.

Я молчал, совершенно раздавленный его властными словами: он знал все, видел и слышал все...

– Но вы немного забывчивы, – продолжал он. – Вас сбил с толку la fleur fatale... Как же было не припомнить той странички из "Natura Nutrix", которую вы даже выписали в свой дневник?

– Об Огненном Цвете?

– Ну да. О таинственном тибетском папоротнике, открывающем человеку тайну жизни. Именно он-то и есть la fleur fatale, которого искал ваш прадедушка, за которым ходила к нему Зося, а теперь ходит к вам...

– Но какое же отношение...

– Между Зосей и Огненным Цветом? Такое, что Зосю рано со света сжили, Зося хочет жить, в землю ей неохота, – с неприятною улыбкою возразил он, – а Огненный Цвет – в ваших руках – может вернуть ее к жизни.

– Так ли, Зося? – спросил он вдруг, насмешливо глядя в угол кабинета.

И я весь затрепетал, когда хорошо знакомый голос – тот самый, что так много дней уже звенел в ушах моих плакучею жалобою, – отозвался тягучим, точно против воли, стоном...

– Та... а... ак!..

– Вы слышали! – самодовольно засмеялся Паклевецкий, сделав рукою размашистый жест шарлатана, удачно показавшего новый фокус.

– А теперь, любезный граф, когда я, кажется, достаточно кредитовал себя в ваших глазах как представитель практического оккультизма, позвольте немножко пуститься в теорию... Что есть жизнь, граф? Наука отвечает нам: жизнь есть сцепление частиц космических в органическое тело, смерть – распадение этих частиц. Кто владеет Огненным Цветом, властен, по своему желанию, поддерживать телесные частицы в постоянном сцеплении, вызывать такое сцепление, когда ему угодно, то есть жить и позволять жить другим, пока не надоест, то есть вызывать к жизни мертвых в той плоти, как ходили они некогда по этой земле, то есть воскрешать и воскресать.

– Почему это? Какою силою? Паклевецкий пожал плечами.

– Почему разбросанные опилки железа прилипают кистью к куску магнита? Почему семь планет держатся в равновесии притяжением солнечного шара? Разве мыслимо задавать подобные вопросы? Вы признаете ведь магнетические явления в животном мире?

– Да.

– Вы знаете, что есть на земном шаре точки, есть в природе

условия, при которых магнетические явления бывают особенно ярки и выразительны?

– Да.

– Ну-с, так место, где растет Огненный Цвет, – именно такое место, и условия его цветения – наиболее благоприятное условие для проявления животного, то есть атомистического, магнетизма. Вот и все.

– Но почему?

– А почему в какой-нибудь смиреннейшей Курской губернии вдруг ни с того ни с сего дурит магнитная стрелка? Почему искони держится морская легенда, будто полюсы земли – колоссальные скалы сильнейшего магнита, притягивающие к себе все железные части кораблей, а потому и на веки вечные недоступные для мореплавателей? Огненный Цвет тянет к себе реющие в мировом пространстве жизненные атомы, как магнит – железные опилки. Воля мастера, что сделать из железных опилок. Воля магика, что вылепить из попадающих в его распоряжение атомов. Больше я ничего не могу вам сказать.

Будь я шарлатан или сказочник, я бы мог вам сообщить, что Огненный Цвет есть не что иное, как выродившиеся отпрыски древа жизни, ушедшего в землю, когда Адам и Ева внесли грехом своим смерть в мир... и тому подобные средневековые бредни.

– Да, – принужден был подтвердить я, – именно это утверждает и "Natura Nutrix".

– Вот видите. Это вам лишнее доказательство моих знаний. Вам известно, что я не читал этой книги и видел ее лишь раз из ваших рук.

– Если только в отсутствие мое не побывали в моем кабинете, – возразил я грубо и бесцеремонно.

Он хладнокровно возразил:

– Почему же в отсутствие? Ваше присутствие меня нисколько не стесняет. Если бы я хотел проникать в ваши секреты... угодно вам – я прочту вам от слова до слова письмо от панны Ольгуси, которое вы только что получили и нераспечатанным бросили в ящик письменного стола? Дерево и стены двойному зрению не помеха...

Я, пораженный, разбитый, отступил. А он говорил, будто ни в чем не бывало:

– Древо жизни, так древо жизни. Мне все равно. Пускай. Но я жрец науки, а потому откровенно говорю вам: не знаю. В лаборатории природы всегда остаются уголки, куда нашего брата ни с каким, даже Соломоновым, ключом в руках все-таки не пускают. Силу и закон Огненного Цвета я вам объяснил: довольствуйтесь этим для практики, без теоретических вопросов.

– Но почему же я должен вам верить? Мало ли каких волшебных историй и обобщений из них можно насоздать, имея фантастически настроенный ум! А, кажется, доктор, вы, который еще так недавно упрекали меня в фантастическом настроении ума, много опередили меня в этом направлении. Конечно, если только все ваше поведение сейчас не мистификация, если вы не морочите меня.

– Нет, я вас не морочу. Да я и не требую, чтобы вы мне верили на слово. Проверьте своим опытом, по смотрите своими глазами, осязайте своими руками – тогда и поверите!..

– Ну, это мудрено, – сердито усмехнулся я, – ехать в Тибет мне далеко не по средствам.

– Да и не надо. Зачем в Тибет? После теории позвольте немного истории. Вы можете наблюдать тайну Огненного Цвета, не выходя из Здановского парка.

– Как? Вы бредите, доктор!

– Ничуть. Слушайте меня внимательно. Ваш прадед Иван Никитич Ладьин был человек весьма крутой воли и весьма пылкого воображения. Он был пожалован Здановским маентком, когда память Зоей Здановки была еще совершенно свежа в околотке. Заинтересованный рассказами о ее красоте и несчастной судьбе, о таинственном остатке жизни, который сохранила ее статуя, прежде чем уничтожили ее графы Гичовские, он влюбился в память Зоей со всею пылкостью, свойственной этому фантастическому суровому мистику... Влюбился, как Фауст в Елену. Он был человеком больших познаний и редкой магнетической силы. Властью науки, переданной ему азиатскими мудрецами, он вызвал к жизни внешнюю форму покойной Зоей, дал ей способность являться людям, но – лишь на короткие мгновения, как видите ее теперь и вы. Он не был в состоянии ни сделать ее призрак постоянным явлением, ни одухотворить его: для этого ему нужен был Огненный Цвет. Он отправился в Тибет. Опоздав к цветению Огненного Цвета на месте, он выкопал несколько кустов драгоценного папоротника и с величайшими предосторожностями перевез их в Россию, надеясь через семилетний срок овладеть цветом без новых трудов и испытаний.

Странная улыбка заиграла на губах Паклевецкого.

– Всю жизнь холил он это драгоценное растение. Он имел счастье дважды в семилетние сроки наблюдать цветение папоротника, но не сумел воспользоваться его чудесными свойствами и умер, не дождавшись третьего расцвета. По смерти его Зданов запустел, оранжерея разрушилась, а Огненный Цвет по невежеству садовников был выброшен в парк, как простой и никуда не годный папоротник. Но так как Огненный Цвет – неумирающее растение жизни, то он не пропал и... в полночь с 23 на 24 июня, как это было рассчитано вашим прадедом и недавно вам открыто ксендзом Августом, Огненный Цвет загорится в вашем Здановском саду.

– Не может быть.

– Если вы захотите видеть, если вы послушаетесь Зоей Здановки, то сами убедитесь, что может. Qui ne risque, ne gagne rien[75], авось вам повезет больше, чем Ивану Ладьину. Подумайте: одно движение, одна минута могут сделать вас самым богатым, самым могучим человеком на земном шаре! Ни один мудрец, ни один властитель в мире не в силах дать людям крошечную долю счастья, которое вы получите: способность раздавать щедрою рукою восторги неисчерпаемых богатств и неумирающего бытия!

– Почему же прадед-то не воспользовался Огненным Цветом?

– Потому что между ним и цветком становились могучие силы, столько же дорожащие Огненным Цветом и столько же ищущие обладания им, как и человек...

– Господин доктор, вы, кажется, серьезно желаете заставить меня поверить в существование чертей и кикимор?

Дикая насмешка исказила черты Паклевецкого.

– Граф, за чем пойдешь, то и найдешь.

– То есть?

– Кто однажды увяз в тайные науки, тот – с какой бы стороны ни вошел в них – должен кончить верою в нечистую силу и непременно придет к ней.

– Я вожусь с оккультизмом двенадцать лет и ни разу на пути моих исследований не встретился с надобностью в вашей нечистой силе.

Паклевецкий состроил шутовскую гримасу.

– Да, но зато, быть может, нечистая-то сада за этот срок получила в вас большую надобность. Черт не самолюбив. Если гора не идет к Магомету, то Магомет идет к горе. Вы не пришли к нечистой силе, так она пришла к вам.

– Что вы хотите сказать этим?

– Как что? Вспомните Лалу и смерть Дебрянского. Посмеете ли вы сейчас приписывать это мщение великих темных сил естественным причинам? После того как вы сам свидетель и очевидец, что существует власть, поднимающая мертвых из земли?.. Если вы верите в кроткую Зосю, то должны верить и в грозную Анну. Мечтаете о страдающем ангеле – признавайте и вампира.

Я молчал, подавленный. Он, торжествующий, продолжал:

– Силы эти встретят и вас, когда вы пойдете искать Огненный Цвет, и предупреждаю вас: без моего участия с вами случится то же самое, что с вашим прадедом: вы утонете в океане диких, чудовищных галлюцинаций, физический страх подавит вашу волю, и вы, ошеломленный, испуганный, бросите цветок на жертву силам, которые станут оспаривать его у вас.

– Вы требуете доли в моем будущем открытии?

– Да, но доли скромной: удовлетворения моего научного любопытства – и только. Видите, я имел бы право быть более требовательным, но не могу. Если я не покажу вам, где растет Огненный Цвет, вам все равно покажут его другие силы. Таким образом, я, как первый заговоривший с вами откровенно об Огненном Цвете, просил бы у вас лишь двух милостей: одна – чтобы в поисках Огненного Цвета вы доверились одному мне и никому, никому другому... другая – чтобы вы позволили мне первому и немедленно после того, как Огненный Цвет очутится в ваших руках, произвести с ним несколько опытов...

– Почему вы лично не ищете Огненного Цвета? – спросил я по

некотором размышлении. – Почему вы, зная, где это сокровище, и имея возможность овладеть им нераздельно, уступаете его мне? Признаюсь, ваше великодушие для меня малопонятно... Я бы не поделился...

Паклевецкий нахмурился.

– И я бы не поделился, если бы был в силах взять его один. Потому что я больше вас знаю, что не имею ни той духовной силы, ни той воли, какие требуются для этого дела. Вы прославленный храбрец, натура властная, выработанная многими поколениями повелителей. Ваша нервная сила выросла, ваши магнетические флюиды развиваются на почве вековой наследственности. Вы, сами того не подозревая, природный маг-аристократ, а я – жалкая обывательщина, мещанский оккультист-любитель, да, откровенно вам признаюсь, и трусоват. Словом, я себя проверил – и подвиг мне не по силам. Вам и только вам можно докончить дело, начатое вашим прадедом... Согласны вы принять меня участником?

– Извольте...

– Честное слово?

– Хорошо, пожалуй, хоть и честное слово. К научным исследованиям я не ревнив, а если вы, повторяю, не мистифицируете меня, и действительно, Огненный Цвет обладает такими удивительными золотоискательскими качествами, то и к богатству ревновать нечего: достанет на обоих!

– Клянусь вам: со времен царя Хирама человек не имел в руках своих столько богатств, сколько получите вы!

Когда Паклевецкий оставил меня, я зарылся в свои книги и восстановил в памяти все, что когда-либо читал или слышал о Жар-Цвете. Все те же угрозы, что по-латыни твердит мне "Natura Nutrix" и внушал сейчас Паклевецкий:

– Нечистая сила всячески мешает человеку достать чудесный цветок; около папоротника в ночь, когда он должен цвести, лежат змеи и разные чудовища и жадно сторожат минуту его расцвета. На смельчака, который решается овладеть этим цветком, нечистая сила наводит непробудный сон или силится оковать его страхом; едва сорвет он цветок, как вдруг земля заколеблется под его ногами, раздадутся удары грома, заблистает молния, завоют ветры, послышатся неистовые крики, стрельба, дьявольский хохот и звуки хлыстов, которыми нечистые хлопают по земле; человека обдаст адским пламенем и удушливым серным запахом; перед ним явятся звероподобные чудища с высунутыми огненными языками, острые концы которых пронизывают до самого сердца. Пока не добудешь цвета папоротника – боже избави выступить из круговой черты или оглядываться по сторонам: как повернешь голову – так она и останется навеки, а выступишь из круга – черти разорвут на части. Сорвавши цветок, надо сжать его в руке крепко-накрепко и бежать домой без оглядки; если оглянешься – весь труд пропал: цветок исчезнет.

Ну, если не больше того – не весьма же изобретательна в страхах и ужасах нечистая сила!.. Среди дикарей я живал и в кунсткамерах бывал. Землетрясение испытывал, на Этне в момент извержения был, на бизонов охотился, на мустангах среди воющих индейцев скакал. Страшными рожами и кошачьей музыкой меня не напугаешь. Выдержу.

23 июня

Сегодня ночью я буду обладать великою тайною жизни... если только тайна эта существует, если только мы оба – и я, и Паклевецкий – не сумасшедшие, странно пораженные одновременно одним и тем же бредом. Или – еще вероятнее – если он не шарлатан, не дурачит меня, как средневековый мистагог простака-неофита. Но я не позволю издеваться над собою. Если я замечу хоть тень мистификации, я его убью... Я сказал ему это. Он только рассмеялся. Значит, не боится, уверен в правде своего знания. Не о двух же он головах, чтобы шутить со мною! Кто и каков я, ему слишком хорошо известно.

Меня смущает одно. Вот уже три дня, как мы условились с ним о поисках Огненного Цвета, и с тех, пор я, кроме Якуба и Паклевецкого, не вижу никого – ни живых, ни мертвых. Он точно ограду вокруг меня поставил. Я окружен его атмосферою, как недавно был окружен атмосферою Зоей.

Я чувствую, что я весь под его влиянием: что я уже никогда не остаюсь один; что он всегда следит за мною издалека – через расстояние, сквозь двери запертые, сквозь каменные стены, постоянно стережет меня напряженною и властною мыслью, точно боится, что я обману его, убегу, струшу, поссорюсь с ним... Это первое внушение, с которым я не в силах бороться.

Я потерял власть над духом Зоей. Я звал ее вчера, и она не пришла. Только где-то далеко-далеко раздался не то вздох, не то звон лопнувшей гитарной струны... скорбный... тяжелый... Она здесь, но не смеет показаться, точно запуганная. Отчего?.. Я чувствую в ней резкую антипатию к Паклевецкому, это он причиною, что она удаляется от меня. Откуда эта антипатия? Ведь без него я не знал бы, как ломочь ей. Почему же она так печальна теперь, когда ее освобождение близко и непременно? Почему она так страшно переменилась в лице и исчезла, как дым, когда Паклевецкий застал ее в моем кабинете? Он принес мне секрет, как превратить ее из блуждающего призрака в материальное существо... Он – ее благодетель, а между тем вместо благодарности сколько ужаса и отвращения высказал ее умирающий взгляд!..

Не напрасно ли я дал ему свое слово? Не скрывается ли за помощью, им предложенной, какой-нибудь коварный умысел? Не может быть! Если бы он затевал что-нибудь против меня, какая выгода показать мне цветок жизни? Паклевецкий бывает у меня каждый день... По его рецептам я тренирую себя к поискам чудесного сериею магических обрядов, постом, заклинаниями. Когда что-

200

нибудь кажется мне чересчур глупым, он неизменно повторяет мне одну и ту же фразу:

– Вспомните Фауста в кухне ведьмы. Что делать! Вы декламируете вздор, но без вздора этого нельзя! Должно быть, стихийные духи любят видеть людей дураками и в глупых положениях.

Вежлив он со мною, как никогда, до изысканности, услужлив до лакейства. А я, как нарочно, "в нервах" и то и дело говорю ему неприятные вещи. Он пропускает их мимо ушей с такою кроткою покорностью, что мне даже совестно становится, но я положительно не в силах владеть собою.

Присутствие этого человека для меня ад. Поскорее развязаться с ним и затем указать ему порог, чтобы не встречаться более никогда в жизни!

24 июня

Еще несколько минут – и я, быть может, буду сумасшедшим... Мозг мой горит, я собираю последнее мужество, последние мысли, последнее присутствие духа, чтобы набросать эти строки... кто найдет, пусть верит или не верит, как хочет... мне все равно!.. Признания ли мистика, признания ли сумасшедшего – для невера не много разницы!

Да! Он существует! Я видел его, этот Огненный Цвет... он был в моей руке... и я не удержал его... не сумел, не смог удержать!

Мы с этим... с тем, кто назывался Паклевецким, чье имя теперь я не в силах произнести без трепета, проникли в парк, к. тому самому размытому кургану.

Когда на кусте бурого папоротника, как пламя, сверкнула золотая звездочка Огненного Цвета, я хотел протянуть к ней руку, но все члены моего тела стали как свинцовые, ноги не хотели оторваться от земли, руки повисли, как плети.

– Что же вы? – слышал я гневный шепот над моим ухом. – Рвите же! Рвите, пока не поздно. Ведь он и пяти секунд не цветет: сейчас осыплются листики, вы прозеваете свое счастье!

Я сделал над собою страшное усилие, но таинственные путы продолжали вязать меня по рукам и ногам! Мне чудился чей-то мрачный смех, какие-то безобразные рожи кивали мне из сумрака. Я не боялся их – я только сознавал, что это они враждебным магнетизмом своих глаз парализуют мою волю и что мне не одолеть их влияния – оно сильнее человека.

Тогда Паклевецкий, топнув ногою, с яростью пробормотал несколько слов – и рожи исчезли: по ту сторону цветка, озаренная его отблеском, выросла Зося... Ее взгляд, испуганный и ждущий, оживил меня... "Спаси! Дай мне жизнь! Не бойся никого и ничего! Ты господин этой минуты!" – прочел я в ее страдальческой улыбке. Я забыл страшные рожи, забыл Паклевецкого, недавняя свинцовая тяжесть свалилась с моих плеч. Я схватил цветок, земля затряслась под моими ногами, и я почувствовал вдруг, как некая непостижимая,

201

сверхъестественная сила льется в меня, и я расту, расту, и нет уже могучее меня никого на свете!.. Я видел светло; как днем, в глубокую полночь. Земля и все предметы на ней стали прозрачными, как хрусталь. Зося радостно протягивала ко мне руки. Зося звала. Я шагнул к ней... Паклевецкий схватил меня за руку:

— Стойте! — повелительно сказал он. — Прежде всего исполните условие, вы дали слово уступить мне первый опыт над Огненным Цветом.

— Да, ваша правда, — сказал я и готов был уже передать ему цветок, когда взглянул нечаянно на Зосю: мгновение тому назад радостный, взор ее был снова полон ужасом и отчаянием. Казалось, она предостерегала меня. Я пристально посмотрел в глаза Паклевецкого и прочел в них тревожное и злобное ожидание — взгляд хитрого коршуна, готового ринуться на добычу. Он вдруг стал мне ясен...

— Я не дам вам цветка, — сказал я, отступая от него.

— Что это значит? Вы с ума сошли? — глухо ото звался он, следуя за мною.

— Я не дам цветка, пока вы не объясните мне, зачем он вам и кто вы такой, — продолжал я.

Он все бормотал:

— Это бесчестно!.. Разве так держат честное слово? — и тянулся к цветку.

Я спокойно отстранил его левою рукою, а правою высоко поднял цветок над головою, так что пламенный отблеск его упал на злобное лицо доктора.

— Я понял вас; — сказал я. — Я не знаю, кто вы именно, но вы причастны к той злой силе, что оспаривает у человека власть над Огненным Цветом, власть над жизнью и смертью... Вы знали, что меня нельзя запугать никакими страхами, и потому решились вырвать у меня цветок обманом... Вы помогали мне, чтобы предать меня и отнять у меня мою добычу!..

Он с хриплым криком ярости бросился на меня.

— Цветок! Цветок! Отдай цветок! — рычал он. — Вот уж сорок девять лет, как я стерегу этот цветок и не уступлю тебе, мальчишке...

— Прочь, гадина!

Он лез на меня со свирепым лицом, в нем не было уже ничего человеческого. Но я не боялся. Я чувствовал себя сильнее этого безобразного существа, охватившего меня своими цепкими лапами... Он уже обессилевал... Я напрягся, чтобы последним усилием свалить его на землю...

И вдруг, в одно мгновение ока, он сделался в моих руках тонким и высоким, как шест. И когда, не встречая сопротивление в моем теле, я споткнулся и, едва удержавшись на ногах, в изумлении неожиданности глянул вверх — вместо знакомого лица моего врага на меня с шипением оскалились три змеиные головы с янтарными глазами...

Я позабыл о цветке, дрожащем в моих пальцах, и думал только о

202

самозащите. Я схватил чудовище за его длинную шею, и в это время золотая звездочка мелькнула перед моими глазами: это упал на землю Огненный Цветок и рассыпался кучею золотых лепестков, вновь поколебав землю точно вулканическим ударом.

И в этот же миг все пропало: и чудовище, и звездочка и Зося... Парк был темен и пуст... Бурый папоротник уныло качался под ночным ветром... Мне чудились далекие стоны и грубый язвительный хохот... Я понял, что все потеряно: я не выдержал испытания. И вот, возвратясь, я сижу теперь один со своими мыслями и спешу занести их на бумагу, потому что стыд, гнев сводит меня с ума. И кроме стыда и гнева, еще сомнение: не сном ли сплошным, не рядом ли галлюцинаций была в последние дни моя жизнь. Я написал, что тороплюсь записать прежде, чем сойду с ума... а, может быть, я уже сошел давно? Но так или иначе, было или не было все, что я, казалось мне, пережил, – я переживал это настолько ярко, что яркостью этою заслонилась вся моя прежняя жизнь... И через семь лет... через семь лет... он, таинственный Огненный Цвет, опять засияет в Здановском парке своими радужными красками, подобный падучей звезде, скатившейся в темную ночь... О, если только я не умру, если только безумие не прикует меня к одинокой келье, мы еще поборемся!.. И уже в другой раз я не останусь побежденным!.. Прости, Зося! Прости и жди! – не отчаивайся: будет и на нашей улице праздник!.. И верь мне он недалек, недалек, недалек...

Его сиятельству

Викентию Павловичу Гичовскому в Москву
1893

27 июля
Заборье

Ваше сиятельство! Спешу уведомить вас, что болезнь брата вашего, всеми нами обожаемого графа Валерия, приняла в последнее время вполне благоприятное течение. Воспаление мозговых оболочек, которое разрешилось уже известным вам острым припадком помешательства, прошло бесследно благодаря могучей натуре его сиятельства графа Валерия и искусству вызванных нами из Киева врачей. В настоящее время граф еще очень слаб, но рассуждает уже совершенно разумно. Болезнь свою он объясняет тем, что – уже заранее предрасположенный к ней нервным переутомлением в результате беспокойной жизни своей, полной бесплодными трудами и приключениями, – поддался опасному обаянию мистических сочинений и некоторых увлеченных ими людей. Как "никто безнаказанно не гуляет под пальмами", так не проходит никому даром странствие в дремучие леса тайных наук, воспрещенных не только божественною волею, но и здравым смыслом человеческим. Придя к убеждению в болезненности своих недавних мечтаний, граф Валерий на днях просил меня передать нашему уважаемому уездному врачу, пану Коронату Палевецкому, вам небезызвестному, свое искреннейшее извинение в том, что долгое время был несправедлив к этому почтенному и мудрому человеку и в анормальной подозрительности своей даже почитал его, прости господи, за диавола, врага душ человеческих, почему и совершил на жизнь его уже известное вам прискорбное покушение в здановском парке в ночь с 23 на 24 июня. К прискорбию моему, волю графа я исполнить не могу, так как на той же самой неделе, как заболел граф Валерий, и едва оправившись от нанесенных ему последним в припадке побоев, Паклевецкий уехал из нашего повета по делам своим в город Астрахань и где сейчас находится – неизвестно. Но слышно, что в наши края он, ко всеобщему большому сожалению, не возвратится, прислал прошение об отставке, и на его место уже назначают к нам другого врача. Смею вас уверить, что пан Паклевецкий не сохранил против графа Валерия ни какого зла и даже очень горевал, что дела, отзывающие его, не позволяют ему лично наблюдать за лечением нашего дорогого больного. По его мнению, болезнь графа началась уже очень давно. В последнее же время перед решительным припадком, как полагает пан Паклевецкий, граф Валерий, сохраняя наружность нормального человека, на самом деле был совершенно невменяем, ибо жил и чувствовал себя не в действительном мире, но в искаженном иллюзиями и галлюцинациями, которые создавал обуянный назревающим недугом мозг. Граф видел и слышал уже не то, что проходило пред ним в действительности и что ему говорили, а только что хотел и позволял видеть и слышать больной мозг, совершенно закрывшийся для прямых внешних впечатлений и принимавший их лишь в диких извращениях. Все его видения и звуки рождались в нем самом из воспоминаний и старых впечатлений и приобретали над ним власть и силу страшной повелительности. Так что в ложных представлениях графа Паклевецкий стал, с нами будь крестная сила, чертом, а мою племянницу, панну Ольгусю Дубенич, граф начал в один печальный день совершенно серьезно принимать за Зосю Здановку, известную вам, конечно, героиню фамильной легенды вашего, графов Гичовских, дома. Хуже всего, что все мы долго не умели рассмотреть в странностях графа серьезного заболевания, предполагали просто, что он шутит и играет фантастическую роль забавы ради, и потакали ему в его настроениях. Пан Паклевецкий, несмотря на то, что пострадал в схватке с графом, считает очень счастливым случаем, что в момент решительного припадка был с графом именно он, уже более или менее приготовленный к возможности катастрофы предварительным наблюдением, а не какой-либо ничего не ожидавший и не подозревавший человек, хотя бы я, например, который в ошеломлении пред внезапным безумием графа, не успел бы и защититься. Ведь бешеная вспышка графа началась внезапно и всего лишь с того, что пан Паклевецкий, гуляя с ним ночью в здановском парке, заметил, как он срывает и нюхает белые цветы, и позволил себе предостеречь его:

– А вот этого граф, кажется, не следовало бы делать. Дайте-ка мне сюда взглянуть, какие у вас цветы. Едва ли это не беладонна, дурман...

Едва доктор произнес эти слова, как граф набросился на него с бешеным криком и стал наносить ему жестокие удары. Он наверное задушил бы доктора, если бы Паклевецкий, на мгновение вырвавшись из его рук, не догадался скрыться в темный ров, где и просидел до тех пор, пока безумный, потеряв его, не убежал с плачем и воплями, голося о каких-то змеях, огненном цвете, дьяволах, Зосе Здановке, назад в палац... Несчастный доктор, сильно избитый и ошеломленный падением, пролежал более часа, будучи не в силах выбраться из балки и призывая криком себе на помощь. Лишь с рассветом удалось ему выползти, добраться до палаца и оповестить старого Якуба обо всем, что произошло. Тогда люди бросились в кабинет и нашли графа Валерия на полу, лежащим без чувств рядом с дневником, который вам препровожден ранее. Не могу не прибавить с гордостью о пользе, принесенной графу в болезни его уходом и заботами племянницы моей панны Ольги Дубенич, находившейся неотлучно при одре страданий его сиятельства. Граф просил меня разрешить Ольгусе сопровождать его в качестве сестры милосердия в предстоящем ему путешествии на итальянские купания. Если вы, ваше сиятельство, не усмотрите в этом ничего неугодного или предосудительного, то и я, со своей стороны, почту долгом исполнить желание больного, горячо поддерживаемое и племянницею моею, к графу Валерию искренно привязанною...

За сим, ожидая милостивых распоряжений ваших, поручаю себя благосклонности вашего сиятельства и, любя вас во Христе, пребываю смиренным молитвенником вашим и вашего сиятельства покорнейшим слугою.